Guidelines for Traffic Signals（RiLSA）
Road and Transportation Research Association
Working Group Traffic Control and Traffic Safety

交通信号控制指南

——德国现行规范（RiLSA）

［德］道路与交通工程研究学会 编
李克平 译
杨佩昆 杨晓光 缪立新 审

中国建筑工业出版社

著作权合同登记图字：01 - 2006 - 2804 号

图书在版编目（CIP）数据

交通信号控制指南——德国现行规范（RiLSA）/［德］道路与交通工程研究学会编；李克平译．—北京：中国建筑工业出版社，2006
ISBN 7-112-08331-1

Ⅰ．交…　Ⅱ．①道…②李…　Ⅲ．公路运输－交通信号－自动控制－德国－规范　Ⅳ．U491.5－65

中国版本图书馆 CIP 数据核字（2006）第 046180 号

责任编辑：胡明安　姚荣华
责任设计：崔兰萍
责任校对：张树梅　关　健

Guidelines for Traffic Signals（RiLSA）
Road and Transportation Research Association
Working Group Traffic Control and Traffic Safety

交通信号控制指南
——德国现行规范（RiLSA）
［德］道路与交通工程研究学会　编
李克平　译
杨佩昆　杨晓光　缪立新　审
*
中国建筑工业出版社出版、发行（北京西郊百万庄）
新　华　书　店　经　销
北京密云红光制版公司制版
北京云浩印刷有限责任公司印刷
*
开本：880×1230 毫米　1/16　印张：12¾　字数：400 千字
2006 年 5 月第一版　　2006 年 5 月第一次印刷
印数：1—3000 册　　定价：**40.00** 元
ISBN 7-112-08331-1
（14285）

本社网址：http：//www.cabp.com.cn
网上书店：http：//www.china-building.com.cn

中文版序

由于语言学习与学术交流多寡的原因，我国过去学习英语的学者，赴美、英、日访问的学者或留学的学生以及邀请来讲学的美、英、日学者等远多于德国。在改革开放的初期，我们曾翻译了不少美、英、日交通工程学术与技术的著作和文献，没有翻译过德国的著作。因此，在交通工程领域，我们对德国的学术、技术了解不多。

直到20世纪80年代中后期，派遣首批交通工程留德学生以及俟后聘请RETZKO教授为同济大学荣誉教授并邀请讲学之后，才开创了我国交通工程领域引进德国学术与技术的历史。

现在，承蒙德国道路与交通工程学会及该学会出版社同意我们翻译出版这本交通信号控制规范，可以说是我们翻译德国交通工程技术著作的首举，应该衷心感谢学会的鼎力相助以及RETZKO与Boltz博士、教授的促成。

这本规范，相对于美、英、日等类似文献，有不少特点值得学习和借鉴。诸如：

- 交通信号的设计标准，不提定量标准而提出了详细阐述的定性标准；
- 保障交通安全，特别是行人与自行车的安全；
- 确定信号方案结构的相位、相序与相位过渡；
- 绿灯间隔时间的确定方法与表达方式；
- 最大、最小红灯时间的确定；
- 信控交叉口中窄于5.5米进口道不划分道线的做法；
- 行人过街安全岛设计的规定；
- 详细阐述的控制策略；
- 绿波控制的方法；
- 特别是公共交通、行人过街与自行车交通的特殊考虑；
- 信号灯组数量与位置以及相关标志设置的规定；
- 饱和流量修正系数的取用方法；

等方面，具有特色，值得学习借鉴。

相信这本译作对我国交通信号配时技术的提高，以及对我国交通信号配时规范的编著会有很高的学习与借鉴价值。

杨佩昆

2006年4月10日

中文版前言

城市道路交通信号控制是影响城市交通流运行质量的一个决定性因素。从交通工程学诞生开始，交通流的信号控制就一直是主要研究课题之一。我国学者从1980年代开始在西方国家研究成果的基础上，进行了大量的理论研究和工程实践。遗憾的是至今没有一本能够用以全面指导信号控制设计的规范，以致各地的信号控制设计相互差异悬殊，极不统一，不利于交通流通行。

我们翻译编辑出版这本德国交通信号控制规范，旨在给交通工程学者和学生、工程技术人员以及交警和其他管理人员一份参考性资料，丰富我国专业人员对该领域专业问题的认识，推动我国交通工程学科理论研究和工程实践的发展。

德国学者以思维严谨著称。其严谨的思维作风在这本规范中的问题分析和理论计算中得到了充分的体现，特别是在绿灯间隔时间的计算方面。该规范中还特别注重以人为本和公交优先的理念，充分考虑了城市道路交通信号控制中对行人、自行车的保护，给出了公交优先信号控制的具体措施。该规范凝聚了德国交通工程学者和工程技术人员几十年的研究成果和经验，比如黄灯时间的确定，即是RETZKO教授指导的一篇博士论文的主要研究结果。该规范不仅是德国交通信号控制设计的强制性规定，被设计人员称为“圣经”，也是欧洲一些国家在该领域的主要设计依据。

规范中的大部分结论，是建立在基本物理规律基础之上的，所以同样在中国适用。对该规范中基本技术问题的理解，可以对分析和治理我国城市道路交通混乱状态，实现城市道路交通的安全和畅通、真正实现公交优先控制提供思路。

当然也有一些问题与具体的环境条件相关，必须因地制宜，不能盲目照搬。

这本规范的翻译，历经两年的时间，经反复修改和校阅，才得以形成这个版本。尽管如此，还会有错误，希望读者提出意见，批评指正。

感谢前后参加翻译及校稿工作的林瑜、袁长亮、马万经、沈峰、徐洪峰、聂磊、马莹莹、周俭、陈静思等。

李克平

2006年5月

于同济园

Arbeitsgruppe Verkehrsführung und Verkehrssicherheit
（Steering Committee Traffic Control and Traffic Safety，交通控制与交通安全专业委员会）

Arbeitsausschuss Verkehrsbeeinflussung innerorts
（Working Group Urban Traffic Control，城市交通控制专题组）

2003年时委员名单

委员： Ltd．BDir．Dr．-Ing．Rolf Andree，Wiesbaden
Dipl．-Ing．Jochen Boesefeldt，Würselen
Prof．Dr-Ing．Manfred Boltze，Darmstadt（Chair，主席）
Dipl．Ing．Alfred BrdliK，Mannheim
Dr．-Ing．Manfred Brenner，Aalen
Prof．Dr．-Ing．Lothar Dunker，Karlsruhe
Ing．Klaus Fricke，Magdeburg
Prof．Dr．-Ing．Bernhard Friedrich，Hannover
Dr．-Ing．Stefan Grahl，Berlin
Dr．-Ing．Peter Häcklmann，Saarbrücken
Dr．-Ing．Jürgen Harders，Kaarst
Dr．-Ing．Birgit Hartz，Bergisch Gladbach
Prof．Dr．-Ing．Günther Heinz，Mainz
Dipl．-Ing．Axel Hoffmann，Hamburg
Dr．-Ing．Robert Hoyer，Barleben
Dipl．-Ing．Horst Hülsen，Köln
Dipl．-Ing．Michael Jonas，München
StBDir．a．D．Dipl．-Ing．Heribert Kaemmerer，Neuss
Prof．Dr．-Ing．Rolf Heinz Karajan，Stuttgart
Dipl．-Geophys．Jörg Lange，Düsseldorf
RBmstr．Dipl．-Ing．Wolfgang Legath，Nürnberg
Dr．-Ing．Klaus Leichter，Falkensee
Dipl．-Ing．Bernd Reich，München
Dipl．-Ing．Matthias Richter，Hamburg
OBDir．Dipl．-Ing．Wolf-Dieter Scheuing，Esslingen
Prof．Dr．-Ing．Klaus Schlabbach，Hamburg
Prof．Dr．-Ing．habil．Werner Schnabel，Dresden
Prof．Dr．-Ing．Robert Schnüll，Hannover
Dipl．-Ing．Ulrich Schöttler，Frankfurt am Main
Prof．Dr．-Ing．Herbert Staadt，Potsdam
StBDir．Dipl．-Ing．Horst Thyes，Stuttgart
Dipl．-Ing．Uli Vietor，Darmstadt

英文版前言

"Richtlinien fur Lichtsignalanlagen (RiLSA)"《交通信号控制规范》是在归纳总结多年来德国交通信号控制领域的科学研究成果和工程实践经验的基础上形成的。RiLSA出版以来，由于国外专家和学者时常对RiLSA的内容进行研讨，遂决定将其翻译成英文。编者期望，RiLSA英文版的问世能够加强并方便国内外同仁的交流与合作，进一步改善交通流的运行安全和运行质量。

RiLSA英文版基本是在RiLSA（1992版）的基础上进行翻译的，保留了德文版中包括附录在内的全部有效内容。同时，也包括了2003年草拟完成的RiLSA（1992版）修订版本中的内容。待德国相关法律部门审定后，RiLSA（1992版）修订版将以作为RiLSA（1992版）的附件正式出版。修订版中增加了两节：7.3.7铁路道口的行人过街和8.2自行车信号控制，补充了关于先进的控制算法、干线和路网协调控制设置方法的建议。附录中新增了交通信号质量管理和德国"红灯右转"管理规定的内容。

需要说明的是，RiLSA德文版是交通信号控制的强制性标准，RiLSA英文版仅作参考之用。

RiLSA英文翻译内容得到了德国道路与交通研究协会—城市交通控制专题组的检查和授权。

RiLSA英文版由达姆斯塔特工业大学的Manfred Boltze教授领导的交通规划与交通工程专业委员会负责完成，其他参与人员包括：

Suanne Groβmann, M.A., Remsech 负责翻译工作

E.h. Hans-Georg Retzko, Darmstadt 负责审稿工作

Achim Reusswig, Darmstadt 负责排版工作

Arbeitsgruppe Verkehrsführung und Verkehrssicherheit
(Steering Committee Traffic Control and Traffic Safety,交通控制与交通安全专业委员会)

Arbeitsausschuss Lichtsignalanlagen
(Working Group Traffic Signals，城市交通控制专题组)

1992 年时委员名单

委员：
Dr．-Ing．Andree，Wiesbaden
Prof．Dr．-Ing．Behrendt，Bonn
Prof．Dr．-Ing．Dunker，Karlsruhe
Dipl．-Ing．Everts，Aachen
Dr．-Ing．Häckelmann，Saarbrücken
Dr．-Ing．Harders，Kaarst
Prof．Dr．-Ing．Hoffmann，Berlin（Chair，主席）
Dipl．-Ing．Hülsen，Köln
Dipl．-Ing．Huhn，Essen
Dipl．-Ing．Jessen，Hannover
Dipl．-Ing．Kaemmerer，Düsseldorf
Richter Menken，Köln
Dipl，-Ing．Milowski，Nürnberg
Ing．（grad.）Obermaier，München
Prof．Dr．-Ing．Retzko，Darmstadt
Dipl．-Ing．Ruhnke，Hamburg
Prof Dr．-Ing．Schnüll．Hannover
Dipl．-Ing．Schönleitner，Berlin
Dipl．-Ing．Schüppenhauer，Fussgönheim
Dr．-Ing．Siegloch，Kassel
Dr．-Ing．Staadt，Wiesbaden
Dipl．-Ing．Wohlrabe，München
Prof．Dr．-Ing．Zackor，Kassel

离任委员：
Dipl．-Ing．Ernst，Hannover
Dipl．-Ing．Habermann，Berlin
Dipl．-Ing．Schröder +，Köln

工作小组成员：
Dr．-Ing．Boltze，Darmstadt
Prof．Dipl．-Ing．Heinrich，Frankfurt
Dipl．-Ing．Hoffmann，Berlin
Prof．Dr．-Ing．Karajan，Stuttgart
Dipl．-Ing．Masak，München
Dipl．-Ing．Meißner，Berlin
Dipl．-Ing．Neubert，Essen
Dipl．-Ing．Reich，Stuttgart
Dipl．-Ing．Richter，Hamburg
Dr．-Ing．Schlabbach，Darmstadt
Dipl．-Ing．Schöttler，Frankfurt
Dr．-Ing．Zmeck，Berlin

相关德国规范原文名称及中文译名

Staßenverkehrs-Ordnung-StVO

德国道路交通法规

Allgemeine Verwaltungsvorschrift zur Straßenverkehrs-Ordnung（VwV-StVO）

城市道路交通规则一般管理法规

VDE-Bestimmung für Straßenverkehrs-Signalanlagen（SVA）

城市道路交通信号设施规定

DIN

德国工业标准

Verordnung über den Bau und Betrieb der Straßenbahnen（Straßenbahn-Bau-und Betriebsordnung-BOStrab）

城市有轨电车建设与运营条例

Richtlinien über Abhängigkeiten zwischen der technischen Sicherung von Bahnübergängen und der Verkehrsregelung an benachbarten Straßenkreuzungen und einmündungen（BÜSTRA）

铁路与道路交叉口的技术安全保护以及相邻道路交叉口交通协调控制规范

Richtlinien für die Markierung von Straßen（RMS）

道路画线规范

Richtlinien für die Anlagen von Straßen（RAS），Teil：Knotenpunkte（RAS-K），Abschnitt 1：Plangleiche Knotenpunkte（RAS-K-1）

道路设计规范，交叉口部分，第一篇　平面交叉口

Merkblatt über Schalt-und Steuergeräte für Lichtsignalanlagen

关于信号控制机的说明

目 录

导　言

交通信号控制是道路交通管理的一个重要措施。

由于交通信号控制系统通过交替停止与放行共享冲突区域的交通流来直接干预交通运行，因此必须非常仔细地设计、实施和运行。

本规范的内容包括交通信号控制系统的实施与运行方面基本的交通工程规定与要求，是1977/1981年规范的更新版。从那时以后积累的交通调查、交通科学研究成果以及实践经验，已经整合到新版本中了，本规范反映了最新的研究成果。

一般来说，工程实践中应遵循这些普遍适用的基本原则和标准。但是，由于规范不可能涉及到实际工程中的所有问题，并且科技在不断进步，各地的具体情况也不尽相同，我们认为，专业工作者在必要的时候应能够基于专业素养与知识进行具体分析。因此，本规范针对具有普遍意义的问题提出了规定与建议，允许读者在这些基本原则的框架下根据工程实际情况灵活应用。

交通信号控制系统是指在德国道路交通规则（Staßenverkehrs-Ordnung-StVO）中定义的交通信号设施。

当建设与运行交通信号控制系统时，除了依据本规范外，还必须参考以下德国的指南、法规与规范。

- Staßenverkehrs-Ordnung（StVO）德国道路交通法规与Allgemeine Verwaltungsvorschrift zur Straßenverkehrs-Ordnung（VwV-StVO）城市道路交通规则一般管理法规

StVO的第二部分定义了交通标志、交通信号（灯光信号）与交通设备的含义。以上法规还包括管理部门如何应用这些法规的规定。

- VDE-Bestimmung für Straßenverkehrs-Signalanlagen（SVA）城市道路交通信号设施规定，DIN VDE 0832

该法规主要是关于电子设备的保护措施、安装规定和道路交通信号控制系统的检查与维护。

- Verordnung über den Bau und Betrieb der Straßenbahnen（Straßenbahn-Bau-und Betriebsordnung-BOStrab）城市有轨电车建设与运营条例

BOStrab包括所有有轨电车的建设与运营的有关规定、信号法规与实施规范。

- Richtlinien über Abhängigkeiten zwischen der technischen Sicherung von Bahnübergängen und der Verkehrsregelung an benachbarten Straßenkreuzungen und einmündungen（BÜSTRA）铁路与道路交叉口的技术安全保护以及相邻道路交叉口交通协调控制规范

这是关于考虑相邻铁路交叉口保护措施的交叉口协调控制方面的法规。

1 基 本 原 则

1.1 概　　述

交通信号控制系统的设计包括以下内容：控制策略的选择；信号控制的交通工程说明；信号方案参数的计算以及交叉口、路段或局部路网的交通工程设计。

必须综合考虑交通信号设计的每个组成部分，例如交叉口的布局、进口道的车道功能划分、行人与自行车的流向、各股交通流的信号控制等，使得交通流在所有运行条件与交通负荷下都能安全运行。道路空间布置、交通组织与信号控制必须形成一个有机的整体。在郊区道路上通常只有交叉口采用信号控制，但在较长的路段上也可使用信号控制。

在一个城市中，交通信号控制主要决定了整个路网中的交通流的通行情况。它是实现交通战略方案、公交优先措施、安全引导行人和自行车、汇集机动车流到一些设定的路径上等目标的一个重要的工具和手段。交通系统管理，包括影响和控制进入一个城市交通流的形式和数量、公交的地位、处理货运和停车以及交通污染问题等的综合治理措施。必须指出，处理复杂的交通问题是一个综合性的任务，需要各部门之间的共同努力和加强协调以及促使各方面措施的相互呼应。交通信号控制在交通系统管理中占有非常重要的地位。

1.2 交通信号与信号次序

交通信号即为 StVO 第 37 节中定义的灯光信号。控制交叉口和路段交通流的交通信号，在交通法规里称为可变灯光信号。

机动车交通信号遵循以下信号顺序："绿-黄-红-红黄（同时）-绿"。特殊情况下，只有当交通信号经过较长时间间隔后起亮，才允许"暗-黄-红-暗"的顺序。对于左转机动车，如果对向的交通流已遇红灯停止，可在对向进口道左侧显示绿箭头（见图 A.2）。在某些情况下，用一个显示绿箭头的单头灯表示早启绿灯信号。如无其他信号，机动车信号也针对其他所有的交通流。

行人信号遵循以下顺序："绿-红-绿"。

自行车一般共用机动车信号或者行人信号而不用任何特殊信号。对于专用自行车信号，其信号顺序与机动车信号顺序相同。

根据 BOStrab，公共交通（轻轨、有轨电车、公共汽车）如果不与机动车一起进行信号控制，就需要采用专用信号和不同的信号顺序。

根据 StVO 第 38 节中，黄闪信号用于危险警告。如果有必要在黄闪灯上叠加标志，在 StVO 中只允许将黑色图案设置在黄色发光底面之上。

车道信号灯是悬挂在各个车道上方的特殊信号，因此，在交通法规中称为持续灯光标志。它们指示道路的开放（向下的绿箭头，称为开放信号）或者关闭（红色交叉标志，称为关闭信号）。换道指示信号是一个斜向下的黄闪箭头。在关闭信号的车道上不允许停车。

1.3 交通信号控制设施的设置标准以及预期效果

1.3.1 概述

安装交通信号控制设施的目的是提高交通安全或/和提高交通流的运行效率。

由于各股交通流可能存在部分相互矛盾的要求或是相互冲突的目标，所以本规范不能提供设置交通信号灯的定量标准。然而在考虑设置标准时，建议优先考虑以下因素：

- 事故数量与严重性；
- 交叉口进口道的视距；
- 行人与自行车过街保护的需要；
- 主要方向与次要方向的机动车交通流量；
- 公共交通管理的需要；
- 行人与机动车交通的关系；
- 在道路网络中机动车交通流的控制；
- 防止道路网络出现过饱和现象；
- 环境污染。

警察部门与紧急救援服务的特定需求也可能要求必须安装信号控制设施。

必须考虑交通信号控制对燃料消耗、尾气排放、噪声污染以及机动车在城市内部的行驶速度的影响。

在考虑交通信号控制设施的设置前，应考虑是否能通过交通管理措施提高道路网络中的交通安全性与改善交通流运行，例如：

- 设置单向道路；
- 减少进口道路；
- 持续性或者暂时性限制转弯。

或者采取其他交通管理措施，改善交叉口布局，例如设置环岛或者建设中央岛。

此外，还要求评估交通信号控制系统的实施是否真正提高了交通安全性，实施信号控制的效益不应被实施后可能引起的交通事故所抵消。

1.3.2 交通安全

当本可以通过交通信号控制防止的事故频繁出现，并且其他措施（例如限速、限制超车、提供行人与自行车过街辅助设施）已经证明无效时，必须考虑设置交通信号控制设施，例如在以下情况：

与优先权有关的事故：

- 由于高等级道路上流量太大或速度太高；
- 由于交叉口视距不足或者优先级不明确，并且交通安全不能以其他方式有效地提高；
- 相对于高等级道路上的交通流量而言，低等级道路上的交通流量过大。

左转车与对向交通的事故或者：

机动车辆与过街自行车和行人的事故。

在某些特定地点，需要特别保护那些处于潜在危险中的过街人群（例如自行车、行人、老年人、残疾人与儿童）。如果在一定的距离内没有安全的行人过街设施，且无法采取其他保护措施，无论行人的数量与事故情况如何，必须安装交通信号控制设施。

当新建或者改建道路的时候，如果根据上述标准可能出现交通安全问题，必须同时规划建设交通信号控制设施。

当考虑非建成区（市区或者郊区）交叉口的交通安全问题时，须考虑相对较高车速的影响。过高的速度对过街行人、自行车以及让路方向上的车辆会构成威胁。设置交通信号控制设施可以提高交通流的安全性。

有四条以上车道的郊区道路平面交叉口必须安装交通信号控制设施。

交通信号控制对交通安全的影响应该在一定时间（例如一年时间）以后通过事故分析进行评估。

1.3.3 交通流质量

如果无信号控制交叉口造成交通流很大延误，在进行合理的交通设计的基础上，交通信号控制系统可以改善交通流运行状态。设置交通信号控制有时候不仅要考虑单个交叉口的交通安全和效率的需要，还要考虑在整个路网中交通引导作用。

在以下情况，有必要提高单个交叉口交通流质量：

- 至少一个非优先方向进口道或者主要方向的左转，在特定时间内存在常发性的交通阻塞（如果由于转弯车道的长度或者由于相邻交叉口间距而出现排队空间被占满的情况，须避免排队车辆阻挡其他方向的车流而引起的阻塞）；
- 非优先方向车辆通常等待时间过长（例如，大于2分钟或者3分钟）；
- 行人与自行车的等待时间超出容忍限度（例如，60秒）。

如果公共交通在通过优先级别高的道路或者转弯时经常性受阻，可以考虑有利于公共交通优先的信号控制。

为了避免局部路网出现过饱和状态，可以用交通信号来实现入口控制或者分流控制。出于城市区域交通控制与管理的考虑，通过分流和入口控制转移排队，保证非交通因素的指标及路网功能不受影响。这时，须考虑转移排队引起的交通阻塞对交通安全的影响。

为了避免路网的关键部分出现过饱和状态，通过交通信号控制系统限制车辆流入是有效的方法。

为避免高速道路出现过饱和情况，可以通过交通信号控制系统控制车辆进入（流入控制）。为了预防灾难性的阻塞，交通信号控制系统也可以对车辆的流出进行控制（排队区域监测）。

对两车道以上的道路，如果双向设计交通量相差很大并且变化很大，应当通过车道信号控制来建立适应潮汐交通流控制系统。

现有交叉口的交通流运行质量须通过直接观测来评价。新建交叉口、改建交叉口或改变信号控制交叉口的评估应该采用计算方法，例如可以考虑延误、停车次数或者行程时间等评价指标。

1.3.4 燃料消耗

节省燃料并不是安装交通信号控制设施的出发点。但是，如果要安装交通信号控制设施或者改变现有的系统，这也是需要考虑的因素。

基本上，这方面所有控制策略的目标在于平滑交通流的车速在允许车速的范围之内，以减少燃料的消耗。至于信号方案的结构，只要停车次数与延误能够减少，应优先考虑两相位控制。所选择的周期应大于设计交通量所要求的周期。适应交通流量变化的实时切换信号控制方案也有助于减少燃料消耗。

有一个辅助措施是在绿波带内设计合理的速度提示信号以及设置辅助的信号。

然而，在低交通流量时期暂时性关闭信号系统很难减少燃料消耗。

1.3.5 尾气排放

总体上，信号控制措施在降低燃料消耗的同时也减少了大部分的尾气排放。如果车辆能够平顺地通过几个交叉口，减少停车次数，则可以减少尾气的排放。这对于有大量行人与自行车以及路侧建筑密集的交叉口特别重要。

只有在信号控制设施前较长时间关闭引擎，所减少的尾气排放相对于重新启动时的尾气排放才有积极的效果。不同车辆的尾气成分是不同的。如果红灯时间超过50秒或60秒，那么关闭引擎的时间足够长，才能对减少尾气的排放有效果，然而即使很短时间关闭引擎也可以减少燃料的消耗。

1.3.6 噪声污染

在同样的条件下，车辆接近交叉口时的噪声，除了与驾驶行为和速度水平有关，与交通信号控制类型的关系也很密切。在进口道减少停车次数、降低减速幅度以及由此产生更少的加速过程（主要对于卡车），可以降低噪声污染水平，特别是在交通流量比较低的时候（例如，晚上）。然而，不同的控制策略造成噪声污染的显著不同还没有得到证明。

1.3.7 冲突目标的权衡

交通信号控制的目标首先该由各种交通参与者群体和附近居民的需求、利益与要求确定。行人、自行车、系统管理者、公交乘客以及机动车驾驶员都要求交通信号控制系统保证交通流的安全、快速并且舒适，这些愿望通常不能同时得到满足，他们的目标通常会有冲突。甚至在提高交通安全、提高交通流的质量、减少燃料消耗以及减少环境污染（尽可能低的尾气排放与噪声）这些期望的目标中，也可能产生冲突。

在设计交通信号控制时，须考虑到所有的交通参与者与受到影响的居民。须根据优先级权衡各种需求的冲突。通常，只有冲突目标之间的折衷才是可行的方案。

1.4 交通信号控制系统的暂时性关闭

原则上，交通信号控制系统是必须持续保持运行状态的。在交通流量很低的情况下，如果在一定时间段内不再需要实施信号控制，可以关闭交通信号控制系统以减少尾气排放与延误。但是，事先必须很仔细地检查交通信号控制系统关闭时交通流的安全性，确认不会发生严重事故。

事故调查表明，关闭交通信号控制系统意味着更高的事故率，尤其对于转向车辆同直行车流的交通事故。一个间断性运行的信号系统即使长时间没有事故发生，如果进行多年的调查，事故率也可能会较高。综合考虑居民夜晚安静和交通流顺畅等方面的因素，事故的经济损失远高于可估算的节约成本及可能效益。

因此，只有在确保交通安全的条件下，才可以关闭交通信号控制系统。在其他所有条件下，由于关闭交通信号控制系统将导致更高的交通事故概率，所以必须非常慎重地处理。每一种情况必须非常仔细地考虑。如果打算在某段时间内关闭信号控制系统，必须进行特别调查来评估几年的事故数据。

应该指出的是，在低交通流量条件下，适当的技术措施可以在保持交通控制优点（安全性）的同时尽量降低负面效果，例如短周期信号方案或者特殊的交通感应控制。

2 信号方案设计

2.1 概　述

“信号方案”指的是定时信号控制的配时。

信号方案设计过程包括几个相互关联的步骤，所需的文档与前期调查需要反应现状，并且应该是完整的。

无论采用何种控制策略，信号方案的设计都是从考虑方案结构（见附录 A）开始。方案结构保证交通参与者在遵守 StVO 中的法律规定以及符合当地约束条件下，能安全通过交叉口。考虑到上述因素，信号灯的布局方案是在交叉口设计方案的基础上进行设计的（见图 2.1）。

在设计信号方案的时候，绿灯间隔时间的计算是至关重要的。绿灯间隔时间必须仔细确定。绿灯间隔时间的计算结果形成绿灯间隔时间矩阵（见图 2.2）。

为了计算机动车交通的绿灯时间以及确定交汇区的尺寸与排队长度，须定义“饱和度”与“关键交通流量”（见附录 B）。

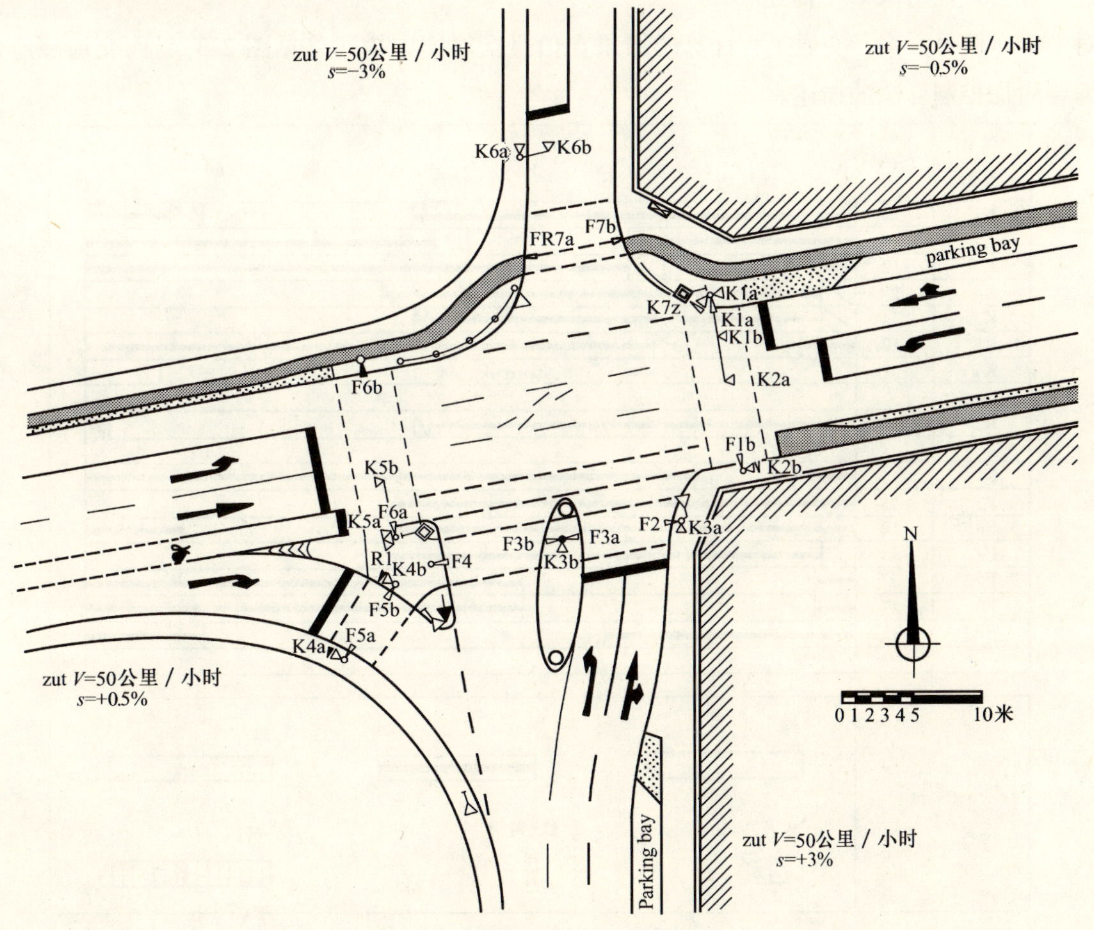

图 2.1　信号控制交叉口平面布局图

绿灯结束信号灯组	绿灯启亮信号灯组														
	K1	K2	K3	K4	K5	K6	K7	R1	F1	F2	F3	F4	F5	F6	FR7
K1			4			4	4		4					7	
K2			5	8	5	4		5	2		8	8			
K3	6	4			4			1		4	4				6
K4		2				2							4		
K5		3	6			5			6					3	
K6	6	6		12	7			4			7	7			6
K7															
R1		2	6			2			8					2	
F1	10	7			6			5							
F2			6												
F3		4	6			3									
F4		4				3									
F5				5											
F6	8				8			10							
FR7			3			6	4								

图 2.2　绿灯间隔时间矩阵示例

不仅是机动车交通，行人、自行车以及公共交通也是决定周期时间与关键绿灯时间的重要方面。主要的计算公式在附录 C 中描述。

对于定时信号方案，交通工程计算的结果在信号配时图中描述（见图 2.3）。而交通感应信号控制还需要附加控制算法的描述。

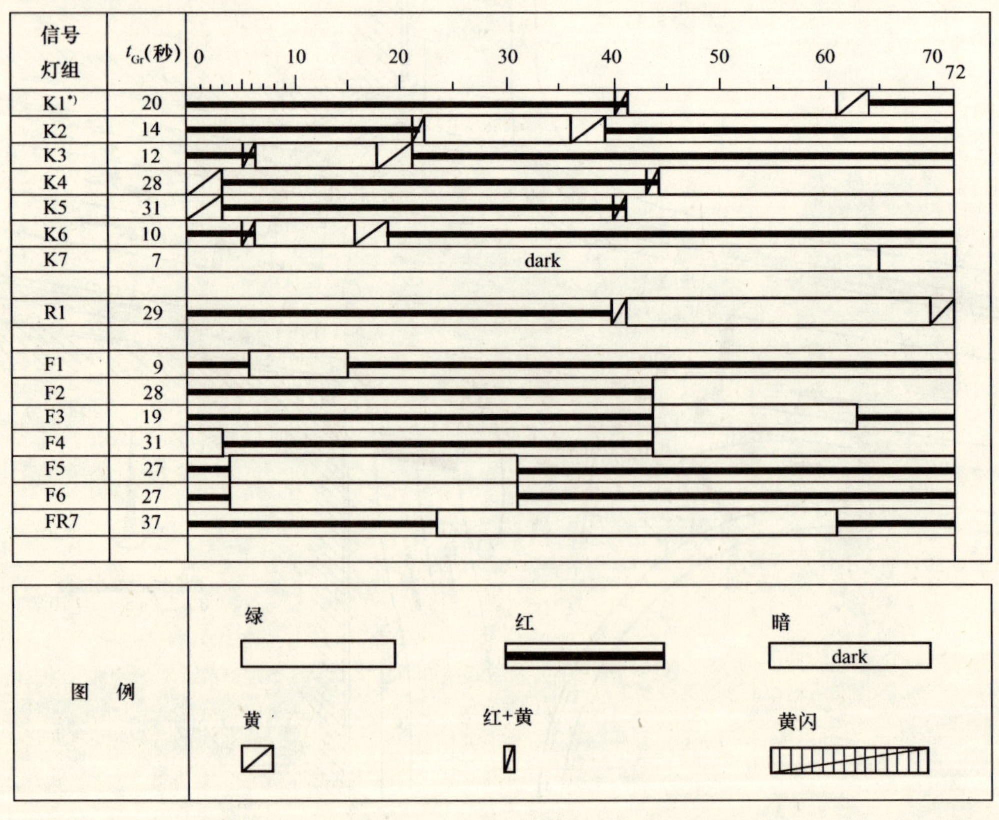

图 2.3　信号配时图示例

2.2 设计资料与前期调查

在设计信号方案的时候应有以下设计资料：

总图：

说明交叉口在路网中的位置，以及相邻的信号控制设施情况。

平面图（比例 1:250 到 1:500）：

包括有关的信息，例如路肩、人行道与自行车道、建筑物、单位出入口、树木、杆柱、消防栓、纵向斜坡、标志、标线与交通设施。

事故调查结果：

从事故黑点图分析入手，如果在同一地点发生多次类似的事故，则说明有系统性的缺陷。

事故数量与类型的详细信息，须查阅反映几年来事故发生情况的事故图示。如果类似的事故不断发生，应根据 1.3.2 节的标准进行校核，确定是否应该设置交通信号控制设施或者改进现有的交通信号控制系统。

设计交通量：

为了估算未来的交通量，选择控制策略、设计信号方案以及监视交通流，必须参考交通调查的结果和设计工程师对设计对象的特别考虑。而且除了以下列出的要求之外，可能还需要进一步的调查。

为了查明现有交叉口的交通流量，必须进行直接的流量调查，并按车辆类型进行统计。当按照附录 C 的方法进行车辆统计时，交通量是分车道计数的。如果相同流向有几条车道，通常认为各车道的流量相等。然而，在进一步的调查中，需要获得各车道流量分布的详细数据。

在设计信号方案的时候，应该知道交叉口所有交通流向各时间段的流量。通常对每个交叉口进口道须进行至少 16 小时的流量观测。但在某些时候，一个小时或者几个小时的短期观测就足够了。所选择的观测时段与时长必须足以覆盖各种交通情况（高峰、低峰、平峰），并且可以决定信号方案的切换时间。所有的数值须以 15 分钟、30 分钟和一个小时的时间间隔统计。如果在已有的信号控制交叉口观测，要求以周期为单位统计。在一个或几个进口道应用交通感应控制方法时，交通过饱和期间可能需要每分钟的流量。

如果要考虑一周中某些时间（例如周一早上、周五下午、周六、周日以及节假日）或者大型活动期间的交通特性，就必须获得相应的数据。

在将道路中的车辆换算成当量小汽车时，如果交叉口进口道没有显著的坡度，而且重型车辆很少，一般使用以下换算系数：

摩托车	0.5 辆
私人小汽车	1.0 辆
重型车	2.0 辆

交叉口公共交通流量需要和公共交通运营者共同确定。

行人和自行车交通流可以调查断面流量，也可以调查各流向流量。在交叉口平面设计、信号相位与绿灯时间分配过程中应适当考虑流向关系，特别是对角线的流向关系。

2.3 信号方案结构

2.3.1 相位

2.3.1.1 概述

相位是指交叉口内各信号不发生变化的基本阶段，放行交通流的绿灯时间没有必要同时起亮或者结束。

相位的示例见附录 A。

当设计相位的时候，必须辨别非冲突交通流与冲突交通流。非冲突交通流之间没有冲突点，而冲突交通流之间有冲突点。

非冲突的交通流可以在同一相位中放行，除了共用信号的转弯交通流外，冲突的交通流应在不同的相位放行。当这些转弯交通流没有专用信号时，如果它们与对向的或者同向的冲突车流或人流共同放行，则按照 Abs.3 第 9 节与 StVO 第 4 节中规定的优先规则通行。在本规范中，共用信号的转弯交通流称为具有第二类冲突的交通流。

车道功能的划分与相位设计紧密关联。

如果几股车流共用车道，它们必须同步放行，例如直行和右转交通流共用一个车道的情况。

在不同的相位，不同方向有独立车道的交通流可以相继放行，比如说直行与转弯车辆都在各自独立的车道上。

在具有第二类冲突的非优先交通流已经放行的情况下，禁止随后放行具有优先权的交通流，例如在具有第二类冲突的转弯车辆已经放行的情况下不能随后放行行人。但也有例外情况，例如当左转车辆先放行的时候，如果有附加信号（黄闪灯）提示左转车辆有优先交通流放行，并且左转车辆遇对向直行交通流一般会按规则停车，则允许行人与自行车随后放行（见图 A.2）。

如果交通流由方向箭头信号灯放行（见图 I.1 与图 I.2），所有与其有冲突的交通流须设置为红灯。对于组合箭头信号灯也一样，但应尽量避免使用组合箭头信号灯。

如果交叉口进口道所有车道不是同时放行绿灯，只有不同的车道由实体物设施分隔，并且信号灯所对应的方向非常明确，才能省略方向箭头。

如果有轨电车及公共汽车与同向的机动车流在不同的相位中通行，设置专用信号（见图 I.6 至图 I.8）。

如果一个交叉口进口道用方向箭头灯控制转弯车道，一般来说，应该只对该方向显示箭头灯，所有其他方向显示满盘灯（不显示箭头灯）。

如果在信号控制交叉口转弯交通流有优先权，信号方案的绿灯时间分配应反映这种优先权。

在进口道所有的车流都是左转或右转（StVO 中的标志 209 或 210）的地方，平行的交通流，例如行人与自行车，禁止同时放行。

在受限制的条件下，转弯车辆需要利用对向道路区域进入所转入的车道，禁止对向交通同时亮绿灯信号（例如在左转停车线后撤的情况下，见图 3.4）。

当设计绿波的时候，信号相位的基本结构不可避免地受约束条件的影响（见 5.2.3 节）。

2.3.1.2 左转交通

左转车辆通常与其他交通流有大量的冲突，这是信号控制的关键问题。

左转交通专用相位

在左转交通绿灯期间，所有冲突交通流应显示红灯（见图 A.3），左转交通才能得以顺利通行。在以下情况，左转交通流需要专用相位：

- 对向交通流速度较快；
- 左转交通流较流畅；
- 左转交通流量或者与其冲突的交通流量较大；
- 左转交通流不容易看到具有第二类冲突的交通流；
- 驾驶员左转时需要注意很多可能的冲突（例如，有轨电车与多车道对向交通，或者多于 1 个车道的对向交通、右转车辆与同时放行的行人与自行车）。

如果有两条或者两条以上左转车道，左转车辆通常需要专用信号相位。

本向直行与对向左转交通流仅在有足够的空间能够顺利地通过交叉口时，才可同时显示绿灯。

如果左转流量较少，左转车辆不必每个周期都有绿灯时间。但是，此时的周期时间不能超过 60 秒。

部分时间左转交通专用相位

如果对向交通流的绿灯时间是错开的，就可以迟起或者早启左转绿灯时间。这是允许左转车辆在对向直行绿灯时间结束之后或者绿灯开始之前（见图 A.2 与图 A.4）顺利地通过交叉口。

迟起绿灯一般情况下可以采用并且不会产生任何问题。

在早启绿灯的情况下，须特别考虑关于左转交通专用相位的问题。必须仔细校核左转车辆是否确实能在其相位内通过交叉口。只有左转车辆在红灯或者早启绿灯期间到达（从上游交叉口转弯或者在转弯绿波中），早启绿灯才会有效果。

在特殊情况下，可以给 StVO 第 9 节中需要给对向交通让路的左转车辆显示附加信号，使其可以判断左转交通流可以无冲突通过的信号时间段（见图 9.4）。

如果左转车辆由单头箭头灯迟起绿灯控制，起亮时间由对向交通以及平行的行人和自行车之间的绿灯间隔时间计算决定（见图 A.4）。

在特殊情况，交叉口的一个进口道比对向交通早启亮绿灯，左转车辆由交叉口的绿箭头显示早启绿灯，早启绿灯时间（见 2.6.3 节）须至少满足最小绿灯时间。与对向交通的绿灯间隔时间决定了绿灯箭头时间长度。当绿灯箭头结束之后，须通过安装在对向的黄闪信号灯（见 9.3.5 节）警告左转车辆对向交通以及具有优先权的行人与自行车已经放行。在对向交通流以及具有优先权的行人与自行车的绿灯时间内，也就是在具有优先权交通的绿灯时间和计算绿灯间隔时间（见图 A.2）内，警告信号必须一直显示。如果左转交通流量大，同时对向交通流量小，应该用信号进行分别控制。须考虑通过设置感应过街相位对具有优先权的行人与自行车进行信号控制或取消过街交通。当这些解决方法不适用的时候，而早启绿灯又不可避免，在交叉口可不显示箭头绿灯，行人与自行车在早启绿灯期间放行。

左转与对向直行交通同时放行。

如果两股冲突交通流之中至少有一股流量较小，应允许左转交通流与对向直行交通流同时放行。（见图 A.1）。对向交通量越大，左转车辆在具有优先权的交通流之中选择合适空档就越困难。在左转交通流量大的时候，车辆将在交叉口内排队。排队的左转车辆必须在清空时间通过交叉口（见 2.6.7

节)，例如通过延迟下一股车流的绿灯起亮时间。如果通过车头时距的检测来判断对向车队通过之后终止对向交通的绿灯时间（见 4.4.3.2 节），这对左转车辆的安全与通行能力都有积极的作用。车辆左转弯不会因个别的“晚到者”而受到影响。

如果左转车辆看不清楚它必须让行的行人与自行车，可以直接在横道处安装黄闪信号灯（见 9.4.5 节），当行人与自行车开始通过交叉口时必须起亮。

2.3.1.3 右转交通

右转交通专用相位

右转交通一般不需要安装方向信号灯。在有大量的并行交通流（行人、自行车、公共汽车或者有轨电车）以及车速较高的道路上可以考虑使用方向信号控制。

如果车辆在三角渠化岛处转弯，在以下情况需要右转交通专用信号控制：

- 有两条右转车道；
- 行人与自行车交通流量较大；
- 车辆转弯太急，不易注意行人与自行车。

这时必须采用三色信号灯控制右转。因此，信号相位必须保证对向左转车辆在右转车辆绿灯时间不进入右转车出口道。

只有当行人过街横道与右转车出口道之间的距离足够大时，右转车辆才能在绿灯期间看清行人过街横道及有优先行驶权的车流。这时才能应用“暗-黄-红-暗”这种方式控制右转车辆。这里宜设置 StVO 中的交通标志 205（减速让行标志）。

部分时间右转交通专用相位

在有右转车道的交叉口，信号方案结构有时提供附加绿灯时间（见图 A.4）。

方向信号显示的绿灯时间（见图 9.5）必须由在其前后放行的车流之间的绿灯间隔时间计算决定。并且，须满足最短绿灯时间（见 2.6.2 节）。

如果在基本相位中另加早启或迟断绿灯，则会对右转机动车有一个短暂的间断：第一种情况（右转机动车早启）会产生右转机动车清扫和行人之间的一个绿灯间隔时间，这个行人绿灯应在基本相位绿灯之前开放，使行人在右转机动车再次得到绿灯之前进入冲突区；第二种情况（右转机动车迟断）需对对向左转清扫车流和随后的右转车流之间用绿灯间隔时间分开（见 2.6.4 节与 2.6.6 节）。

在特殊情况下，用单个绿箭头灯指示早启绿灯就足够了，该绿箭头灯须在整个进口道的绿灯时间开始时熄灭。只有在两个相位阶段期间右转车辆和同方向放行的行人与自行车都没有冲突的情况才可以使用“绿箭头—全绿”的顺序。

无右转专用相位的右转交通信号控制

如果车辆沿着没有三角渠化岛的道路缘石半径转弯，且没有设置箭头信号，黄闪信号灯（见 9.4.5 节）可以警告右转车辆与具有优先权的行人和自行车之间的冲突。辅助信号灯组须直接安装在行人与自行车过街横道处。黄闪信号灯即使在行人和自行车已经清空的时候也应处于闪亮状态。辅助信号灯须在以下情况采用：

- 过街横道远离连续车道，因此转弯车辆驾驶员很难及时发现行人与自行车；
- 右转车辆行驶特别快。

一般情况，在没有三角渠化岛的地点，右转交通与具有第二类冲突的对向左转车辆之间的冲突不是很显著。然而，当用三角渠化岛将右转车辆导流入右转车道时，禁止与具有第二类冲突的左转车辆同时放行。

只有当人行横道与右转车辆汇入相交道路点之间的距离足够远，尽管右转车辆在人行横道之前有绿灯信号，他们还是能够看清和理解必须给予通过此地的其他机动车优先权；这时可以在进口道处设置减速让行标志，如果必要，可以结合使用黄色闪动信号灯。这样，右转车辆与对向左转车辆才可以在同一个相位里放行。

无信号控制的右转交通

当右转交通量很大或者转弯速度很快时，行人与自行车的安全在无信号控制右转车道上缺乏保障。只有在安全因素已经仔细校核的条件下，才允许右转交通不受信号控制，但要设置三角岛并且设置减速让行标志（详细内容见 3.4.3 节）。

2.3.2 相位数

相位数由信号相位设计决定，即决定哪些车流需要单独放行以及与相邻交叉口信号方案是否协调，而协调与否由交通流时距图约束条件决定。

每个交叉口的交通信号控制最少需要两个相位。在两相位控制条件下，转向车流与平行自行车和行人交通流、以及与在路中间行驶的公共交通的冲突无法用信号灯分开（见图 A.1）。

仅当不允许出现第二类冲突时，需给所有的交通流独立的通行权。通常，丁字路口需要至少三相位，十字交叉口至少四相位（见图 A.5）。

考虑到通行能力，因为两相位所需的绿灯间隔时间总和少于三个以上的多相位控制（含三个）所需的绿灯间隔时间总和，所以只要交通流不被排队和非优先的车流妨碍，应优先采用两相位信号控制。在交通流量较大的地点，基于交通安全等原因的考虑，有必要设置多于两相位的信号控制，除非可以通过禁止转弯或者对周边交通的其他限制来减少冲突交通流。

从周期时间的角度考虑，绿灯间隔时间之和应该尽量小，并且所需绿灯时间相近的非冲突交通流应该组合在一个相位里。

2.3.3 相位顺序

交叉口相位顺序的设计须考虑以下几点：

- 允许大量行人或者自行车很快的通过人行横道，某些行人与自行车绿灯的顺序能影响整个交叉口的相位顺序。
- 复杂交叉口的相位顺序可以由某些方向之间放行的前后次序来决定，以便排队车辆不至于引起阻塞。
- 如果某交通流在连续的两个相位中获得绿灯，这样就形成了一个通行权链，这种关系会对相序的选择形成限制。
- 相邻交叉口信号方案的协调或者公共交通控制需要的相位差决定单个交叉口的相位顺序。
- 为了提高交通流质量，某些交通方式或者交通流在一个周期内能够获得几次绿灯，以此限制相位顺序的选择。
- 如果根据上述边界条件，相位顺序还是不能完全确定，通常最有利的相位顺序是周期时间（由必须的总绿灯间隔时间与关键绿灯时间决定）最短的相位顺序。

对于定时信号配时方案，没有必要单独描述相位顺序，可以直接从信号配时方案中获得。

对于感应信号控制，合适的相位与相序在相序方案图中可以体现（见图2.4）。相序可以通过在控制算法里的逻辑关系与时间条件确定。

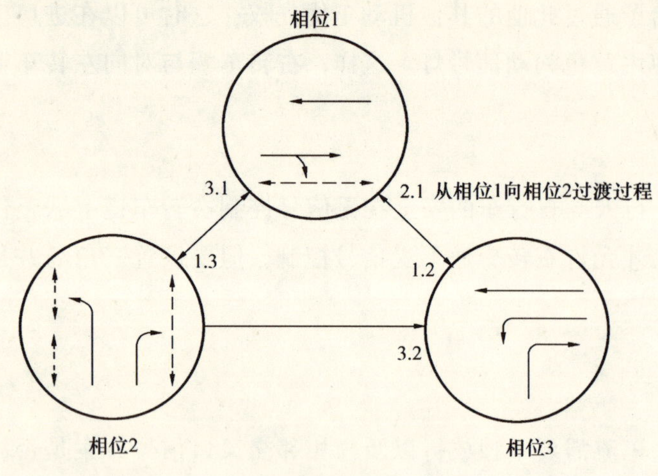

图2.4 相序方案图示例

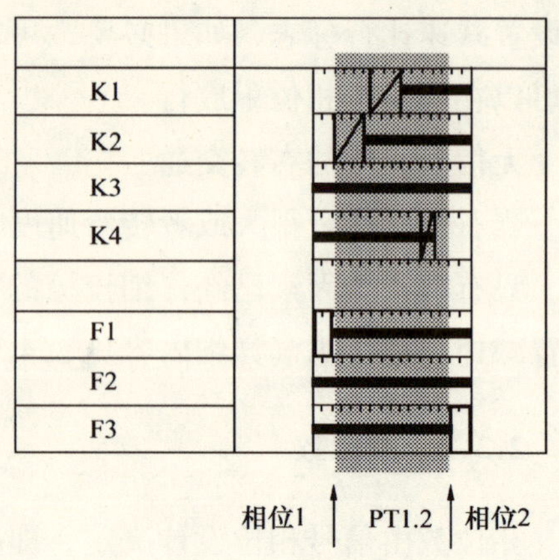

图2.5 相位过渡过程示例

2.3.4 相位过渡

从一个相位向另一个相位变换的过程称为相位过渡过程（见图2.5）。相位过渡过程包含本相位（某灯组）最先结束绿灯的时刻与下一相位（某灯组）最迟起亮绿灯的时刻之间的所有灯组的信号切换图。

相位过渡过程至少包括变换相位所需的绿灯间隔时间。它也可以包括绿灯时间与红灯时间的约束条件（见2.6节）。

只有当绿灯间隔时间与信号顺序遵守StVO的规定时，感应信号控制才可以改变相位过渡时间。

2.4 过渡时间

由于车辆动力学特性，机动车交通从绿灯向红灯变换之前需通过黄灯作为过渡信号。过渡的黄灯时间（t_G）由进口道容许的最高速度（zul V）决定：

当zul $V=50$公里/小时，$t_G=3$秒；

当zul $V=60$公里/小时，$t_G=4$秒；

当zul $V=70$公里/小时，$t_G=5$秒。

因此，黄灯时间可能因交叉口进口道而异。

过渡时间$t_G=4$秒可能比较适合于沿干路允许速度zul $V=50$公里/小时的交通信号控制系统。与过渡时间$t_G=3$秒相比，其优点是更长的过渡时间可以减少红灯越线的车辆数目，特别是对刹车减速度较低的车辆（例如公共汽车或者装载易碎物品的卡车拖车）。一条连贯干道信号控制系统应统一采用4秒的过渡时间。

狭窄通道的交通信号控制系统应该采用统一的$t_G=4$秒的黄灯时间（见附录G）。

受专用信号控制的转弯车辆，通常运行速度V小于zul V，可以确定黄灯时间$t_G=3$秒。即使它们在交叉口进口道速度zul $V=70$公里/小时或60公里/小时，也可以选择黄灯时间为$t_G=3$秒。

在信号顺序为“暗-黄-红-暗”的交通信号控制系统，例如铁路交叉口、警察与消防出口、动态停车点或者公共交通终点站，黄灯时间可采用 $t_G = 5$ 秒。

在绿灯之前的过渡信号为红黄灯（同时亮），让司机为即将到来的绿灯信号做好准备。红黄灯过渡信号通常为 1 秒，最多不超过 2 秒。

根据 BOStrab 第 51 节，控制有轨电车与公共汽车的专用信号必须显示过渡信号（见图 I.7）。过渡时长（$t_{G,SB}$）视公共交通车辆* 在交叉口进口道允许的最大运行速度（max V）而定。即：

当 max $V = 30$ 公里/小时，$t_{G,SB} = 4$ 秒；

当 max $V = 40$ 公里/小时，$t_{G,SB} = 5$ 秒；

当 max $V = 50$ 公里/小时，$t_{G,SB} - 6$ 秒；

当 max $V = 60$ 公里/小时，$t_{G,SB} = 7$ 秒；

当 max $V = 70$ 公里/小时，$t_{G,SB} = 8$ 秒。

如果车辆都必须在信号前停车或者能保证在刹车距离内不出现从“允许行车”到“停车”的信号变换，则不需要过渡信号。当 max $V = 20$ 公里/小时，也可以不使用过渡信号。

公共汽车与有轨电车信号从红灯向绿灯的过渡过程通常不显示过渡信号。

如果对自行车进行独立的信号控制，那么统一的黄灯过渡时间应该为 2 秒，红黄灯为 1 秒。

行人的信号顺序不包括任何过渡时间。

2.5 绿灯间隔时间

2.5.1 概述

绿灯间隔时间是相互冲突的一股交通流的绿灯结束时刻和下一股交通流的绿灯开始时刻之间的时间间隔。由该两股车流通过的交叉口区域叫做冲突区域。

所需要的最短绿灯间隔时间 t_z由通过时间 $t_{\ddot{U}}$，清空时间 t_r与进入时间 t_e决定：

$$t_z = t_{\ddot{U}} + t_r - t_e$$

需要计算所有冲突交通流之间绿灯间隔时间的组合情况，精确到秒或者给定的时间间隔。因此，即使采用共同的信号控制，所有的交通参与者（行人、自行车、公共交通、机动车辆）必须考虑为独立的交通流。各个信号灯组的关键（最大）绿灯间隔时间编制成绿灯间隔时间矩阵（见图 2.2）。

在左转车辆采用方向箭头的情况下，左转车辆与对向交通、平行放行的行人与自行车之间的绿灯间隔时间须在绿灯间隔时间矩阵中定义。

信号控制中，防止绿灯冲突的自锁关系表可根据 DIN VDE 0832 的 2.3.6 节从绿灯间隔时间矩阵中直接导出。

假设以下的绿灯间隔时间计算的条件是在标准情况下，各股交通流遵守各自的信号灯。由于当地特征（例如速度限制、交叉口进口道大角度纵坡、速度特别慢的车辆）需要给出特定条件，这一般将导致更长的绿灯间隔时间。

2.5.2 清空距离与进入距离的计算

计算绿灯间隔时间时，首先须定义清空距离与进入距离。通常采用车道或者人行道的中心线作为测量距离的参考线。对转弯车辆，须以实际冲突边界线为准，而不是中心线。

清空距离 s_r由基本清空距离 s_0以及车辆长度 l_{Fz}组成。车辆的基本清空距离是指停车线与冲突点之间的距离。对于专用信号控制的行人与自行车，指的是人行横道的起始点与冲突区域的终点之间的距离。

清空冲突区域的计算中要求驶入车流能考虑安全而谨慎驾驶，并且假定他们能够识别处于清扫中的大型车辆的车长和给予它们在冲突区域的优先行驶权。在计算绿灯间隔时间中，采用以下的车辆长度：

- 自行车：　　　　　　　　　　　　　　0 米
- 机动车辆（包括卡车拖车、公共汽车等）：　6 米
- 有轨电车：　　　　　　　　　　　　　15 米

车辆的进入距离是指停车线到由清扫车流行驶轨迹线与驶入车流行驶轨迹线在交叉口内形成的交点间的距离或停车线到行人过街横道的距离，如果冲突区域与驶入点距离很近，则进入距离就定为 0。

如果在交叉口内部没有定义距离（例如对于左转交通流），绿灯间隔时间的计算应该合乎驾驶几何轨迹中合理的距离。

图 2.6～图 2.11 给出了冲突交通流的关键清空距离与进入距离的示例。

2.5.3　通过时间与清空时间

通过时间 $t_Ü$是在绿灯时间结束与清空时间开始之间的时间间隔，决定绿灯间隔时间的计算。清空时间 t_r是以清空速度 v_r通过清空距离 s_r（见 2.5.2 节）所需的时间。

$$t_r = \frac{s_r}{v_r}$$

绿灯间隔时间计算分 6 种不同的通过与清空情况。

情况 1： 直行车辆清空

不考虑规定的速度限制，直行车辆的通过时间设为 $t_Ü = 3$ 秒，清空速度定为 $v_r = 10$ 米/秒。

由以上假设可以得出如下结果：

通过时间：$t_Ü = 3$ 秒；

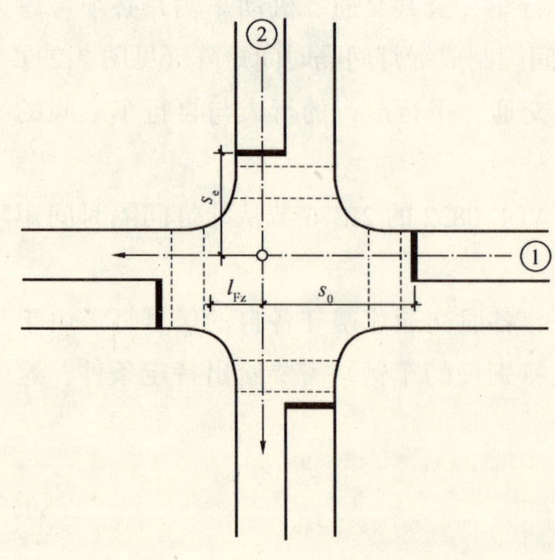

图 2.6　直行车辆清空情形示例，车辆清空/车辆进入

清空速度：$v_r = 10$ 米/秒。

基本清空距离：按车道中心线测得停车线到冲突点的距离（米）（见图 2.6）$= s_0$；

车辆长度：$l_{Fz} = 6$ 米；

通过与清空时间：$t_Ü + t_r = 3 + \frac{s_0 + 6}{10}$。

情况 2： 转弯车辆清空

转弯交通流的通过时间设为 $t_Ü = 2$ 秒。定清空速度 $v_r = 7$ 米/秒。在内部车道边缘半径 $R < 10$ 米的情况下，清空速度降低至 $v_r = 5$ 米/秒。

以下为参数确定的结果：

通过时间：$t_Ü = 2$ 秒；

清空速度：$v_r = 7$ 米/秒（当 $R < 10$ 米，$v_r = 5$ 米/秒）；

基本清空距离：按车道中心线测得停车线到冲突点的距离（米）（见图 2.7）$= s_0$；

车辆长度：$l_{Fz} = 6$ 米；

通过与清空时间：$t_{Ü} + t_r = 2 + \frac{s_0 + 6}{7}$（当 $R < 10$ 米，$t_{Ü} + t_r = 2 + \frac{s_0 + 6}{5}$）。

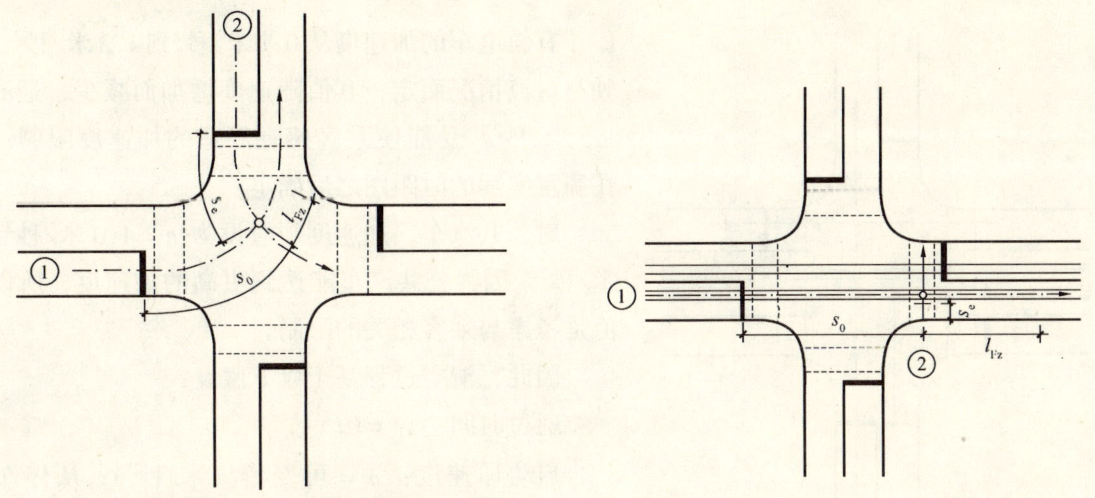

2.7 转弯车流清空情形示例，车辆清空/车辆进入　　图 2.8 公交车辆清空/行人进入示例

当计算箭头信号显示的左转早启绿灯间隔时间时，为了考虑先行左转车辆的“诱驶效应”，清空时间须延长 1 秒。

下式应用于直行车辆（情况 1）或者左转车辆（情况 2）的通过与清空：

$$t_{Ü} + t_r > t_G + 1$$

这是为了确保在黄灯期间无法在停车线前停止的车辆不会与启动交通流发生事故，特别是冲突区域靠近停车线的行人与自行车。

情况 3：有轨电车与公共汽车清空——在交叉口前不停车

如果根据 BOStrab 进行单独信号控制的有轨电车与公共汽车，能不停车地通过交叉口，无论是否有过渡时间信号灯，都需要确定通过时间。这里的通过时间是根据路段允许运行速度而指定的。

通过时间为：

当 max $V \leqslant 30$ 公里/小时，$t_{Ü} = 3$ 秒；

当 30 公里/小时 < max $V \leqslant 50$ 公里/小时，$t_{Ü} = 5$ 秒；

当 50 公里/小时 < max $V \leqslant 70$ 公里/小时，$t_{Ü} = 7$ 秒。

通过时间与清空时间的计算须基于以下参数：

通过时间：$t_{Ü} = 3$ 秒（5 秒或者 7 秒根据 max V 而定）；

清空速度：$v_r = \frac{\max V}{3.6}$ [max V 的单位为（公里/小时）]；

基本清空距离：按车道中心线测得停车线到冲突点的距离（米）（见图 2.8）$= s_0$；

车辆长度：有轨电车 $l_{Fz} = 15$ 米、公共汽车 $l_{Fz} = 6$ 米；

通过与清空时间：$t_{Ü} + t_r = t_{Ü}$（max V）$+ 3.6 \frac{s_0 + l_{Fz}}{\max V}$。

如果公共交通与社会车辆采用相同的信号控制，$t_{Ü} + t_r$ 计算有两个方案：

- 按对公共交通进行单独信号控制来计算 $t_{Ü} + t_r$。公共交通按正常速度行驶，然而，这意味着采用共同信号控制的其他交通流增加了绿灯间隔时间。

- 采用社会车辆 $t_{\ddot{U}}+t_r$ 的值。这时，公共交通只能以低速行驶进入交叉口。

情况 4：有轨电车与公共汽车清空——在交叉口须停车

如果有轨电车或者公共汽车在交叉口停车，假定在绿灯末期，它们从停车状态加速到允许的最高运行速度。

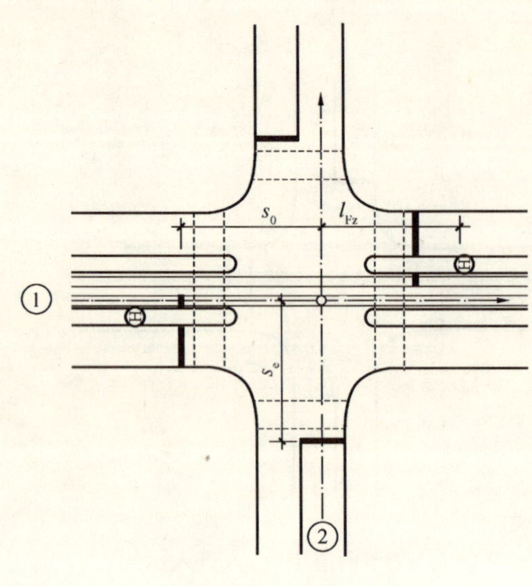

图 2.9 公交车辆清空/机动车进入示例

有轨电车的加速度从 0.7 米/秒^{2}到 1.2 米/秒^2，视驾驶与过渡情况而定，其值随速度增加而减少，最高值为 1.5 米/秒^2。受能使乘客感觉舒适的加速度限制，只能在衡量实际的时距图之后确定。

对公共汽车，加速度须假设为 $a=1.0$ 米/秒^{2}到 1.5 米/秒^2。因为公共汽车能达到更高的加速度，所以上限值是考虑与乘客相关的限制。

因此，清空过程基于以下假设：

通过时间：$t_{\ddot{U}}=0$；

启动加速度：$a=$ 可变值（米/秒^2）；从停车线处 $V=0$ 直到 $V=\max V$（公里/小时）；

清空速度：$v_r=$ 可变值（米/秒）；

基本清空距离：按车道中心线测得停车线到冲突点的距离（米）（见图 2.9）$=s_0$；

车辆长度：有轨电车 $l_{Fz}=15$ 米、公共汽车 $l_{Fz}=6$ 米；

通过与清空时间：$t_{\ddot{U}}+t_r=\sqrt{\dfrac{2(s_0+l_{Fz})}{a}}\left[当\ s_0+l_{Fz}\leqslant\dfrac{(\max V)^2}{2\times3.6^2\times a}\right]$

$$t_{\ddot{U}}+t_r=\frac{\max V}{3.6\times a}+\frac{s_0+l_{Fz}-\dfrac{(\max V)^2}{2\times3.6^2\times a}}{\max V/3.6}\left[当\ s_0+l_{Fz}>\frac{(\max V)^2}{2\times3.6^2\times a}\right]。$$

情况 5：自行车清空

自行车的通过时间设为 $t_{\ddot{U}}=1$ 秒，即使没有过渡信号（用行人信号控制自行车）。

定 $v_r=4$ 米/秒为自行车清空速度。如果自行车转弯半径非常小，v_r须减少。

计算绿灯间隔时间时，以下参数确定是关键的：

通过时间：$t_{\ddot{U}}=1$ 秒；

清空速度：$v_r=4$ 米/秒（可能更小）；

基本清空距离：按车道中心线测得停车线到冲突点的距离（米）（见图 2.10）$=s_0$；

车辆长度：$l_{Fz}=0$；

通过与清空时间：$t_{\ddot{U}}+t_r=1+\dfrac{s_0}{4}$。

如果自行车与机动车辆采用共同的信号控制，由于清空时间较长，可能应该以自行车清空时间作为计算依据。如果有自行车专用道，可以对自行车进行专用信号控制，须分别计算绿灯间隔时间。

在自行车不是专用信号控制，冲突情况诸如“自行车清空”/“自行车进入”以及“自行车清空”/“行人进入”通常能认为是第二类冲突，即他们不需要考虑绿灯间隔时间的计算。对自行车和与其轨迹相切的左侧的车流也适用同样的规则。

情况 6：行人清空

对于行人，假设他们在绿灯结束之后不再进入人行横道，则 $t_{\ddot{U}}=0$。

行人清空速度为 $v_r=1.2$ 米/秒，最大值 $v_r=1.5$ 米/秒。

在商业街、娱乐场所、学校附近等地方取较低的值。

在需要保护残疾人或者老年人的人行横道，例如老人院附近，应取更低的值。然而，计算清空速度不应低于 $v_r=1.0$ 米/秒。否则，清空时间对于其他交通参与者来说会太长。

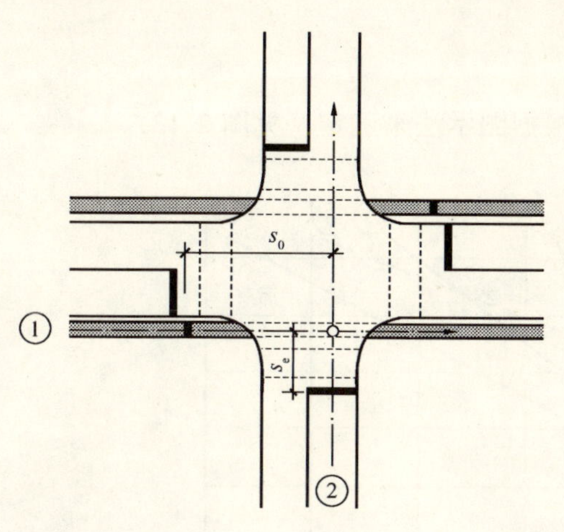

图 2.10　自行车清空/机动车进入情形示例

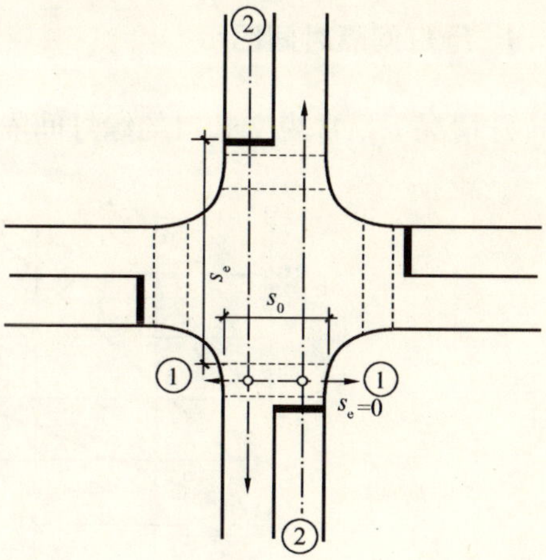

图 2.11　行人清空/机动车进入情形示例

只有在例外情况才能取最大值 $v_r=1.5$ 米/秒。

因此，当计算绿灯间隔时间的时候，以下参数是关键的：

通过时间：$t_{\ddot{U}}=0$；

清空速度：(1.0) 1.2 米/秒 $\leq v_r \leq$ 1.5 米/秒（可能较低）；

基本清空距离：按车道中心线测得停车线到冲突点的距离（米）（见图 2.11）$=s_0$；

车辆长度：$l_{Fz}=0$；

通过与清空时间：$t_{\ddot{U}}+t_r=\dfrac{s_0}{v_r}$。

2.5.4　进入时间

进入时间 t_e 是指驶过进入距离 s_e（见 2.5.2 节）所需的时间。

t_e 与允许车速以及行驶方向有关，假定绿灯初期的第一辆机动车通过停车线速度为 $v_e=40$ 公里/小时，进入时间按下式计算：

$$t_e=\frac{3.6s_e}{40}$$

当绿灯时间开始时，如果公共交通车辆不是按常规从停靠站启动以速度 $v_e=20$ 公里/小时通过停车线进入交叉口，而是加速直到所允许的最大运行速度，这里须考虑更高的进入速度。

如果有轨电车与公共汽车按常规停靠以后进入交叉口，假设当绿灯时间开始时作匀加速运动，进入时间为：

$$t_e=\sqrt{\frac{2\times s_e}{a}}$$

对于 $t_e \leq \dfrac{\max V}{3.6\times a}$ 时：

由于较低的启动加速度与速度，与机动车共用信号控制的自行车对于进入过程计算不是关键的。如果自行车道专用信号控制，在绿灯时间开始之后，自行车通过停车线的速度假设为 $v_r = 5$ 米/秒。

如果行人与机动车的冲突区域从车道边缘开始，"进入过程"就没有必要考虑了，即进入时间为零。否则，行人"进入速度"设为 $v_e = 1.5$ 米/秒。但是，这仅在不存在清空交通流在道路边侧车道行驶的条件下应用。

2.5.5　绿灯间隔时间图示

无特殊情况下，常规交叉口的绿灯间隔时间可以根据图示法来确定（见图 2.12）。

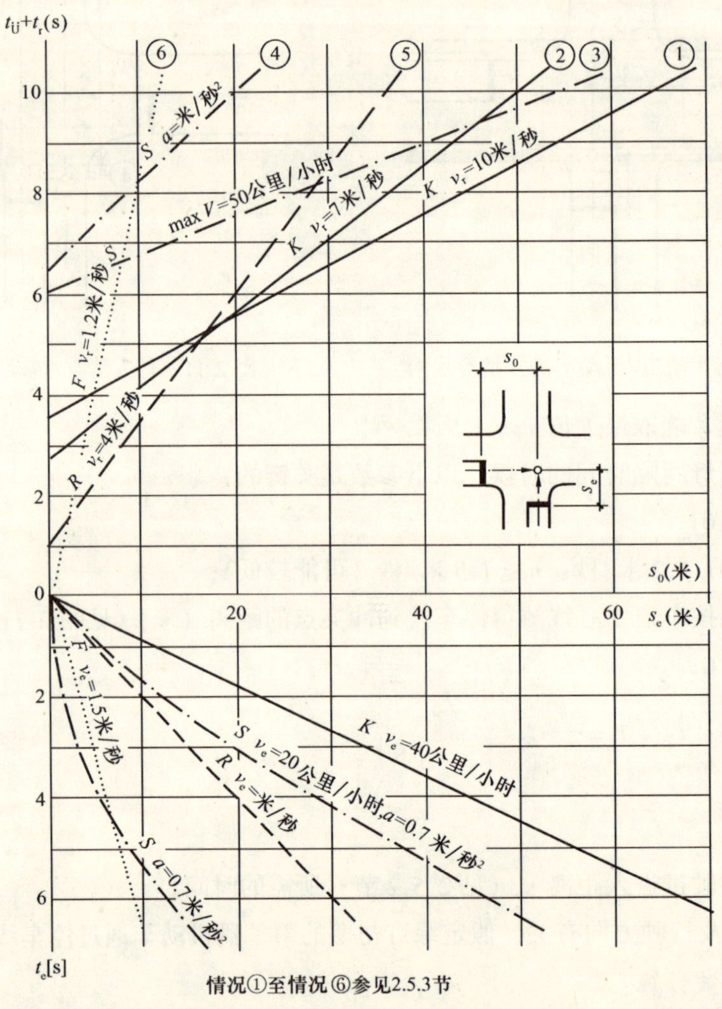

图 2.12　绿灯间隔时间确定图

清空与通过时间，根据 2.5.3 节确定的六种情况在距离轴上表示。已经考虑到的车辆长度为 0 米（自行车）、6 米（机动车）或者 15 米（有轨电车），因此只有清空距离 s_0须给定以确定通过与清空时间。

进入交叉口时间按 2.5.4 节中的假设在时空关系曲线图中的距离轴的下方给出。

2.5.6　绿灯间隔时间的校核

开始使用一个交通信号控制系统以后，已经确定的绿灯间隔时间还要通过反复的观察来校核。当左转车辆被对向交通所阻止的时候要特别注意。公共交通实际的清空时间和进入时间还需要仔细的观测，并且校核计算时的假设条件。

2.6　绿灯与红灯时间的边界条件

2.6.1　返回相同相位

在连续请求的情况下，如果控制算法在处理了一个请求之后已经结束了绿灯时间，即使返回相同的相位，在绿灯重新起亮之前，也须根据 StVO 的规定完成完整的信号顺序。

2.6.2　最小绿灯时间

机动车交通流的最小绿灯时间应为 $t_{Gr}=10$ 秒。对于干道直行交通，最小绿灯时间要求为 15 秒。在低交通流量或者包括绿灯时间延长的交通感应控制的条件下，最小绿灯时间可以减至 5 秒。

有轨电车、公共汽车、行人与自行车的最小绿灯时间不能少于 5 秒。

另外，须确保行人在绿灯期间至少可以通过道路宽度的一半。进一步的要求见 7.3.1 节、7.3.5.1 节与 7.5.1 节。

特别在“有轨电车清空”/“行人进入”的情况下，必须注意行人要能够真正利用绿灯时间。

2.6.3　左转车辆的早启绿灯

左转车辆的最小绿灯早启时间应为 10 秒。如果左转交通的部分时间由专用绿箭头灯控制，绿灯箭头必须至少显示 5 秒。

2.6.4　最小红灯时间

当信号控制回到相同相位的时候，交通感应控制逻辑须保持全红时间至少 1 秒。在“机动车暗-行人红”这种控制系统中，也适用于这个原则。

对于部分时间专用相位控制的右转车流，应避免在右转车两次绿灯之间的间隔过短，特别是在箭头信号提前切换的时候。在切换点，要求保持最小红灯时间 2 秒。

在行人过街信号系统，如果要返回相同的机动车相位，机动车最小红灯时间为 4 秒。

2.6.5　最大红灯时间

对于某一种交通方式或者交通流，最大红灯时间的确定取决于整体控制策略与冲突目标间的平衡。

以下为需考虑的相关因素：

- 在行人与自行车的可接受范围内；
- 车辆可用排队的空间；
- 行人与自行车可用的排队区域；
- 公共交通在该路段的总行程时间。

例如，行人与自行车最大红灯时间不应该超过 60 秒，但是，机动车交通可以采用该时间的两倍。

2.6.6 到达冲突区域的时间先后

如果一股具有第二类冲突的交通流与具有优先权的行人与自行车共同放行，绿灯开始时间须有先后，让行人与自行车比机动车辆提前 1 秒或 2 秒到达冲突点。

绿灯起始时间差取决于第一辆转弯车从停车线到达冲突区域的过程。因此，在人行横道后退比较明显的情况下，时间差可以是负数，即行人与自行车可能在转弯车辆之后才得到绿灯。这不算是在 2.3.1.1 节所描述的行人绿灯在右转机动车绿灯之后放行的情况。

在类似情况，为了强调公共交通相对于转弯车辆的优先权并使其避免受妨碍，应提前给予在道路中央或者路侧的公共交通车辆绿灯信号。

2.6.7 延迟绿灯起亮时间

如果放行的左转车辆已经通过停车线但是受到对向交通流的阻碍，在相位切换的过渡期间，必须给予这些车辆通过冲突区域的机会。为使这些车辆能够及时清空，后继的冲突交通流须比由绿灯间隔时间计算得到的值推迟 2 到 4 秒后放行。

当返回到相同的相位时，延迟绿灯起亮时间保证具有第二类冲突的转弯车辆在对向交通流重新得到绿灯之前就已经清空。

2.7 信号配时方案的总体设计

信号配时方案的基本结构由必要的绿灯间隔时间 t_z与关键绿灯时间 t_{Gr}决定。在定时信号配时情况下，周期时间等于信号方案一个循环的时间：

$$\text{erf } t_U = \sum \text{erf} t_Z + \sum ma\beta g t_{Gr}$$

交通感应控制包括信号方案中单个或者几个相位的切换，因此，不存在以上意义上的周期时间。

周期时间的大致数值如下：

- 最小　　30 秒
- 标准　　50 到 75 秒
- 最大　　90（120）秒

所需要的绿灯间隔时间是各相位关键交通流之间的绿灯间隔时间。其计算方法见 2.5 节。

普通机动车交通流的关键绿灯时间由设计流量决定（见附录 B），但是其他标准，例如最小绿灯时间，应由行人、自行车与公共交通的要求而定。

在信号方案的基本结构中没有考虑到的交通流的绿灯时间应整合在信号方案中，并考虑绿灯间隔时间以及 2.6 节的约束条件。其他剩余时间须合理分配。

决定周期时间与绿灯时间的细节见附录 C。

交通工程师设计定时信号方案的结果是：信号配时图（见图 2.3），绿灯间隔时间矩阵（见图 2.2）和信号控制交叉口平面图（见图 2.1）。交通感应信号控制另外还需要控制算法的描述。

3 信号控制对交叉口设计的要求

3.1 概　　述

交叉口的信号控制对交叉口的设计有着特殊的要求。同样，交叉口及路段的设计和环境因素对交通信号控制也有实质性的影响。因此交叉口设计和信号控制是一个整体，需要相互协调。同时要平衡不同交通流的需求。特别是当道路空间受到限制时，应尽量优化交通信号控制方案。

对于新建的信号控制交叉口，如果实地条件允许，可以采用标准设计形式，其设计标准主要是遵循信号控制的要求。因为交叉口内部空间影响行人和自行车的绿灯间隔时间，所以这个空间应该尽量小。

对于改建的信号控制交叉口或是新增交通信号控制系统的交叉口，通常实地条件和设计约束比交通信号更重要，所以只能大致按照标准交叉口设计，然后再协调优化交叉口及路段的设计和控制（见附录 D.2，例 2 和例 7）。

关于交叉口设计的原则详见 RAS-K-1。在本章中主要说明交叉口信号控制与设计之间的相互影响。

3.2 车　　道

3.2.1 概述

交叉口的车道数由交通量、期望的交通流（机动车、行人、自行车、公共交通）服务水平和用地面积来决定。在建成区外的转弯车道和进口车道设置主要是由交通、安全等因素决定，而在建成区内由通行能力决定。

3.2.2 连续车道

交叉口连续车道的数量应该和下游路段车道数量保持一致。在建成区内有必要增加连续车道数来使交叉口与路段通行能力匹配。

如果因为信号灯控制的原因，交叉口中的一个连续车道变成转向车道，则需要预先设置明确清晰的标志和标线。否则，会出现突然的换道。而且，要保证剩余的连续车道能够满足交叉口中直行方向的交通流。

当道路上铺有轨道的时候，可以允许机动车借用交叉口进口道铺有轨道的面积来增加排队空间并提高通行能力。对机动车开放的轨道空间长度取决于周期时间，即：排在有轨电车前面的机动车队消散后，有轨电车在同一个绿灯时间内也能通过交叉口（见附录 D.2.7）。

在交叉口的出口道，连续不变的车道长度取决于绿灯时间 t_{Gr}、流量以及实地条件。在交汇区前的排队空间（最少40米）可以粗略的按下式计算：

$$l(\mathrm{m}) = 3 \cdot t_{Gr}(\mathrm{sec})$$

车道渐变段 l_{z1} 应均匀变化并达到一定长度（如 $l_{z1}=40$ 米到60米），使交通流汇入尽量顺畅。（见图3.1）

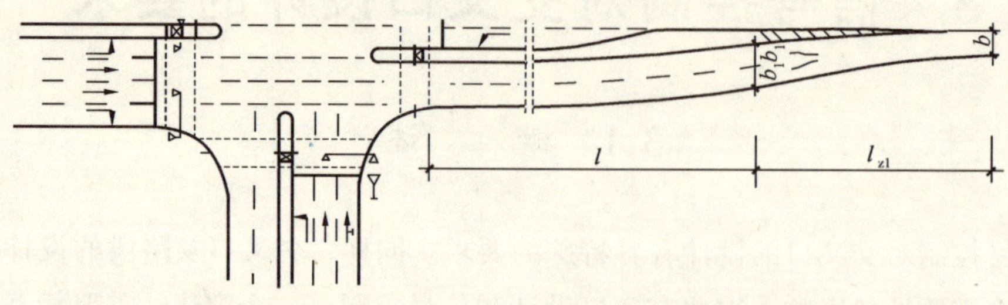

图3.1 交叉口出口处车道数减少

3.2.3 左转车道

在允许左转的情况下，如果左转车可顺利驶离交叉口，或一个周期的左转车能在交叉口内部（如拓宽的交叉口）排队，或在敏感条件下通过排队空间监测可以避免左转车流影响其他车流，可以不设置左转车道或左转空间。（见4.4.3.4节）

如果设置了左转专用相位，就需要设置专用左转车道。

如果有轨电车与左转机动车同时放行并且信号灯控制能够保证当有轨电车到达时左转机动车已被清空，就可在轨道上设置左转机动车车道。（见4.4.3.4节）

在绿波控制情况下，如果在交叉口内部区域无足够的排队空间，并且信号控制不能使左转车不受阻碍地清空，就需要设置左转车道或排队空间。

在低等级道路交叉口，对于左转机动车，在进口道设置分隔岛的方法比设置左转车道更重要。特别是对部分时间有信号灯控制的交叉口，这就意味着该方向车流需让行。

如果不能设置左转车道或排队空间，又不能禁止左转交通的交叉口，没有左转车道的左转机动车应该与直行车流在同一个相位里独立放行。

如果禁止左转，则推荐设置调头车道（见3.3节），或是提前标示出可选择的路线。

通常情况下左转车道或排队空间要按照RAS-K-I来设计，如果有专用的左转相位，则左转车道设置的排队空间要满足一个周期到达车辆数的1.2倍（平均排队长度6米/辆）。如果既无独立的左转车道也无交通感应的排队空间监测，排队空间就需要加大，否则一个周期里到达的左转车会经常不能全部驶离交叉口。如果是交通感应信号控制，可用排队长度作为控制目标，以此决定左转弯车道的长度。左转车道的长度应该大于相邻连续车道的计算排队长度，这样是为了使左转车始终能够进入左转车道。如果这种情况不可能实现，则要检验，看是否要缩短周期长度，或者在一个周期中设置第二个绿灯时间（二次绿灯）。在空间受限的情况下推荐使用排队空间检测。

在受限制的情况下，左转车道长度与排队空间采用最小值，这比不设左转车道有利。当车道宽度小于5.50米时，不能从连续车道中分离出左转专用车道；在4.0米到5.50米之间的窄小车道的排队空间可由箭头标志（左转箭头靠近直行箭头）来标示。

3.2.4 右转车道

右转车道可提高信号控制交叉口处的安全与通行能力。

设置右转相位的前提是具有右转车道。如果交叉口转角由两条右转车道和一个三角形渠化岛构成，则在进口道至少设置一条专用右转车道。

直行车与右转车通常共用一条车道。当机动车和与之同平行的自行车和行人一起控制时，应当减少它们之间的相互影响，使自行车和行人横道后移，以此提供一辆转弯车的排队空间，这个空间不能少于5~6米。然而这种横道布置并不意味着对自行车来说是一种保证容易被右转机动车辨识的组织形式（自行车道靠近直行机动车道才是容易辨识的），因此要显著体现自行车与行人优先权。设计时要保证不能使人产生误解，认为直行的自行车要右转。

右转弯车道要按照 RAS-K-1 来进行几何设计。在建成区内，右转车道的仅有作用是作为排队空间，它的长度由信号方案决定。

只有在行人和自行车不受负面影响的条件下，才能在建成区的信号控制交叉口考虑采用较短的右转专用区（道），让右转车在交叉口顺利离开直行车道。

3.3 调 头 车 道

调头车道会导致安全、通行能力及交通运行质量的很大损失。因此，在有中央分隔带、轨道或者公交专用道的主干道，可以在交叉口之前或之后设置调头车道。通过调头车道可以避免左转车道的拥堵，也为左转车提供可选择的路径（避免以多次右转代替左转的绕行），或者作为禁左或其他禁行措施的替代方法。如果不能设置调头车道，则要谨慎选择信号方案结构，使调头车辆与其他车流（行人与自行车）不相互影响。

如果由相邻交叉口信号控制产生的对向直行交通流空档可以被调头车辆利用，这时设置调头车道是适宜的。这种没有信号控制的调头车道一般要和减速让行标志一起使用。如果左转车要使用交叉口之后的调头车道，必须保证调头车辆容易完成与对向交通流的交织过程。

调头交通需要进行信号控制的条件如下：

- 如果对向交通流没有足够的空档，并且在调头车道或中央分隔带的排队车道不能为掉头车辆提供足够的排队空间。
- 调头车辆的视距不满足要求。

横穿轨道的调头车道的信号控制详见 6.3.5 节。

调头车道设计详见 RAS-K-1。

3.4 交 通 岛

3.4.1 概述

交通岛的作用是为交通流导向、保护行人和自行车以及为设置交通指示系统（交通标志、信号灯和路标）和绿化提供空间。在大型信号控制交叉口处，交通岛可能会使较大的信号交叉口过于复杂令人无所适从，从而降低行人和自行车通行的舒适性。

3.4.2 行人过街安全岛

行人过街安全岛的设置条件、设计原则以及几何尺寸已在 RSK-K-1 和 EAE 中描述过。它对信号控制的重要作用有：

● 可将交通标志和信号灯的辅灯设置在行人过街安全岛上，这样可以更容易吸引驾驶员的注意。（见 9.4 和 9.5 节）

● 在次要道路进口道，如果信号控制不是全天运行，设置行人过街安全岛可以体现该进口道是让行方向，且有利于行人和自行车过街。

● 设置行人过街安全岛有利于行人的信号控制。因为设置行人过街安全岛分隔了道路，减少了清空距离和清空时间。而且，如果在一个相位内行人不能穿过道路，分隔带提供必要的行人等候空间。（见 7.2.2 和 7.4.1 节）。

● 当对向的交叉口进口道与本方向的同时放行时，卡车和拖挂车同时左转，行人过街安全岛会导致车辆行驶空间变窄，应设计方便车辆行驶的行人过街安全岛缘石曲线。

● 当交叉口对向两个左转车道没有正对时，会造成相互的视线障碍，这样会产生危险。因此应考虑禁止左转，或者需要单方向的左转相位，否则必须修改交叉口的设计，尽可能使左转车无视线障碍。

3.4.3 三角形渠化岛

在斜交的十字路口或丁字路口应设置三角形渠化岛。另外即使交叉口交角正交，为了让右转车流顺畅通过交叉口，也可以设置三角形渠化岛。

它的设置条件、几何尺寸以及设计指南详见 RAS-K-1。

对于信号控制而言，三角形渠化岛有很多优点，它缩短了行人过街横道的长度，缩小并明确了交叉口空间，从而减少了绿灯间隔时间。而且它还提供了设置信号灯、交通标志及其他设备的空间。

另一方面，对于行人和自行车，三角形渠化岛也有一些需要注意的缺点。它会造成路缘石半径偏大以及由不连续穿越造成的绕道，并且会使交叉口过于复杂，使人无所适从。特别是右转车道的快速车流与具有优先权的行人和自行车冲突。

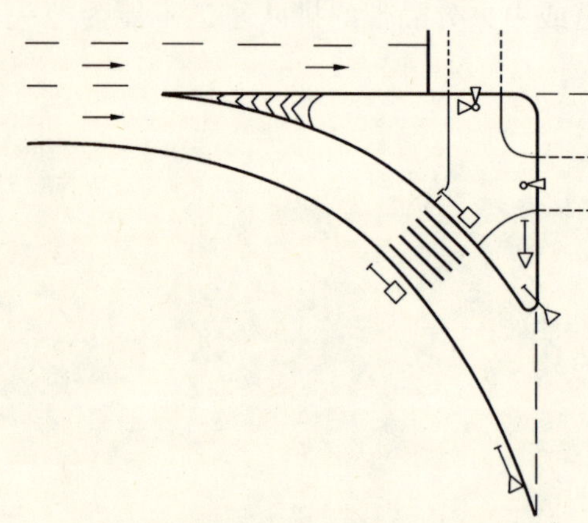

图 3.2 建成区大型三角形渠化岛示例
（有人行横道，车速需低于 50 公里/小时）

小的三角形渠化岛仅适用于安置信号机或有大量右转车流的情况。大的三角形渠化岛（见图 3.2）也适用于少量的无信号控制的右转弯交通，可以作为行人和自行车的等待区域。

一条专用右转车道可以不需要信号控制，但是需要用减速让行标志标示清楚，其适用条件如下：

● 穿越右转车道的行人与自行车流量不大。

● 右转车流量不大。

● 右转车道车速不是过于流畅（转弯半径 $R<40$ 米）。

在没有信号控制的右转车道处，应用斑马线人行横道明确标示优先规则。在特殊情况下，可以不设人行横道。

在改建信号控制交叉口时，是否设置三角形渠化岛需要考虑非机动车的需求，对于行人和自行车如何穿越右转车道的说明，详见 7.2.3 节和 8.3 节。

3.5　停车线和路缘石半径

机动车停车线与信号灯的距离为3.50米，最小为2.5米。同时机动车停车线与人行横道的距离至少为1.0米。

如果自行车需要设置停车线，则停车线应设置在机动车的停车线前至少1.0米处（见图3.3）。这样做的目的在于使机动车驾驶员更好地注意到等待或启动的自行车，并且减少自行车清空距离。

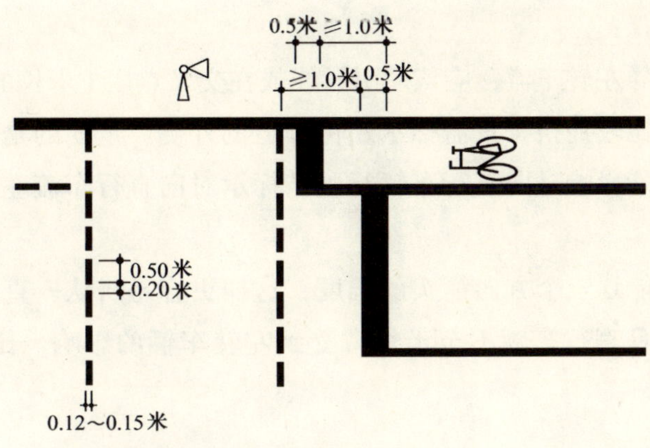

图3.3　停车线标线

路缘石半径必须依据RAS-K-1设计。

如果在特定条件下，转向车辆必须使用垂直方向进口道空间，则需要移动该进口道停车线，但是后移距离应尽量小。在附录J中介绍了如何确定后移距离的两个例子。在进口道有多车道的交叉口，推荐使用锯齿形停车线（见图3.4）。

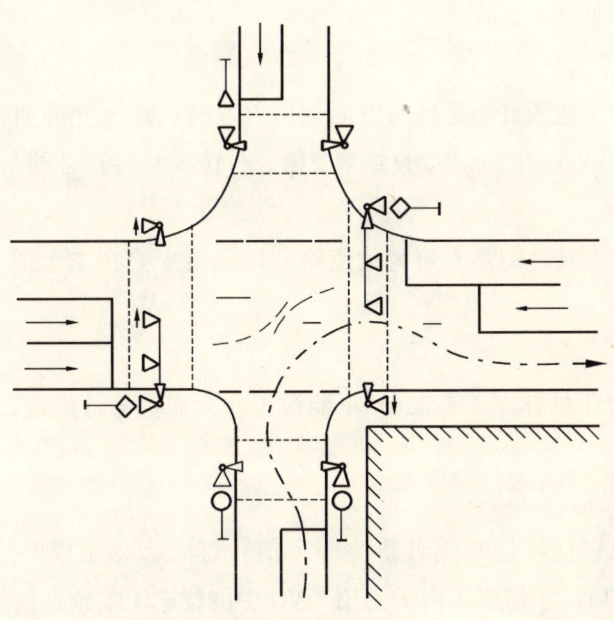

图3.4　交叉口标志和标线位置

3.6 标 线

信号控制交叉口的标线应该按照RMS设计，并且参照VwV-StVO第25页、第37页和39页到43页里关于信号系统的规定。

信号控制交叉口应避免过多的标线影响交通流路径的明确清晰。在一般情况下，对于交叉口，明确清晰的交通标线有非常重要的意义。

需要特别注意下列建议：

为了在交叉口内部引导左转车流，应该用引导线或在交叉点用1米长的虚线（X形划线）来标示行车道。如果交叉口空间比较拥挤，只需标示左传车道的外侧。重要的是标示左转车辆待转区停车线位置。该停车线位置不能影响对向直行车辆行驶。标示对向直行车流左侧边线比划上左转待行线更好。

转弯车道应该至少有能划三个方向箭头的长度，这样更容易辨认。直左混行的车道必须根据信号控制的类型选用，条件是直行车辆不至于经常受到左转车辆的影响，比如进口道同时开放绿灯，对向进口道禁止的情况。

3.7 标 志

信号控制交叉口标志的设置，应遵循下列原则：

优先标志

信号控制交叉口必须有优先和无优先（让路）标志，这样可以在交通信号系统关闭或故障时确保交通安全。具体细节详见9.5.2节。

方向标志

如果交叉口进口道的交通流并不是所有方向都可以通行，那么允许通行的方向就需要用StVO中的标志209到216标示。StVO中的标志209或者210（右转或左转）必须与方向信号灯一起使用。具体细节详见9.5.3节。

如果一个交叉口禁止左转，但是有可替代道路，建议至少要在主干道上用StVO中的标志468标示出这条可替代道路。

静化交通区域

静化交通区域（StVO中的标志325/326）不能设置在交通信号灯附近，并且至少要与停车线保持30米的距离。

信号灯预告

当驾驶员不能及时识别信号灯时或者新建一个信号灯时，在建成区外可以使用StVO中的标志131预告信号灯（见表3.1），在建成区内需要用StVO中的标志131预告信号灯。

如果道路弯曲并且信号灯安置在右边致使驾驶员无法看见，需要设置StVO中的标志131。建议将StVO中的标志131与一个黄闪灯配合使用。它也适用于其他的情况，比如：在快速路上，只有当驾驶员高速行驶且遇到红灯或黄灯时，才启亮这个灯。

限速

在限速超过70km/h的路段上，不应设置信号灯，否则应在足够的距离里用StVO中的标志274限制速度。由于空间限制（例如：无左转车道或者狭窄的车道）或者出于交通安全的考虑，应限速60km/h。在快速路上，速度限制需要分级（见表3.1）。

交通标志离信号灯的距离由道路上的行驶速度决定。在建成区之外设置标志的建议距离在表3.1中。

信号控制交叉口建成区之外的交通标志设置 **表3.1**

交叉口限速	50公里/小时	60公里/小时	70公里/小时	70～90公里/小时
	离停车线距离（米）			
	1	2	3	4
标志131（可能与黄闪灯一起）	100	150	150	150
标志174	—	—	—	150
标志276（如果必要）	100	150	150	200
标志438 标志439	150	200	200	250
标志131 与辅助标志一起	—	—	250	300

4 控制策略

4.1 概　　述

从交通工程的角度来看，交通信号控制系统应体现实际采用的控制策略。各种控制策略在不同程度上影响着实际的配时方案。特定的控制目标应该采用相应的控制策略。通过改进控制策略中的交通参数可以达到预定的控制目标。

附录G中介绍了在单车道的瓶颈路段采用交替通行控制策略的特殊要求。

附录H中详细介绍了采用交替通行控制策略和车道控制的路段交通条件。

4.1.1　交通信号控制中的信息流程

信号控制可以看作一个控制环路（见图4.1）中按照一定规则影响和优化交通流的一个组成部分。

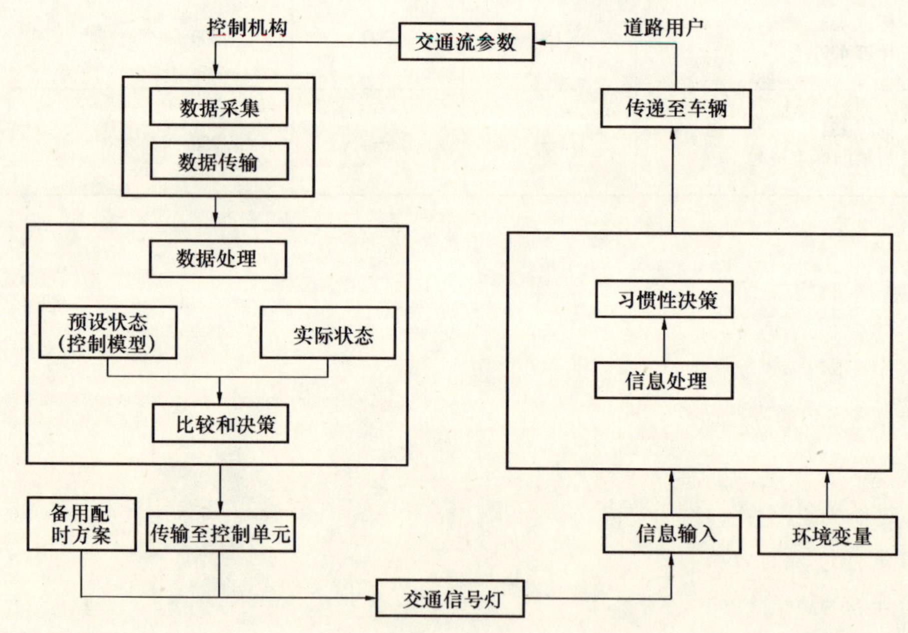

图4.1　交通信号控制系统中的信息流程

当设计定时信号配时方案时，决定控制参数的关键数据采用离线处理。

当在线调整或生成配时方案时，须对数据进行在线连续处理，信号控制和交通流是相互影响的。在实时数据采集的基础上，系统根据给定的控制算法在线计算或评价当前的配时方案。

4.1.2　交通引导和交通适应的控制原则

一个网络或单个交叉口的交通规划方案是选择对其进行控制的合适方法的条件。这里必须考虑交通量、道路及交叉口建设的状态以及现有控制设备的情况。交通控制的实施原则总是介于交通引导和交通适应两者之间。

当在某个特定的路线上交通流需有一个稳定的通行要求时，可以优先选择采用交通引导的控制原则。这里的前提条件是交通量的变化是比较缓慢的，因为在这种控制原则下，不宜对短暂的交通需求变化做出反应。就控制系统设备，如检测器和控制器来说，实施交通引导原则进行控制，其代价相对是较低的。

如果需要对交通流量或流向短暂的变化做出快速的反应，使控制具有更大的弹性，则可以优先采用交通适应的原则。这个交通适应的控制原则要求有强大的检测和能得出交通流情况的数据处理系统，在此基础上形成灵活的控制方案或动态改变信号控制方案来实现控制目标。这个方法要求有大量的交通检测点。信息的检测间隔很短（一般是一秒钟间隔）。

交通引导和交通适应的控制原则可以相互结合。

信号控制系统和设备的布局应由交通工程的要求得出。

4.2 控制与评价参数

4.2.1 概述

为了实现既定的控制目标，必须定义直接测量或间接测量的交通参数。当这些参数用于感应控制时，必须在线采集；当这些参数用于控制策略的评价时，可以离线获取。

大多数交通参数不能直接测得。这些参数可通过对检测数据进行相应处理获得，与直接检测到的数据同时应用于控制算法中。

控制策略的评价参数也可以通过仿真手段获得。

4.2.2 停车次数

减少停车次数可以达到如下效果：

- 改善行驶的舒适性（尤其对公共汽车和有轨电车）；
- 减少废气和噪声；
- 减少追尾事故；
- 提高通行能力；
- 减少燃油消耗。

目前在线直接检测停车次数还无法实现，因此必须离线获得停车次数，方法包括：

- 观测员手工记录方法；
- 高空摄像方法；
- 浮动车方法；
- 基于精确检测的流入-流出测量方法。但这种方法仅在车辆至少停车一次的条件下才能得出结论。

“多次停车”的准确检测需要进一步的研究。

4.2.3 延误

减少延误可以达到如下效果：

- 节省出行者的出行时间；
- 减少国民经济损失；
- 减少废气排放；
- 通过提高行人和骑自行车者对交通信号控制的接受程度，提高其出行的安全性。

到目前为止，尽管付出了相当大的努力，但仍不能普遍采用直接的在线检测方法。间接检测的方法：假定车辆的行驶速度，记录车辆的到达时间和驶离时间。驶离车辆的检测可以通过检测器自动完成。延误也可以通过浮动车的方法进行测量。

4.2.4 行程时间

通过减小平均的行程时间及其方差，系统可以达到如下效果：

- 提高公交系统的运行效率和准时性；
- 节省出行者的出行时间；
- 减少国民经济的损失；
- 减少公共交通管理费用。

目前行程时间仅能采用特殊的技术装备在线检测。

4.2.5 排队长度

减少排队长度可以达到如下效果：

- 减少废气排放和噪声污染；
- 防止排队过长而影响上游相交道路车流的通行；
- 减少驾驶员的疲惫心理。

另一种减小排队长度的方法是把交通流转移到拥挤较易处理且不利影响较小的地点。

预先设定的排队长度阈值可以通过设置排队路段上的检测器在线直接测得。

4.2.6 交通流量

一方面，为了充分利用交通设施，希望交叉口的通行能力尽量大；另一方面，一个交叉口放行的交通流量又必须考虑到以下约束：

- 下游设施对交通流量的承受能力；
- 下游容纳排队车辆的空间；
- 绿波设计要求。

在确定的时间间隔内，通过某一断面的交通流量可以在线测得。

4.2.7 行程车速

基于行程车速的交通控制能形成局部稳定的车速。行程车速可以通过设置在最大排队长度之外的检测器组在线直接测得。

4.2.8 目标函数的选择和计算

交通控制中目标函数的选择主要是由能够实现的数据采集技术所决定的。从交通工程的角度来看，如果必须考虑某些限制条件（例如排队空间限制）将影响目标函数的选择。

当不同的目标函数有冲突时，必须设定不同的优先级。

在相关的参考书目中有一系列计算目标函数的模型。这些模型必须在一定的假设条件和约束条件下才有效。然而实际上因求方便经常直接采用4.2.9节中描述的参数。

4.2.9 采用的交通流参数

以下参数适合于描述交通流，并常作为控制参数：

- 车头时距；
- 交通流量；
- 占有时间；
- 车速；
- 行人与自行车请求；
- 车辆请求与车辆消除。

通过对这些参数进行处理，可以得到进一步的参数与推导值。这些参数包括：

- 占有率；
- 车流密度；
- 饱和度；
- 流量比。

参数获取、数据处理和使用的细节详见4.4和4.5节，应用实例见附录D.2。

4.3 控制策略综述

4.3.1 概述

表2列出了所有的控制策略和它们的可能组合。通常控制级别分两级：

A级：宏观控制

B级：微观控制

宏观控制策略主要应用于交通量长时间缓慢变化特征的路网或部分路网，仅在特殊的情况下，才应用于单个交叉口。从配时方案库中依据时间（表4.1中的A1）或流量（表4.1中的A2）选择的信号配时方案经过较长的时间才会变换。方案的时间选择依据和流量选择依据也能够相互结合。

一般情况下，微观控制级别所采用的控制策略服从宏观控制策略。单个交叉口针对不同流量变化，采用不同的信号配时方案。除了采用定时信号配时，交叉口交通流的变化应可以实时响应。

根据每个信号配时参数是否可变，微观控制策略分成三种不同的类型：

- 定时信号方案（表4.1中的B1）；
- 信号方案可调（表4.1中的B2，B3和B4）；
- 信号方案生成（表4.1中的B5）。

所有这三种控制策略均以离线计算的全部或部分配时方案为基础。

在所有这些微观控制策略中，绿灯间隔时间和同样基于安全考虑的最小绿灯时间绝对不允许侵犯。

定时配时方案中的配时参数不能进行调整。当道路交通流量在长时间段内保持不变时，宜采用定时配时方案。

在允许配时参数变化的控制策略中，可以调整定时配时方案中个别参数以适应主要交通状况，因此能及时响应（在几秒钟或至多一个周期内）单个交叉口车流量的变化。而且，在基于时段选择的控制方案中，微观控制策略的调整能够更好地适应交通流的变化，即使是在临近配时方案切换的时段。而在定时信号控制方案中难以考虑这种流量的变化。

绿灯时间的调整，包括绿灯时长调整、周期内相位绿灯启亮时刻调整和相位差的调整，能更好的适应主要交通状况（见表 4.1 中的 B2）。

相序交换意味着相位顺序的调整，此时其他的控制参数并不发生变化（见表 4.1 中的 B3）。

如果某相位有请求，须把其他相位的部分绿灯时间临时分配给该相位。信号方案中可以设置一个或多个这样的相位（见表 4.1 中的 B4）。

控制策略 B2 到 B4 经常相互结合使用。

至于生成信号方案策略，配时方案中的控制变量可以基于流量的变化自动调整（见表 4.1 中的 B5）。

在同一天的不同时段，可以采用不同的宏观控制策略和微观控制策略。

控制策略概述 **表 4.1**

控制级别	数量	控制方式		控制方案中的配时参数								控制策略的描述	
		基于时段控制	基于流量控制	周期		相序		相位数		绿灯时长		配时方案调整的主要特征	共同特征
				不可变	可变	不可变	可变	不可变	可变	不可变	可变		
A：宏观层次控制策略	A1	×		根据 B 组控制策略选择								基于时间段选择控制方案	控制方案选择
	A2		×									基于交通流量选择控制方案	
B：微观层次控制策略	B1	根据 A 组控制策略选择		×		×		×		×		配时参数不做任何调整	定时控制方案
	B2			×		×		×			×	绿灯时长调整	控制方案调整
	B3			×			×	×		×		相序交换	
	B4			×		×			×		×	请求相位提出请求	
	B5				×		×		×		×	配时参数自由调整	控制方案生成

4.3.2 感应控制说明

4.3.2.1 特殊的安全性要求

当采用交通感应控制策略时，配时方案可能每个周期都在变化，除了一般的安全性考虑外，还应关注以下几点（见 1.3.2 节）：

- 短连线交叉口之间的路段上，协调运行的车速（见 5.2.1 节）仅能有微小的变化。
- 在容易发生超速的路段，禁止采用主路方向常绿灯信号配时方案（见 4.4.7.2 节）。
- 左转车流的专用左转相位和允许左转相位禁止交换相序。如果在特殊情况下，确实有必要进行交换，也需要保证一天中的固定时段采用固定的方案。必须设置黄闪灯来警示具有第二类冲突的左转车辆，避免与对向直行车、行人和自行车发生冲突。

- 短时间专用的转弯交通流的早启绿灯时间（见 2.3.1 节）一定不能变化。相位的早启或迟断不允许交换位置。
- 在具有第二类冲突的交通流已经放行的情况下，禁止响应行人绿灯请求（见 2.3.1.1 节）。
- 即使道路上设置了中央行人驻足区，行人信号也不应该在一次过街与两次过街之间变换。在特殊情况下，确实有必要进行变换，也需要保证一天中的固定时段有固定的方案。
- 当某相位再次获得通行权时，必须确保具有第二类冲突的车辆在对向交通流或平行方向的行人和自行车流获得通行权以前驶离交叉口。

4.3.2.2 短连线交叉口上的应用

在短连线交叉口路网中，信号配时方案纳入绿波协调控制时，车辆的感应控制既不允许随意地破坏绿波方案，也不允许造成进口道的过饱和。考虑这些约束条件后，感应控制策略仍然可以在此类路网上适用，以达到以下效果：

- 消除协调控制约束所造成的不利影响；
- 检测排队车辆；
- 更好地利用单个交叉口的通行能力储备；
- 提高公交车辆的运行效率；
- 降低行人和自行车的等待时间。

4.3.2.3 高峰时段的应用

如果一个交叉口在高峰时段所有进口道都呈现大流量特性，感应配时方案相对于定时控制方案仅在响应社会机动车辆请求，且公交车或行人等其他的交通方式申请非常少的情况下才能休现出其优越性。在这种情况下，通常分配给单个进口道的绿灯时间将达到设定的最大绿灯时间。

然而，由于在高峰时段到来之前各进口道的交通流量并不是同时增长，所以仍然有余地在各相位间调剂绿灯时间。在高峰流量消散的时间段，感应控制策略也允许在各相位间调剂绿灯时间。因此，在高峰时段采用感应控制策略主要有利于降低交叉口过饱和及其持续的时间长度。

在特殊情况下，可能会在进口道有各种干扰，例如排队溢出或者发生事故，感应控制可以优先放行特定的交通流。

在高峰时段，感应控制策略仍然具有快速响应和监测排队长度，以阻止交叉口发生过饱和的优点。

4.4 控制策略详述

4.4.1 配时方案的选择

4.4.1.1 概述

在某些情况下，例如当交叉口拥有充足的通行能力余量时，如果在微观控制级别上实现了各控制变量的灵活控制，可以只采用一套配时方案。然而，一般情况下，根据交通状况将采用多套配时方案。依据时间段或交通流量来选择这些方案。

当选择配时方案时，需考虑以下因素：

- 个体出行者需求（例如市内行人出行要求尽量短的等待时间）；
- 提高公共交通运行车速；

- 比较一致的交通状态（例如双向负荷水平）；
- 选择多时段配时的交通配时方案（比如协调控制优先特定方向的交通流）；
- 考虑特定路段的交通管理特点（比如考虑到绿波，排队空间监测，防止过饱和情况的发生）；
- 特殊的交通状况（比如特殊事件）。

如果有必要，应尽可能通过控制算法把邻近区域纳入系统控制，以便对邻近区域发生的事件能够做出反应。

当给一个区域选择配时方案时，须进行综合的交通分析，至少须针对主要的流量情况与交通结构进行调查和特征分析。在此基础上做出不同交通状况下的配时方案。

不同的配时方案必须覆盖一天（高峰时段，平峰时段和低峰时段）、一周（工作日、不同的星期六营业时间、星期天及节假日）、一年（一般工作日时间，节假日和主要采购时间）和特殊情况（庆典游行、相关事件）的流量变化情况。配时方案的目标是尽量提高所有出行者的出行质量。

为了选择有效的信号配时方案，正确地决定方案的切换时间点对于多时段的信号配时方案选择是很重要的。另外决定选择感应信号控制的标准也同样重要。配时方案的切换需要一套预先确定的程序或者提供几套可行的流程供其选择。因此，必须考虑交叉口的控制类型。在实行单点信号控制的交叉口，如果该交叉口达到了切换程序要求的标准，配时方案就能够进行切换。在协调控制和感应控制条件下，配时方案的切换通常会造成对交通流的扰动，因此采取适当的措施非常重要。附录F详细介绍了信号配时方案切换的各种流程。

4.4.1.2 多时段配时方案的选择

如果能够预测高峰时段，也就是说，如果高峰时段在一天或一周中重复出现，可以选择多时段的信号配时方案。不同流量条件下信号控制方案的选择依据是时间和日期。

信号控制系统离线设计的内容包括：决定和选择交通流参数，目标函数的计算，配时方案的计算和配时方案切换时间点的确定。

4.4.1.3 基于在线检测数据的配时方案选择

基于在线检测数据的配时方案选择是指在实时检测获得数据的基础上，从一系列给定的信号配时方案中选择一个方案（实例见附录D.2.8）。

既然基于在线检测数据的配时方案选择仅仅是选择信号配时方案，在当前获得的交通流数据和可供选择的配时方案间须建立明确的对应关系。控制策略的有效性依赖于及时的控制响应、可选择控制方案的数量和控制级别及配时方案切换程序的稳定性，该切换程序应尽可能不干扰交通流。

控制区域的大小也会影响配时方案的选择：

- 控制区域越大交通流组成结构变化越大，配时方案选择的有效性和灵活性就越小。
- 控制区域越小，对交通流变化状况的响应会更具体和迅速。

当在一个确定区域内选择控制方案时，必须注意在一个确定的时段（至少要持续15分钟）所有区域内交通状况要相似。在与邻近控制区域的交界面上，要保留有足够大的排队空间。

可以用来描述交通状况和选择控制方案的参数如下：

- 交通流量；
- 交通流量间的相互联系；
- 占有率；
- 平均车速。

在控制算法中，预设置的交通流参数同配时方案选择的条件和阈值相关联。

当用交通流量作为参数时，阈值的设定暗含着信号控制方案的通行能力和当前交通流量的比较。切换到更高通行能力控制方案的阈值约等于当前执行绿灯时间内相关进口道通行能力的80%。

两个相反方向的流量比决定了交通流的主流向，例如该流量比可用以区分早高峰和晚高峰的流量特征。

交通流量本身并不能清楚地反映交通流的状况。至少在一些关键的区域内，应尽早发现不断恶化的拥挤状况。例如，“占有率”参数。从占有率参数的持续增长可以推断出交通流的缓慢运行车速和拥挤程度的增长状况。

如果能在线检测车辆的速度，在速度随时间变化的曲线图中，可以从某时刻的速度变化中推断出交通条件或天气条件的变化。

为了检测在线数据，必须首先在路网中确定检测点。这些检测点的参数在一定条件下也可以用于其他的控制方式。

基于流量状况的信号控制方案选择要求少量但能够反映交通流状况的检测地点。这对控制逻辑的规模和条理可视性尤其重要，它也同样影响到控制算法的灵活性。

检测地点必须满足以下要求：

- 检测地点不应该位于频繁变换车道的路段。
- 交通流量的检测地点必须选择在交通流自由通行的路段，也就是说，选择在进口道排队空间以外。检测地点应该选择在控制区域的边界，不应选择在直接受到信号控制影响的路段，或接近交通源产生的地点。
- 占有率的检测地点应该选择在易于发生拥堵的路段，但不是红灯期间车辆正常的排队路段。

在获得检测数据确定配时参数和决定配时方案的切换过程中，有相关的以下三种时间间隔：

- 数据检测间隔；
- 数据平滑间隔；
- 逻辑循环的时间间隔。

数据检测间隔是检测数据的时间间隔。

如果（检测）速度没有特别的要求，通常检测间隔取0.1秒就足够了。

数据平滑间隔由选择的平滑方法所决定，通过平滑方法可以将原始检测数据中的偶然值和短期变化值平滑化。为了保持控制策略的稳定性，检测值必须经过平滑处理。进一步对检测值的评估也包括对数据未来趋势的预测。

逻辑循环的时间间隔决定了在控制算法中信号控制方案的变化时间点。一般来说，逻辑循环的时间间隔应该与周期时间相匹配，因为在决定选择哪一套控制方案前，确定本周期的饱和度会容易些。

以流量选择配时方案的控制算法可以通过一个流程图来描述。当确定控制算法时，须考虑到以下几点：

- 为了把检测数据的偶然值排除在外，决策过程中须包括多个检测地点或流量平衡的数据。因此，有必要建立不同的参数之间的联系。
- 为了避免过于频繁的信号控制方案变化，决策过程应具有延迟性，或者直接通过时间限制，以防止在一段时间内重复进行的选择过程，或者通过目标方案请求计数器的方法。所谓的目标方案请求计数器是记录某一项相同的请求达到 n 次后才允许配时方案切换的决策单元。

- 一般来说，切换到更高通行能力配时方案的频率应更快些，而切换到更低通行能力配时方案的频率应更慢些。

- 万一检测器发生故障，替代控制方案应自动生效。例如，控制算法应具备从基于流量的信号控制方案选择完全或部分地转换到多时段控制方案选择的功能。

采用在线检测流量来选择信号控制方案时，须确定检测数据和方案切换的条件，并且为了精确地调整参数和改进配时方案的选择，交通观测的数据须包括多天观测的流量情况。

4.4.2 定时配时方案

在区域交通特征分析的基础上，定时配时方案在一些情况下足够达到控制要求。当设计这种类型的信号控制方案时，相对交通感应控制可以省略一些步骤，例如，建立相序方案或构造控制算法。设计过程中最重要的应该是确定关键车流的设计流量，以及确定影响通行能力、出行者等待时间和排队长度的周期时间。

多时段配时方案的主要优点是观测分析较为容易且修订配时方案较为简便，同时这种配时方案的设计、设备购置、实施和维护的费用相对较低。

主要缺点是：

- 未能充分利用的绿灯时间不能分配给其他的交通流使用。

- 为了使信号配时方案在运行的过程中覆盖高峰时段的流量状况，方案必须保持一定的通行能力余量。然而，这种余量的储备可能导致部分交通流或所有交通流在低交通量情况下不必要的等待时间。

- 不能实现特别的车辆，例如公交车辆和行人的优先申请。

- 这种信号控制方式不能减少排队空间溢出。

4.4.3 绿灯时长调整

4.4.3.1 概述

有多种方法可以实现调整绿灯时间与实时交叉口的交通状况相匹配。这些方法的区别主要在于切断当前运行绿灯以优先照顾其他车流的判断标准的不同。

4.4.3.2 基于车头时距检测的绿灯时长调整

通过车头时距检测调整绿灯时长（即“车头时距控制”），需要在交叉口进口道设置一个检测器来检测一队车流中连续通行车辆的净车头时距（下文中车头时距均指净车头时距）。

绿灯时间根据实时流入车流的需求进行调整，这种调整在最小绿灯时间执行完成之后或系统时间达到了周期时间内的最早变化点之后进行（见附录 D.2.1 中示例）。当检测到的车头时距不大于给定的车头时距 *ZL*，绿灯时间未达到最长绿灯时间，系统时间未达到周期的最后延长请求点时，可以延长绿灯时间。用于截断绿灯时间的车头时距的 *ZL* 值可取 2 秒到 5 秒。对于流量值很大的交叉口，这个值可取 2 秒到 3 秒。高于 3 秒的车头时距设定值仅在特殊情况下使用（例如：几何设计不规则的交叉口，坡道，大车交通占较大比例的交叉口）。

从停车线到感应线圈的设计距离 l_D 依车头时距值 *ZL*，交通运行车速 v 和时间段 t_{nE}来确定，该绿灯时间段长度等于相位切换决策时间点到相位切换时间点之间的时间长度（见图 4.2）。

理想的设计应使 t_{nE}趋近于零，以使检测器距停车线的长度和最短绿灯时间的长度尽可能的短。

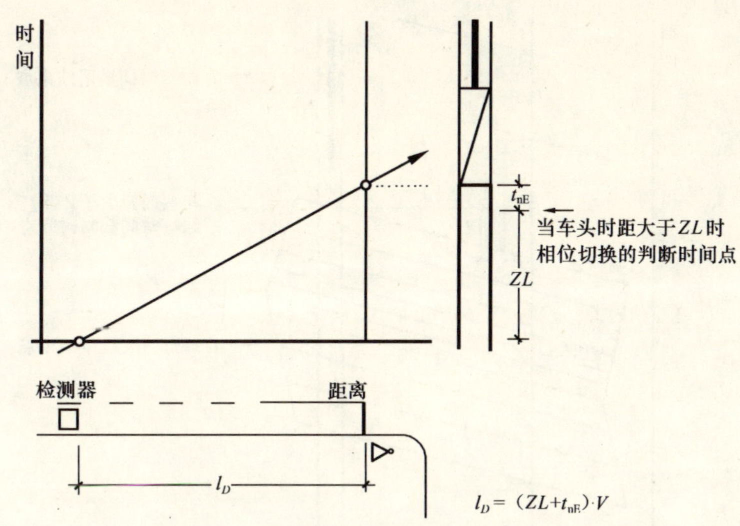

图 4.2　基于于车头时距控制的检测器位置

根据各进口车道车辆行驶的速度，车头时距取2秒到3秒，t_{nE}值趋近于零，停车线到感应线圈之间的距离计算结果如下（见表4.2）。

基于车头时距控制的检测器距离　　表 4.2

V（公里/小时）	检测器距离	
	ZL = 2 秒	ZL = 3 秒
30	15 米	25 米
40	20 米	35 米
50	30 米	40 米
60	35 米	50 米
70	40 米	60 米

如果停车线与感应线圈之间的距离 l_D 是固定的，在确定最小绿灯时间 min$t$ 时（见图4.3）须考虑该距离的影响，min$t$ 应使排在停车线与感应线圈之间的车辆（平均排队长度 l_{Fz}）在此绿灯时间（平均排放时间 t_B）内能够排空。

根据在先前红灯时间内到达的车辆数，最小绿灯时间也是可以变化的。车辆的计数在低流量方向更有意义。否则，长时间的最短绿灯会导致绿灯时间浪费。

最短绿灯时间 min$t$ 必须低于2.6.2节中定义的最短绿灯时间 t_{Gr}。

只有在最小绿灯执行完或系统时间超过绿灯最早中止时间后，不小于 ZL 的车头时距才能起到控制作用（见图4.4）。这个能够导致绿灯时间截断的车头时距值可能在最短绿灯时间内或系统时间未达到 T_1 之前就已经出现了。

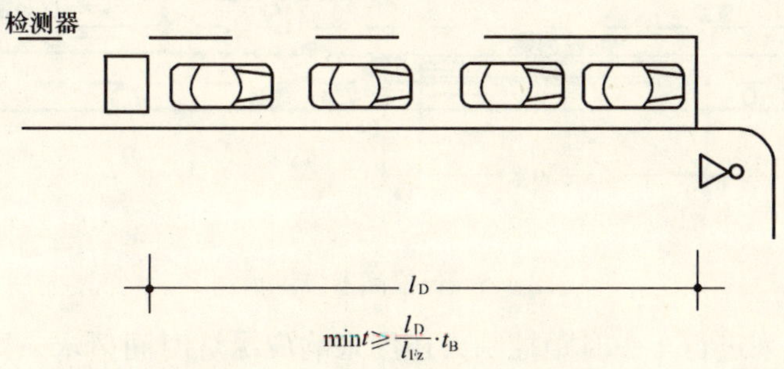

图 4.3　设定最小绿灯的固定值

当在绿波控制中采用车头时距控制时，须注意一个车队的头部车辆应在绿灯时间最早可能截断时刻之前到达。

每条车道须设置独立的检测器来检测车头时距。每个检测器所检测的车头时距须各自进行评估，

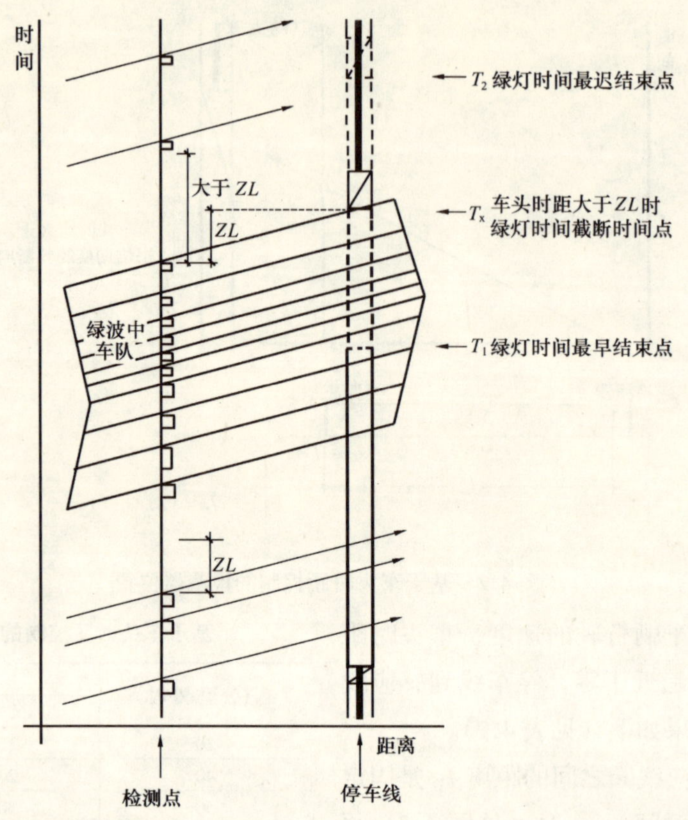

图4.4　绿波控制中车头时距控制原理

所以不同的车道可以有不同的 *ZL* 车头时距值。

车头时距控制假定各车流有独立相位。第二类冲突的转弯车流一般不符合这类控制的条件，在这种车道上设置靠近停车线的感应线圈或设置长线圈（见图4.5）可能更有用，这种长线圈能够检测停车线前30米排队空间内的车辆。如果在30米范围内不再有车辆存在，绿灯时间可以被截断。判断长检测器是否被占有的阈值应设置为0.1秒。所以，当最后一辆车通过停车线时，相位已经开始切换。

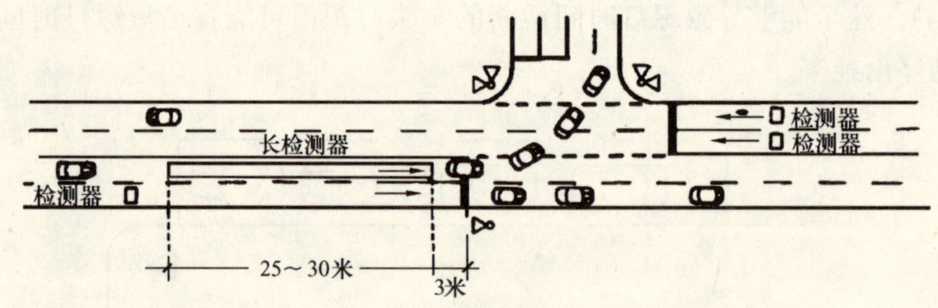

图4.5　长检测器设置示例

如果检测器不仅用来进行车头时距控制，还用来响应绿灯时间请求，则有必要在停车线前再设置一个检测器来分别实现这两种功能。这样能够保证先前没有被检测到的车辆或车速低于设定值的车辆提出的请求得到响应。

4.4.3.3　基于占有率检测的绿灯时长调整

这种方法通过判断车辆的占有率，同时考虑车流的流量、车速和车辆长度来估计交通流状况。采用这种控制手段的控制响应可能比基于车头时距的控制响应要稍迟钝些。特别是，由重型车辆形成的较大的绿灯时间空档不应导致过早关断绿灯（见图 4.6）。

感应线圈的埋设方式同基于车头时距控制方式下线圈的埋设方式相同。线圈在行车方向的长度应大约为 2 米到 5 米。

检测数据分车道进行估计。占有率参数通过平滑处理的方法得出，在平滑处理中要包含反映原始数据增长和降低趋势的平滑系数。

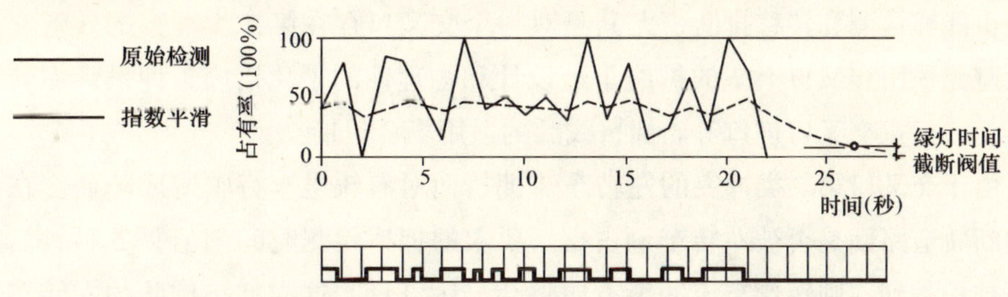

图 4.6　基于占有率的绿灯时间截断示例

4.4.3.4　基于拥挤检测的绿灯时长调整

交叉口进口道拥挤检测

“拥挤检测器”是控制拥挤区域关键交叉口进口道的重要组成部分（见附录 D.2.5 示例），其设置位置如下：

- 如果拥挤发生时转弯车辆的队尾可能侵入同向的直行车道，则拥挤检测器设置在转弯车道的开始位置。
- 如果因为直行的排队车辆过长，导致转弯车道或公交专用进口道无法被利用，则拥挤检测器设置在直行或转弯车道的开始位置。
- 快速道路或类似高等级道路出口的开始位置。
- 短连线交叉口的出口道断面。

拥挤检测器须设置在正常通行红灯排队区域以外。否则，拥挤状况将被持续检测到，而且绿灯时间会持续延长。在基于流量的配时方案选择过程中，须考虑控制的响应时间。在采取降低拥挤的措施起效之前，拥挤状况可能持续增长。（注：第 n 辆拥挤排队的车辆大约在绿灯开启后 n 秒开始启动）

如果有必要设置不同的排队长度值，并能够做出不同的响应，则必须把拥挤检测器监测的路段划分成多个部分。

如果车辆占据拥挤检测器的时间超过给定的拥挤检测时间阈值，则检测器判断拥挤情况发生。选择的拥挤检测时间阈值不宜太短，否则车身长度较长的低速行驶车辆将会被误检成拥挤。拥挤检测时间阈值推荐长度为 5 ~ 15 秒。

如果采用基于拥挤检测的控制，则根据交通工程的要求可以有不同的处理方法：

- 延长该进口的绿灯时间，这将导致前一相位绿灯时间的提早截断或后一相位绿灯时间的压缩。基于拥挤检测控制的最长绿灯时间应能够使在停车线与拥挤检测器之间排队的车辆清空。
- 截断上游交叉口相应的绿灯时间以阻止车辆流入拥挤区域。

排队指标的检测是在处理该指标的程序中不间断进行的。当排队检测线圈被车辆占有时，就开始排队时间计时，同时与排队时间阈值比较。排队线圈的占有车辆消散了，计时器重新回零。

为了避免由于排队车辆向前蠕动，排队检测器上的车辆消散而丢失排队信息，排队检测器以

"静态"的形式运行。即一旦检测到拥挤信息后，该状态一直保持到排队状态消除。拥挤结束时刻的计算从最早响应拥挤状态开始到拥挤结束，再减去拥挤检测的响应时间。

拥挤检测器大约比车道宽度窄 0.5～1.0 米，长度至少要 6 米，为了保证在拥挤发生时，检测器确实被占据，而不是位于向前蠕动的前一辆车和后一辆车的空档之间。

交叉口拥挤检测

拥挤线圈也能够检测和转移排队，尤其是对一个交叉口存在第二类冲突的转弯交通流。在许多情况下，可以避免采用交叉口上游的扩展车道设计和物理性的渠化措施，即设计左转车道，或公交专用进口车道，或拓宽交叉口进口等。拥挤线圈的适用场合包括：

- 防止由于交叉口第二类冲突的左转车流拥挤而对有轨电车行驶造成障碍。在拥挤线圈工作时，它将会判断轨道路面是否被左转车辆占据。要求的拥挤检测时间阈值是 5 秒钟。如果有轨电车到达同时拥挤被检测到，则转弯车流冲突方向将会显示红灯，这样拥挤排队的左转车辆将不会影响有轨电车的通行（见附录 D.2.7)。
- 通过截断对向冲突车流的绿灯，提高第二类冲突车流的服务水平。当主路方向给常绿信号时（见 4.4.7.2 节)，如果左转车流的冲突方向流量很大并且次路方向又没有车辆的通行请求，则左转车可能要等待很长的时间获得通行权。设置在左转车道的拥挤检测线圈能够检测该车道是否被左转车辆占据。拥挤检测时间阈值通常等于 30～40 秒的合理等待时间。
- 监测通行空间受限制的没有专用左转车道的小交叉口。由于对向车流只要有足够大的车头时距，转弯车辆在控制响应之前就通过了交叉口，所以检测到的拥挤信息在转弯车辆通过后不能再继续保持。

4.4.4 相序交换

相位交换是指在得到请求后改变给定相位的顺序，同时保持相位数不变。这种相位交换可以用在公交车辆优先通行的情况。

4.4.5 相位请求

在得到通行请求时，某个相位被插入一个给定的相位放行顺序中，这样可以给短期流量增长的交通流（例如：转弯车辆，公交车辆，自行车交通和行人交通）分配通行权驶入交叉口（见附录 D.2.7)。如果感应相位没有申请，该相位的空余时间则被分配到其他的绿灯相位。为了尽量减少请求相位方向出行者的等待时间，请求相位不应该只在周期中的某一时刻开放，而应该在协调控制所允许的最大时间范围内。如果条件允许，信号配时方案中请求相位的可能开始点应有多个，而不仅有一个。

请求检测器须能够检测到车辆的存在。这种检测器布置在靠近停车线的地方，一般距停车线 3 到 5 米的距离，所以请求车辆会停在感应线圈上。推荐使用对角线形式的感应线圈来更好地检测自行车，并配合标识出这些线圈的位置，设置"向前停在停车线位置"的标志。请求相位的绿灯时间或者固定，或者基于检测到的交通量进行调节，相位请求检测器同时也可以作绿灯延时请求检测器用。

行人和同相位的自行车可以通过按钮或触摸感应请求绿灯通行时间。关于如何考虑这些请求的细节见 7.3.3 节。

如果公共交通请求某相位通行，请求信号须在公交车到达停车线之前尽早发出。根据车速和现场的具体情况，请求点可以设置在停车线之前的250~500米，交叉口或公交车站之间的距离非常短时应该另行设定请求准则。

由公交车辆提出的相位请求与基于拥挤检测的绿灯时间调整的控制方式相结合，即使仅在部分路段实现了分道行驶的公交线路或轨道线路，也可以降低对交通流运行的干扰。

4.4.6 信号控制方案生成

信号控制方案生成指交通流能够迅速和直接地影响绿灯时间、相位数和相序等配时要素的信号控制方法。

这种类型的控制策略适合于非协调控制的交叉口，在这些交叉口上并不是所有的进口方向都持续有车辆的通行请求，或者该交叉口不同进口道有不同的流量等级。在这两种情况下，车辆运行的优先等级（例如：公交车辆的请求）需另行考虑。

确定的配时要素仅包括：

- 最大请求相位的数量。
- 最短绿灯时间和最长红灯时间。
- 所有相序方案下的绿灯间隔时间和相位过渡时间表。
- 所有相位都提出请求时，最可行的相序方案。

最长红灯时间的确定应该考虑到受信号直接影响但很少请求相位通行的交通流等待时间。同时也要考虑到那些没有安装检测器或在计算算法中没有给予充分考虑的车流。如果在定义最长绿灯时间时能够考虑到很少提出相位请求的车辆或没有安装检测器检测的车辆的通行要求，最长红灯时间可以通过最长绿灯时间来确定。

信号配时方案中的要素可以根据一天的不同时间段进行确定。这些要素值的确定须尤其关注交通运行中车辆的优先等级和可能的排队空间长度。

当生成配时方案时，所有影响配时方案的交通流数据均由检测器获得。

生成信号控制方案的方法，对数据有相应较高的要求。检测器距停车线的距离依赖于信号配时生成的方法，每种方法决定的检测器距离通常是固定的，所以车辆通行请求能够被及时的响应。

4.4.7 特殊形式的配时方案在线生成

4.4.7.1 全红/即绿控制

在全红/即绿控制中，所有信号相位的基本相位是红灯。如果一个方向请求绿灯，除了在冲突相位已经获得绿灯或者向冲突相位过渡的绿灯间隔时间还没有结束时（示例见附录 D.2.3），相应的相位会及时地切换。注意此时最小绿灯时间和最小红灯时间的约束条件须得到满足（见 2.6 节）。

在低流量时段采用这种控制策略，可以减少等待时间，降低停车次数，减少噪声和污染排放。

采用全红/即绿控制方式时，所有的交通流必须拥有相位请求的权利。根据允许车速和车道分配的情况，主路方向请求检测器的推荐位置设置在停车线前大约40~70米的地方，这样可以使请求通行的车辆不停车连续通过。为了响应在上游未被检测到的车辆（例如：本地区居民车辆），或为了响应因为绿灯时间中止而未能通过的车辆，有必要在停车线前约5米处设置第二个检测器，之后第二辆车及后续车辆通行的绿灯时间延长申请由主请求检测器采用车头时距控制的方式决定（见 4.4.3.2

节）。

这种控制策略在低流量，因为安全原因须设置交通信号的交叉口是很有用的。在交通控制系统中，高峰期采用协调控制，非高峰期采用这种控制策略也同样有效。因此，全红/即绿控制可以被认为是低流量时段关闭交通信号控制的一种替代形式。

在非协调控制的信号配时方案中，这种控制策略也能在较高交通流量的条件下采用。这种控制策略可以来适应不同的流量状况。

全红/即绿控制也可以降低自由行驶车流的车速使其维持一个期望的车速。这个期望车速受到线圈设置的影响。然而，当绿灯时间请求不是本相位车流，而经常是其他相位车流（例如：提前放行车流或对向车流或行人）的提前请求时，车速不会降低。

关于如何在行人信号系统中应用全红/即绿控制策略的细节见 7.4.2 节。

4.4.7.2 干道长绿控制

在这种控制策略中，主要的车流方向信号持续放行绿灯。来自相交道路的车流仅在提出相位请求时才获得绿灯。

这种控制策略在主要道路方向人流量或车流量很大，并很少被次要道路方向行人或车辆的通行请求打断时有意义的。而且，它对信号配时方案中考虑主要道路方向的公交优先非常有利（示例见附录 D.2.3）。这种控制策略能够减小当协调机动车辆时，由于不合适的绿波带中心点距离（见 5.2.2 节）所造成的困难，并能够考虑行人的通行请求（见 7.3.3 节）。

采用协调控制方案时，在达到协调控制所允许的相交道路请求相位最长等待时间之前，应进行相位切换。因此，控制算法中采用连续的周期时间。在采用非协调控制方案时，控制算法应对相交道路的通行请求及时地响应。

相交道路方向车辆请求的检测断面位置与控制策略中“感应相位请求”相对应（见 4.4.5 节）。

采用干道常绿控制的缺点是会造成干道车速过高和车队的离散。另外相交道路车辆必须停车待行。

4.5 控制算法的发展

4.5.1 概述

控制算法对于描述和记录交叉口感应信号控制，并清晰地定义信号机的控制软件是必不可少的。下文所给的微观控制策略举例中阐述了如何开发控制算法。

控制算法须精确到每一秒的程度。具体过程的完整阐述见 4.5.2 节和 4.5.5 节。另外，宏观层面的交通方案，约束条件和基于流量的控制过程也须书面描述。

另外，须注意以下情况：

- 万一检测器发生故障时所采取的措施（替代功能或切换到多时段信号控制方案）；
- 当切换信号控制方案时会遇到的特殊情况；
- 系统存储请求的消除；
- 当前拥堵检测和车头时距检测的启动。

一旦简单的基于流量的配时方案插入控制算法中，这些方案已经能够在配时程序中解释通过

（例如，在周期内固定时间点感应相位的请求），控制算法中的某些部分将被跳过。

4.5.2 相位、相序方案及相位过渡过程

相位、相序方案图描述了基于交通流的信号控制过程中的相位排列与相序组合（见图2.4）。

相位过渡过程中确切地定义和描述了相位之间的切换情况（见2.3.4节）。

相位过渡过程至少包括了相位切换过程中必要的绿灯间隔时间。只要最短绿灯时间不妨碍配时方案的灵活运行，它们也应该包含在相位过渡过程中。如果最短绿灯时间没有被包括在相位过渡过程中，在控制流程图中可能出现的最短绿灯时间不满足的地方须加入最短绿灯时间的约束。

4.5.3 控制流程图

4.5.3.1 概述

控制流程图包含了相位时间内和相位过渡过程中的逻辑条件和时间条件。因此，它完整地描述了交通感应控制的全过程。

逻辑条件的应用体现了交通流参数的相互关系（见4.2.9节）。

时间条件决定了配时流程的时间框架，例如，协调控制中的判断时间点（例：最早相位中止时间或最迟相位中止时间）或在非固定周期配时或协调配时中某信号灯组的最小和最大绿灯时间。

除了逻辑条件和时间条件外，在控制流程中可以使用更多的条件，例如：

- 当前运行的配时方案中在不同时间点对方案切换的询问。
- 当前运行相位的标志以决定各相位的优先等级。
- 运行时间计数器以决定信号灯组的相位差或最长等待时间。

所有变化的时间运行条件，同所有其他的参数，例如车头时距，占有时间等，应被写入控制软件，这些参数的改变会比较容易而不必在整个流程图中进行逐个的查询。

对于所有的信号控制方案，应该仅有一个控制流程。信号控制方案之间的不同通过一系列不同的参数设置或生成配时方案算法的分化得以实现。同时应注意控制软件仅有一套惟一的中心控制算法，不同的配时方案通过简单的调整参数来实现。

4.5.3.2 流程图基本单元

一个流程图主要由逻辑判断单元和执行单元构成。

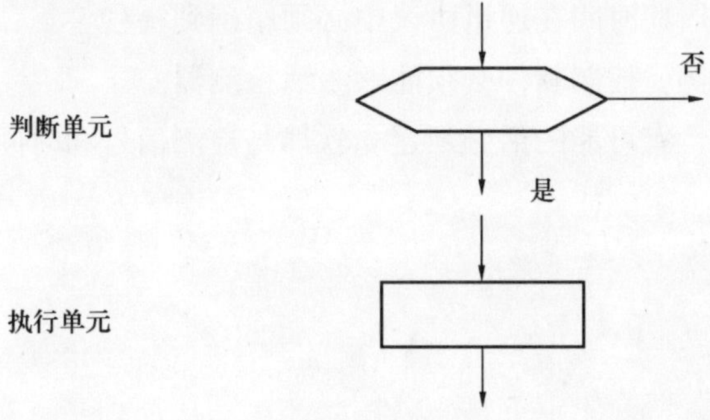

例如，逻辑判断单元可能包括：

- 逻辑条件；
- 运行时间条件；
- 其他条件。

执行单元可能包括：

- 相位过渡的描述和执行；
- 被切换相位的描述；
- 运行时间计数器和其他参数。

进一步关于如何在流程图中描述控制算法的解释在附录 D.1 中给出。关于感应式信号控制的应用指导在附录 D.2 中举例说明。

4.5.4 信号配时方案切换时间表描述

在固定的时间点及时地插入需要的相位，在信号配时方案的“信号配时方案变化”和“需求申请”两部分有详细的描述。

在控制策略中考虑到“绿灯时间调整”和“生成信号配时方案”时，不是所有的参数（当一个相位的绿灯时间进行调整并与其他相位的绿灯时间相联系时）都能直接在信号配时图中描述出来。当流程图和相位过渡过程自身不充分时，建议采用极端的测试方法（例如，采取不设置相位请求和检测器占有的方法，或全部设置相位请求和检测器占有的方法）。

4.5.5 时间—距离图描述

为了直观地评估交通感应控制对协调方案的影响，绿灯时间的边界值（最早开始绿灯时间，最迟开始绿灯时间，最早绿灯结束时间和最迟绿灯结束时间）应该写入到时间距离图中。这样做使得在现场运行过程中易于监视实际的变化。

4.5.6 异常状况的测试

从交通工程师的角度来看，交付的控制逻辑的程序不包括对控制算法错误的测试，因为它在实地安装运行后需要很长一段时间来进行测试。实验室测试内容包括检测所有的交通工程决策是否在软件中正确的实现出来。然而，这并不能代替它的实地检测。

交付程序中对控制逻辑的测试包括多种情况，这些测试实例应覆盖流程图中的每个分支。这些测试实例的选取不仅应根据设计好的流程图来定，还应考虑到交通控制的设计目标。

控制逻辑测试通过的前提条件如下：

- 信号相位和当前的周期时间在通讯协议中必须精确到每秒。
- 根据设定的测试实例，控制软件必须能够激活检测器。
- 除了绿灯时间之外，有可能的话必须建立软件与检测信号和时间计数器之间的关系。

5 绿 波 控 制

5.1 概 述

绿波控制在交通控制中非常重要。绿波控制能够协调相邻交叉口的信号，使得大部分车辆能够以一定的行驶速度连续通过几个交叉口。在绿波控制中，下游交叉口的绿灯信号通过设定相位差进行协调。

绘制时距图时须考虑社会车辆、公交车辆、行人和自行车的需求，有可能的话也应考虑消防车、警车和救护车的需求。在综合考虑不同交通流利益的前提下，须因地制宜地采取不同的折中方案，这些方案不应过分牺牲某一交通流的利益。

绿波方案主要可以降低系统内人均行程时间，提高行驶的舒适性和尽可能地降低燃油消耗，减轻噪声和废气排放对环境的污染。为了这些目的，同时也为了改善交通安全，要使个体车辆间车速的差异尽可能的小，使所有车辆总的停车次数尽可能的低。整个网络要实现的目标是全体的最优化。从交通工程的观点来看，绿波控制须优先考虑主要流向，因为一般说来，这种措施对环境的负面影响很小。在路段上设置绿波，应该优先考虑公共交通的通行。

除了已经提到的绿波控制对交通和环境的有利方面外，采用绿波控制也是对城市交通管理目标的有力支持，体现在汇集低等级道路车流到主要道路上，以及减轻次要道路车辆过于拥挤的状况。在复杂的交叉口，协调控制也可以清空排队为目标。

制定合适的绿波方案需要交通流向和流量信息。如果流向和流量变化非常明显且有规律性，则有必要设置多套备选的绿波控制方案。针对展览会或运动会等特殊时期的交通状况，应制定特殊的绿波控制方案。

建议实施机动车的绿波方案的交叉口间距最大 750 米，在特殊情况下允许达到 1000 米。过长的交叉口间距会导致车队的散布，此时信号的协调不再有意义。

时距图可以描述绿波控制方案。时距图描述了车辆在绿波带（时间—距离通过带）中的运行情况。绿波带宽度的设计应考虑车流量的大小。在绿波方案的时距图中须明确地标识绿灯时间的早启和迟断。有轨电车或公交车的运行也应在时距图上反映出来，设计过程中有轨电车采用的加速度值和减速度值分别取 0.7 米/秒^2 和 1.2 米/秒^2，公交车的该项取值分别为 1.0 米/秒^2 和 1.5 米/秒^2。具体公交车辆的运行情况和停靠站时间应该由公共交通的运行管理者给出。在路网或路段上计算行程时间的参考断面都取停车线断面，停车线的位置须在时距图中标出。

时距图设计方法的细节和车辆行驶轨迹的图形描述在附录 E 中阐述，关于如何描述公交车辆行驶特性的示例在附录 D.2.2 中介绍。

5.2 设计原则

5.2.1 行进车速

行进车速 V_p 是一个重要参数，它是时距图设计中绿波带中心线相对于时间轴的斜率。对于非饱和交通，行进车速也就是车队的平均车速。成功的协调方案应保证 $0.85 \cdot zulV \leqslant V_p \leqslant zulV$（$zulV$ 是最高允许车速）。在连续的路段上的各个部分，行进车速允许的最大偏差是5km/h。如果路段的行驶条件有变化，可以出现更大的速度偏差。

在设计绿波方案时，须考虑到可能降低行进车速的各项影响因素，例如：过高的大型车辆比例，较大的路面坡度，较窄的弯道，损坏的路面状况等。

如果有轨电车和社会车辆共用一条车道，则相邻两个车站之间的交叉口应禁止左转车辆的通行，以保证绿波方案的有效。

在通常车流的饱和度 $\alpha > 0.8$（见附录 B），或城市通勤交通流饱和度 $\alpha > 0.9$ 时，期望的行进车速将难以保持。刻意设定一个低的行进车速（例如：$V_p = 30\text{km/h}$）对疏导交通流是没有意义的，因为这个车速不会出现在实际的交通流中。

当协调交叉口内的某个车流时，绿灯间隔时间计算所采用的设计车速与绿波控制所采用的行进车速应相同。

5.2.2 周期时间和交叉口与绿波带中心点距离

路网或道路路段上的绿波方案以所有交叉口都采用相同的周期长度为前提。某交叉口周期时间短期的变动须尽快调整恢复到系统共同周期，这种变动常由于绿灯时间的调整和绿灯时间的请求造成（见 5.2.5.1 节）。

在一个系统周期时间内，采用短周期的控制适用于以下情况：

- 主路与支路交叉的交叉口
- 个别排队空间很小的交叉口
- 绿波控制中的行人信号系统
- 绿波控制中的小流量交叉口

所有短周期的时间之和须等于系统的周期时间。

在双向道路的绿波设计时，时距图中有一个关键的交点，这个交点叫做绿波带中心线交点(TP)，相向方向的绿波带中心线在这个点上相交。相邻两个绿波带中心线交点之间的距离用 l_{TP} 表示。在给定周期的条件下，允许绿灯间隔时间和绿波相交方向的绿灯时长，在双向绿波中心线交点在交叉口中间时最大；如果双向绿波带在交叉口处不重叠，则最小（见图 5.1）。

周期时间、道路相向方向的行进车速以及相邻两个绿波带中心线交点之间的距离，有如下关系：

$$t_U = \frac{3.6 \times l_{TP}}{V_{p,Ri1}} + \frac{3.6 \times l_{TP}}{V_{p,Ri2}}(s)$$

5.2.3 前提条件和约束条件

在设计绿波方案之前，必须满足一些前提条件，也须考虑一些可能对车流运行质量造成重大影响的约束条件。

● 连续车道

绿波控制的路段，每个协调方向的连续车道应至少有两条车道。这样，车辆才会有超车的机会，以减少绿波运行过程中慢行车辆对车队运行的影响。交通流运行的质量也会受到临时停车或路边停车的影响。在某些时段有效地限制路边停车，可能有助于减小这些影响。连续车道上的非港湾式公交车停靠站也会对交通流的运行造成影响。

● 转弯车道

在交叉口内应给转弯车辆分配独立的转弯车道，这样直行车辆不会受到干扰，并且可以避免追尾碰撞事故的发生。左转车道在交叉口内部没有排队空间，并且左转车流不能顺畅排放的情况下需要设置左转车道。如果不能设置专用的左转车道，则应全天或部分时间地禁止左转弯车流的通行，同时要给左转弯车辆提供可选择的出路。

● 人行横道

不允许在绿波控制的路段上设置人行横道（见 StVO 中的标志 293 和 VwV-StVO 第 26 节）。

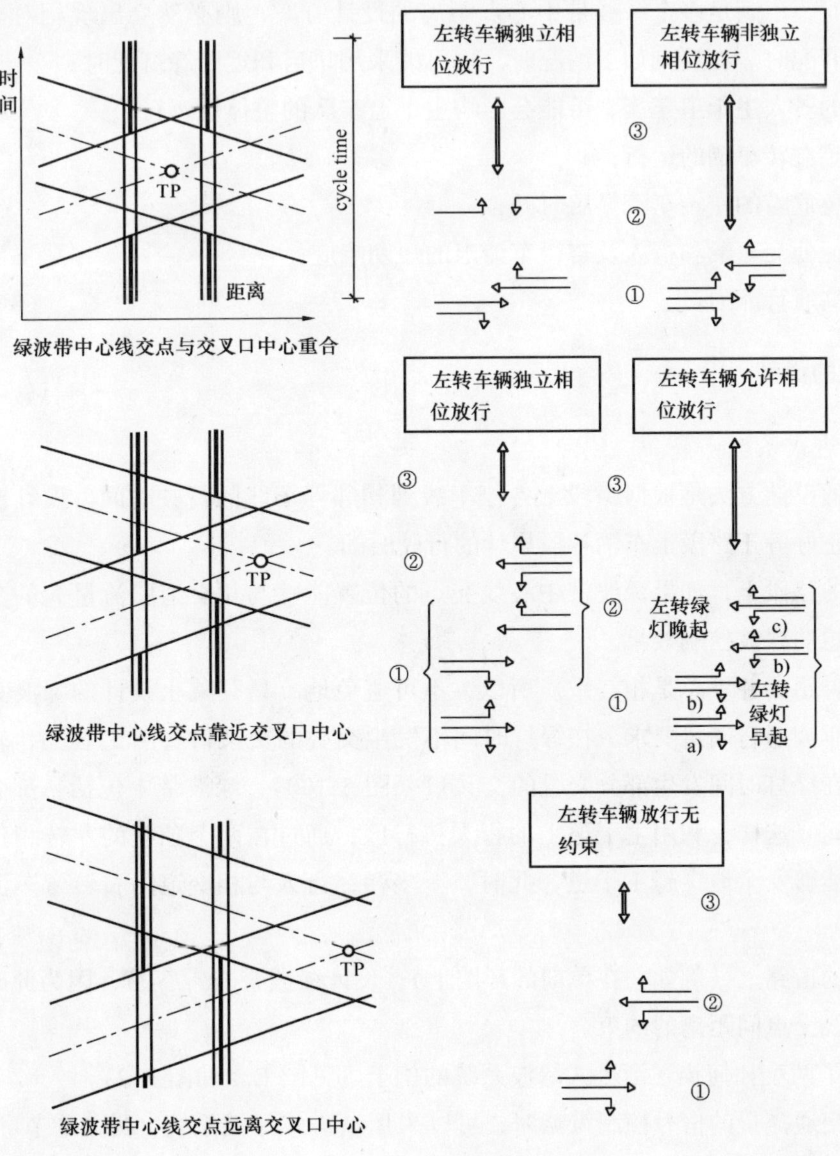

图 5.1 协调控制中的基本相位结构

- 信号相位与相位数

基本的信号相位结构是由交叉口与绿波带中心线交点之间的距离决定的（见图 5.1）。

相位数的多少决定于哪些交通流须设置独立的相位。

- 相序

相序设计对多个交叉口的协调信号控制有非常强的调节作用。

5.2.4 绿灯时间设计的形式

5.2.4.1 连贯绿灯时间设计

连贯绿灯时间设计是指在每个交叉口，绿灯时间是按照连续绿波带的要求分配的。这种绿灯时间设计有利于保持车队形式和车速均一，从而改善行车的安全性和舒适性。连续绿灯时间设计避免了由于突然的信号切换操作所造成的对车队尾部车辆行驶的影响。

5.2.4.2 不连贯绿灯时间设计

不连贯绿灯时间设计是用早启绿灯和迟断绿灯的方式分配连续绿波带之外的绿灯时间。

如果交叉口间距不满足多个绿波带中心点距离的设计方案，则必然会出现相对于绿波带宽的早启和迟断绿灯时间配时。在遇到如下情况时，也可能采用早启和迟断绿灯配时：

- 有大量的转入主干道车流，可能会影响主干道车队的整体性运行；
- 为了满足左转车辆的运行；
- 为了避免危险的左转车流早启时间；
- 为了保证公交车辆和行人及自行车请求的短期响应；
- 为了提高通行能力。

5.2.5 绿波的类型

5.2.5.1 渐进式系统

渐进式系统的设计方法是根据路段上各停车线到相邻停车线的行驶时间，设计连续交叉口的绿灯时间起亮时差正好等于路段上车辆各段累计的行驶时间。

在双向行驶的路段上，如果绿波带中心线交点的位置能够与相交道路流量大的交叉口位置相一致，则会达到理想的绿波控制效果。

然而，这两种距离并不总是相一致。所以，不可避免地，只有减小设计的绿波宽度才能使交叉口上相交方向的车流通行满足要求。在绿灯时间不发生交叠的交叉口（图 5.1①），转弯车辆的通行不会受到阻碍。在绿灯时间发生部分交叠的交叉口（图 5.1②），绿波带中包括一部分独立的早启和迟断左转绿灯时间。这样，利用主干道上的行人待行区，通过在两个独立的左转相位时间内设置行人相位，行人就能够安全地穿越主干道，此时，至多存在行人与相交道路右转弯车流之间的第二类冲突。

在单向行驶的道路上（例如：在单向的环路上），设计绿波带非常容易，因为此时可以不考虑两相交绿波带中心线交点间距离的约束。

附录 E 给出了两个如何描述渐进式绿波系统的例子（见图 E.1 和图 E.2）。

当采用基于交通流量的信号控制策略时，可以采用渐进式绿波系统（见 4.3 节和 4.4 节）。这时应满足以下设置准则：

- 不得采用绿灯时间迟断的动态调节方式，这样可以避免在下游交叉口处车辆遇到红灯。
- 如果本交叉口距下游交叉口距离很近，则不得采用绿灯时间迟起和持续绿灯相结合的动态调节方式（如图5.1②和图5.1③），这样可以尽量避免短连线上游交叉口绿灯时间的浪费。
- 不得采用绿灯时间早启的动态调节方式，以减小车队散布对绿波控制的不利影响。
- 在车队尾部通过交叉口之前，不得采用绿灯时间早断的动态调节方式，以避免因为突然的信号切换所造成的危险。

5.2.5.2　同步式系统

同步式系统绿波方案是在系统内所有交叉口同时起亮主干道绿灯的系统。它适合于交叉口间距不大于100米的信号控制。图E.1给出了设置示例。连续几个距离相近的交叉口可以组成同步式系统再与另外的绿波系统进行协调。同步式系统允许主要道路上有转入交通流，因为这些转入的交通流产生的排队车辆在主干道方向车队通过之前已经开始通行。

5.3　速度提示信号

速度提示信号向驾驶员推荐一个稳定的行驶车速，从理论上来说，若车辆以该速度行驶，则能不停车地通过下游信号控制的交叉口（设计见图I.12和图I.13）。速度提示信号的主要适用场合包括：

- 在采用推荐速度能达到很好的协调效果时，决定绿灯的起亮时刻。
- 协调相邻交叉口的配时，弥补周期不同对绿波带的影响。
- 避免车队的离散，例如，在绿波控制系统中交叉口间距较大或者在交叉口进口道上的信号灯较晚才能被发现时。

若没有绿波的期望行驶车速提示，则车队通常不可能保持在时距图设计的绿波带宽中行驶。通过降低车队头部车辆的车速和提高车队尾部车辆的车速，使车辆行驶到下游交叉口时能保持较好的车队形式。而且，当车辆行驶到交叉口时，驾驶员良好的驾驶行为也有助于改善交叉口的安全状况，尤其是在控制信号从绿灯转换到红灯时显得特别重要。

当车队的行进车速在连续路段上偏差大于5公里/小时时，建议在通过交叉口的出口路段设置速度提示信号。当路段距离较长时，需要沿路段设置多个速度提示信号。

显示车速通常在允许车速范围内变动，即当车辆以该车速行驶时能够在下游交叉口绿灯结束前通过停车线，最低的建议车速应允许车辆在到达下游交叉口，并最多等待一个周期时间后，在放行绿灯时间内能够通过。在实际应用中，当建议车速低于40公里/小时时，驾驶员很难遵守。因此，显示车速不应低于40公里/小时。

在畅通路段上，建议车速一定不能与最高允许车速相冲突。也就是说，建议车速大于最高允许车速时，应修改原设计车速的取值。

速度提示信号的显示和切换时间可以从时距图中得到。速度提示信号的显示持续时间至少要5秒钟，以便驾驶员看清楚。

驾驶员须按照建议车速行驶，也就是说，建议的车速须根据实时的信号配时方案及时进行调整，尤其在下游交叉口的绿灯起步时间发生变化时。在任何情况下，当速度提示信号辨识不清或错误的时，对交通系统的运行造成的不利影响都将超过不设置速度信号所造成的影响。如果不是在特殊的信号配时方案中，在协调方案不能运行或恶劣的天气条件和路况条件下，速度提示信号应被关闭。

为了改善驾驶员对建议车速的接受程度，使其理解设定低于最高允许行驶车速的建议车速，车速提示信号同时显示“绿波车速... 公里/小时”将会非常有用。

“漏斗”式信号是速度提示信号的一项特殊设置。这里，速度提示信号通过连结离散的车辆形成完整车队的形式，使车辆在道路的第一个交叉口赶上绿波。

从辅助信号的起始处开始，包括所有下游路段设置的辅助信号，一般总共有四种变化的车速显示，显示车速之间的相互差别可达到 10 公里/小时。为了防止前后两个车队的行驶间距过近或防止车队的离散，在最高车速的显示信号关闭后，下游辅助信号系统的当前绿灯信号应显示“暗”或黄闪。

在设计辅助信号系统时，最低建议车速值越高，在第一个辅助信号处的红灯时间就越长。

附录 E.4 给出了时距图中设置辅助信号的例子。

在设置辅助信号的路段，速度提示信号的设置距离间隔应大约为 200~300 米。

6 公共交通的特殊考虑

6.1 概 述

在交通信号控制系统中须考虑公共交通的特殊需求，因为它对城市的交通运行具有基础性的重要作用，且在乘客出行选择的交通方式中占有很高的比例。公共交通的服务质量主要集中体现在其不断改善的竞争吸引点上，尤其是乘车的舒适性和不断提高的运行车速和不断完善的公交车运行准点率（见城市有轨电车和公共汽车优先控制方法指南）。

减少公交车在信号控制路网中运行的红灯损失（等待）时间，最有效的措施是采用公交优先的控制策略。这些措施的执行有赖于路段及交叉口的平面设计形式和技术设备的装备程度。减少损失（等待）时间的措施包括：

- 基于时间段的定时信号方案选择，可能与附加的结构措施相结合（例如：独立轨道，方向一致性）。
- 适应公共交通特殊需求的信号方案选择。
- 根据个别公共交通运行案例的特征，选择微观的控制策略来生成或选择控制方案。

而且，根据当地的交通特征，还可以采用车道信号进行控制（见附录 H.3.4）。

如果公交车与其他机动车采用不同的信号灯控制，公交车将采用自己特殊的交通控制信号灯，这些特殊信号在 SOStrab 中给出其定义。

水平的白色发光横条信号用来表示停车或红灯信号（见图 I.6）。如果没有同时放行的其他优先通行车流需要注意，对于公交车辆将显示独立的通行或绿灯信号，这种信号可以是竖直的条状信号或左对角线条状信号，或右对角线条状信号。

参照图 I.7，过渡期间的信号显示为发光圆点信号，意思是“注意停车”。

如果公交车辆在某相位内是允许放行的，则信号灯显示为发光的倒三角信号，见图 I.8 所示。允许放行信号是指放行的公交车辆须让行同时放行的其他高优先级车流。

6.2 控制策略的适应性

6.2.1 策略选择原则和应用条件

这一部分是第四章控制策略关于考虑公交车辆特殊要求的补充。

为了使公交车辆运行更加舒适，并且提高公交车辆运行的准点性，通常须考虑更大范围的道路网络或相邻的路段部分的交通特性。在道路空间上采用大部分分离或空间共用两种不同形式的轨道设计时，处理有轨电车和公交车与一般的社会车辆分享道路资源时所采取的措施是不同的。

考虑现存的路网结构，在采取某项措施前须定义以下内容：

- 在何种交通状况下，相邻交叉口的协调控制方案可以降级处理及如何返回原绿波控制。
- 在何种前提条件下，能够建立不同周期时间的绿波方案。
- 如何确定路网范围不同部分所适用的统一周期。

6.2.2 多时段信号方案选择

公交车辆的运行同其他社会车辆的车队运行方式有着明显的不同。这是由系统的内在特性决定的。由于公交车按预定的停站以及它们在启动与刹车时的加速度和减速度考虑到对站立乘客的影响应较小，所以它们在绿波通行路段上的行程时间大于社会车辆；另外由于停站时间的离散也会导致到达下游交叉口时间的差异。因此，在经过几个交叉口之后，有轨电车和公共汽车会赶不上为社会车辆设计的绿波。

时距图的设计一般在综合考虑两种交通方式的运行特征后得到一个妥协的方案。相对来说，在多时段配时方案中，个别的有轨电车或公交车产生大的损失时间是不可避免的。在设计绿波时，公交车辆仅能被认为是车速不变的车队，偶然事件的干扰或短期的客流高峰将不可避免地导致个别公交车辆运行时间的波动。多时段配时的绿波方案仅在公交车辆能获得长的绿灯时间时推荐采用。也有其他考虑公共交通优先的手段。但是，公共交通的优先不能造成对整个交通流的影响，因为这种影响可能反过来又对公共交通的运行造成负面的影响。

6.2.3 信号控制方案动态调节

公交车感应控制的前提条件是能在空间和时间上检测到个体公交车辆的到达。在绿波时间内，那些允许有轨电车或公交车辆影响交叉口的信号控制方案的控制策略是非常有效的。在这样的交叉口公交车无法在给定的绿灯时间通过，或者会受到社会车辆的干扰。因此，有轨电车或公交车被允许在一个基本绿波方案内提出请求并转换到“第二套绿波方案”，基本绿波方案已经是考虑了社会车辆和公交车妥协情况下的结果。当采用这种控制策略时，如果条件满足，公交车辆能够在整个路段的所有交叉口请求得到一部分额外的绿灯时间。

公共交通对信号配时方案的影响表现在以下几个方面：

- 在一套信号配时方案中设计几个切换时间点允许公交车和有轨电车在请求时获得通行。
- 在非感应的信号配时方案中，有轨电车或公交车被分配了绿灯时间。在有通行请求时绿灯信号发生感应，例如通过缩短红灯时间或延长绿灯时间的方式（见附录 D.2.4 的示例）。
- 公交车通行请求的总计延长绿灯时长是预先设定的。设定值考虑到满足相交道路车辆或行人通行的最短绿灯时间要求。

调整协调控制交叉口的信号配时须满足如下约束：

- 系统周期时间最多仅能微量地调整。
- 须认真考虑在主要交通流向的协调状况。
- 当公交车辆获得额外的请求绿灯时间时，其他的交通流（例如，相交道路车辆，左转车辆，行人或非机动车）如果不能得到足够的绿灯补偿，则绿灯通行时间将减少。

如果须通过相位的跳变来加快公交车辆的通行，社会车辆或行人可能经历难以接受的等待时间。因此，如果可能的话，与公交车通行相冲突的请求相位应仅在信号控制方案中变换相序，但不应在周期内跳过。

一般来说，受到公交通行请求影响的交通流，其等待时间或排队长度不应该太长。这些交通流，以及其他的交通流，在没有任何公交车辆的通行请求时，将获得这部分额外的绿灯时间。

在通行能力有剩余的交叉口，公交车辆在控制算法中可以给予高的优先级，也就是说，公交车远距离的优先请求也可能得到响应。在高流量的密集路网、公交车流量大的交叉口，公交车的优先级一般较低。

从交通流和公交运行的角度来看，如果在交叉口的不同方向都有通行请求，须设定特别的优先等级。这项措施尤其适合交叉口几个方向都有公交车通行的情况。所以，转弯通行的有轨电车相位可能会影响直行通行有轨电车在绿波控制中的设计方案。

这种公交车本身之间的相互干扰问题可以通过独立的轨道设计解决，也可以通过在一个周期内为转弯相位请求提供多个响应时间点来解决。

如果有一套计算机辅助的公共交通运行和监视系统，可以把有轨电车和公交车的实际运行信息与给定时刻表（早高峰运行时刻表，晚高峰运行时刻表）进行比较，并集成在交通信号控制方案中。当前几条竞争线路公交延误值的评价将很有意义，延误的车辆将分配到更高的优先级。假如知道公交车的载客人数，则也可以按“人均等待时间”作为优化指标。

6.2.4 信号控制方案生成

通过提早检测的手段，有公交车通行的请求相位将在公交车辆到达交叉口以前被及时切换。这个相位绿灯可以被保持到预先设定的最大绿灯时间或在公交车通过后就结束。因此，在这类交叉口周期时间和相交道路车流的红灯等待时间将发生改变。在通行能力有剩余的交叉口，没有必要补偿相交道路车辆通行的绿灯时间。

6.3 若干措施

6.3.1 停靠站的位置

为避免公交车辆不必要的通行时间损失，交叉口公交停靠站位置的设计应与信号系统密切联系起来。例如，在绿波控制中，应考虑在一个绿波带结束和下一个开始之间的红灯时间里设计车辆停靠，也可以一次在信号控制交叉口之前，一次在交叉口之后布置公交停靠站。这样能使得电车和公共汽车在交叉口前的一次停靠之后赶上其他社会车辆的绿波，直到通过下一个交叉口后的再一次停靠。这样公交车辆可以不受其他车辆信号控制的影响连续到达下一个设置在交叉口下游的停靠站。

公交停靠站设置在交叉口的上游，乘客可以利用信号控制的红灯时间完成上下车。

如果只需考虑直行和右转公交车辆，停靠站可以设置在紧靠交叉口的上游。这时，可以通过公交信号分配早起绿灯，使得公交车在其他社会车辆之前进入交叉口（见6.3.3节）。

公交停靠站设置在交叉口的下游，优点在于，由于有充分的准备时间且不必考虑公交停靠时间的长短，可以提前请求并能可靠地利用下游交叉口的绿灯时间。

设在交叉口下游道路中央，且不设驻足岛的电车停靠站，只有在电车通过交叉口，同时通过检测器检测行人过街绿灯请求，或者定时方案的相序安排能够满足电车通过交叉口之后立即放行行人相位时才可以设置。据此，分配给过街交通的绿灯时间长度不得小于公交车上下客所需的时间。在上述两种情况下，横向转弯车流均不能用箭头灯控制。对于在行人横道后设置公交车站的情况也是如此。

如果左转公交车的停靠站不能设置在交叉口下游，推荐设置“公交专用闸道”，此时，停靠站与交叉口的距离须在30米以上。或者，左转公交车可在离开港湾停靠站之后，到达交叉口之前请求绿灯通行（见6.3.3节）。

在确定公交停靠站的位置时，还应当考虑其可达性（缩短换乘距离）。更详细的设计指南见公交（有轨电车及公共汽车）优先措施指南。

6.3.2 动态车站

如果在交叉口上游的有轨电车停靠站，没有足够的空间设置驻足岛，可以通过辅助信号灯设置动态停靠站（时间岛）。其主要用途是在乘客上下有轨电车之前清空并确保乘客通行空间。在上下客流量大而站台容量不足的停靠站，设置动态停靠站有利于确保乘客上下车的安全。

动态停靠站的辅助信号灯设置在交叉口进口道信号灯的上游。驾驶员一般不容易辨识这种信号灯。因此这种辅助信号灯要尽量设置得易于识别（见9.2.2节）。如果可能，应在车道上方重复设置。

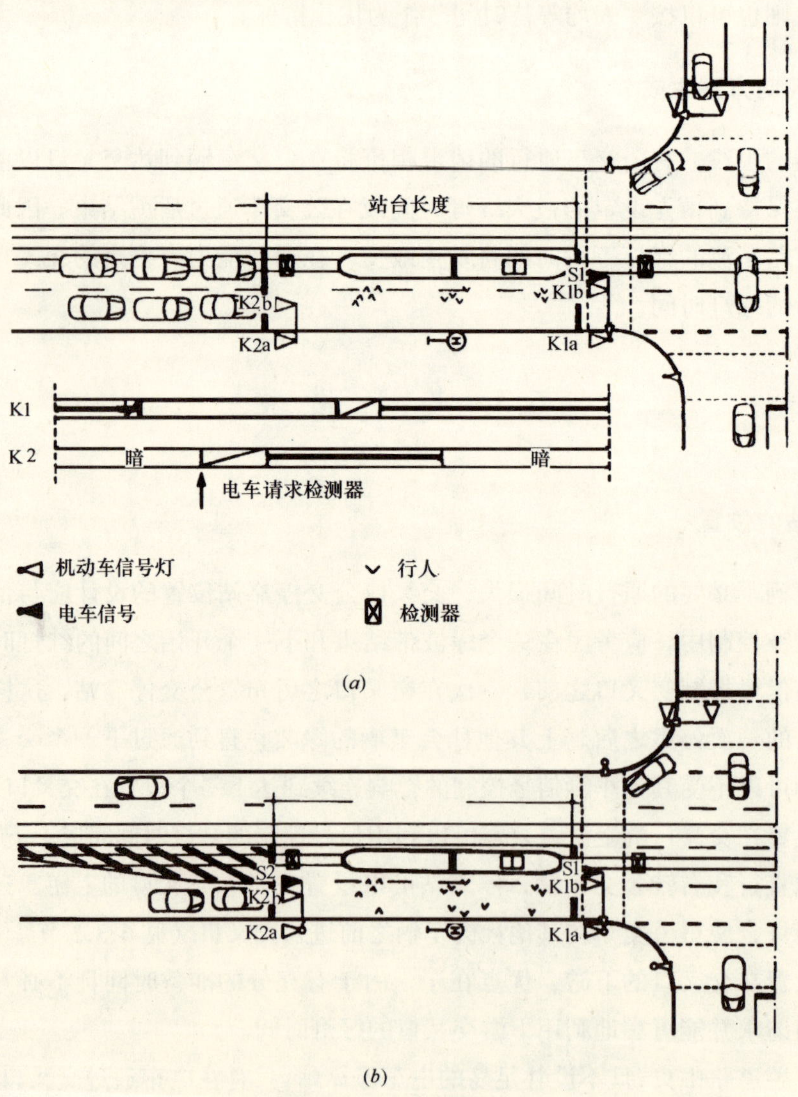

图6.1 动态停靠站示例

(*a*) 没有禁行岛；(*b*) 有禁行岛

这种信号不必每个周期都进行信号切换，其显示顺序可以是“暗-黄-红-暗”，其中黄灯时间为 5 秒。

动态车站在交叉口和路段都可以设置。通常请求是由设置在交叉口，信号灯组 K1 之前，一个有轨电车长度位置的电车检测器发出，如图 6.1（*a*）所示。

如果有轨电车发出请求，则信号灯组 K2 控制车辆不进入停车区域，在停靠站之前通过标线引导社会车辆偏离电车轨道，保持进口道及电车停靠站区域清空［见图 6.1（*b*）］。

在交叉口，驶入停靠站的有轨电车受信号灯 K1 和 K2 的协调控制，在电车开始上下客之前应清空机动车排队区域。如果社会车辆特别多时，应在动态车站上游足够远的位置设置第二个检测器，以确保有轨电车进入动态车站之前社会车辆已经清空。

信号灯组 K2，在满足乘客上下车的最小时间之后，或者通过消除检测器消除请求之后进行切换。有轨电车信号 S2 用来放行在信号灯 K2 红灯时到达的有轨电车进入停靠站［见图 6.1（*b*）］。

如果采用定时信号控制来保持停靠站清空，信号灯 K2 须显示完整的相序，即：“绿-黄-红-红黄(同时显示)-绿”。此外，如图 6.1(*b*) 所示的禁行岛也是必要的。信号灯 S2 一直显示绿灯，保证电车有通行权，能进入停靠站。

动态停靠站保证了有轨电车的绿灯比社会车辆绿灯早起。这可有效防止有轨电车被超车以及左转车抢占车道影响有轨电车运行。在这种情况下，当为乘客上下有轨电车分配的时间结束后，可以延迟关闭动态车站和放行社会车辆的时间。

6.3.3 独立公交专用道和公交站点的驶离辅助设施

如果港湾式公交停靠站或路边式公交停靠站直接设置在交叉口进口道，公交车通行常会受到影响。虽然根据 StVO 第 20 节的规定，当信号变为绿灯时，须让公交车率先驶离停车位置，但这时排队的其他车辆可能会阻碍公交车的通行。

专用早起绿灯时间包括必要的绿灯间隔时间和公交车离开公交车站的时间［见图 6.2（*a*）］。如果早起绿灯时间设定的不合适，将引起所有交通流不必要的时间损失。

公交专用通行信号允许公交车在社会车辆之前离开［见图 6.2（*b*）］。对于一个设计清晰的交叉口进口道，且到达车流量低时，如果没有发生严重的冲突情况，并且设置了公交车需要的更长黄灯时间和清空时间，则在绿灯期间放行公交信号不会有危险。然而在道路和交通状况不良的交叉口进口道，公交专用通行信号在社会车辆绿灯信号启亮后应关闭。

根据实际的情况，可能要设置公交车专用闸道或者专用相位使得公交车辆能够顺利地交织或者转弯驶离道路右侧的公交专用车道。

如果设置了公交专用闸道，则应根据公交车到达的流量设置附加的信号把社会车辆控制在停车线前大约 30 米的地方（见图 6.3）。这样公交车能在驶离公交专用道后自由变道行驶。驶离时间由公交专用相位来确定。

公交专用闸道应该采用感应信号控制（例子见附录 D.2.2），也可以采用定时信号控制。当用感应信号控制时，检测器应能识别公交车和其他社会车辆（见 6.4 节）。

公交专用闸道的信号灯（图 6.3 中的信号灯组 K2）必须与交叉口进口道的信号灯（图 6.3 中的信号灯组 K1）互相协调控制，使得闸道和进口道停车线之间的区域清空，并且公交车能自由变道行驶。因此公交站台须设置在公交专用闸道的上游。

然而这种处理方法可能导致行人不经过信号控制的人行横道就横穿道路过街的违章行为，这种

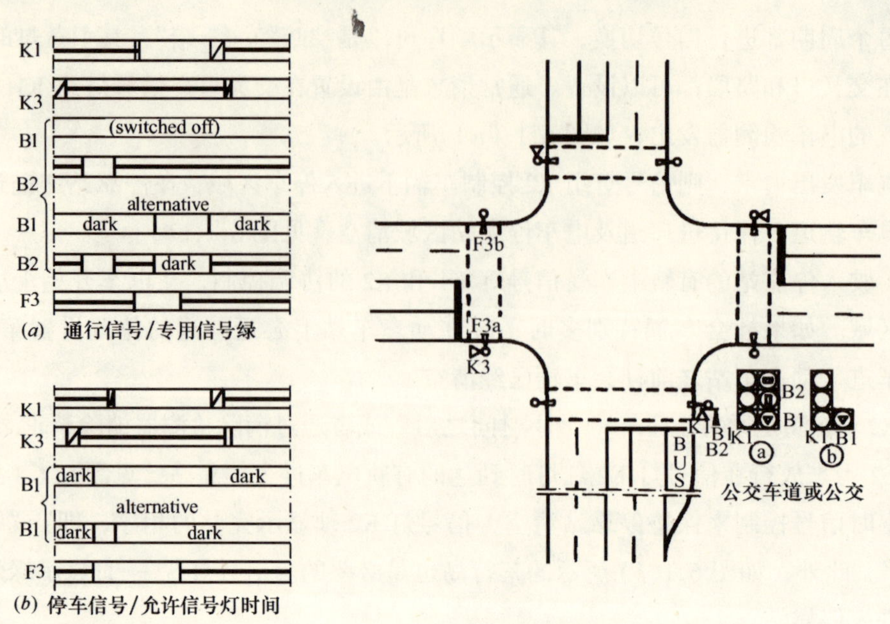

图 6.2　公交专用信号

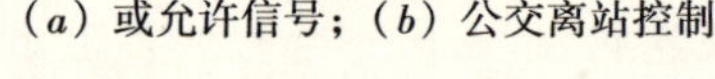

(*a*) 或允许信号；(*b*) 公交离站控制

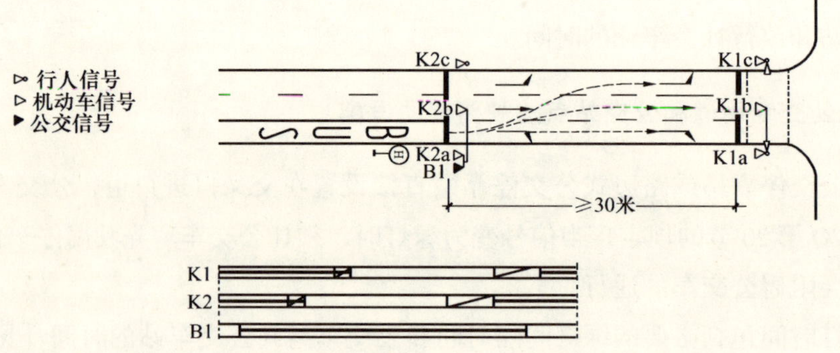

图 6.3　公交闸道的定时信号控制

情况尤其容易发生在以换乘为主的车站附近。

6.3.4 提示信号

为了给有轨电车的绿灯一个附加的提示车辆关门的信息，可以设置车速提示信号和加速信号来避免公交车的延误。

如果提示信号设置在停车线处或停车线后至多 100 米的范围内，发送车辆关门信息是很有用的。因为关门信息是提早发给信号机的，使其能与绿灯信号协调，这样为公交车从关门到进入交叉口，驶离停车线不再有延误提供了时间保证。

如果信号灯设置在停靠站下游 100 米以外的位置，或畅通的路段上，则可以设置车速提示信号或加速信号来通知公交车下一个即将执行的绿灯相位。显示推荐车速或加速信号可保证驾驶员不停车地通过交叉口，避免车辆的刹车减速。时距图设计根据 5.3 节中的内容进行。速度信号设计的详细描述见 9.3.7 节。

当采用感应信号控制时，只有当下游交叉口的全部必要信息可以获得时才可以采用。

在推荐某一车速没有任何意义或不可能的情况下，车辆关门信号可以被看作是一种车速提示信号的特例。

6.3.5 有轨电车与其他交通流交叉的信号控制

如果有轨电车在独立的轨道上运行，转弯社会车辆必须设置专用通行相位。

如果设计有穿过独立运行轨道或公交专用车道的调头车道时，须给调头的车辆设置辅助信号来提示有轨电车或公交车的到达。然而，禁止相交道路的通行请求会更有效。因此，通常该类信号灯常采用双色灯，灯色显示为“暗-黄-红-暗”。

同样地，如果有轨电车离开独立轨道，穿越机动车行驶路面时（例如有轨道的交叉口，轨道终点站或车站入口），可以设置显示“暗-黄-红-暗”的交通信号，以防止社会车辆习惯性通行造成危险。

如果交叉口的有轨电车流量大于每天 100 辆时，必须根据 BOStrab 安装交通信号。

如果有轨电车有通行请求，须给地面机动车设置双头信号灯，黄灯显示时间应为 5 秒。根据 BOStrab 给有轨电车设置信号。

在系统运行时，还必须考虑其与相邻交叉口之间的交通关系。

6.3.6 有轨电车的允许信号

如果有轨电车与社会车辆共用车道，设置公交专用的控制信号会降低交叉口通行能力，增加车辆等待时间，所以在社会车辆和有轨电车混合通行时，设置允许通行信号可以缓和以上出现的矛盾。这种信号尤其适用于左转的有轨电车和轨道岔道的控制。

当转弯的有轨电车采用公交专用信号时，需要设置单独的通行相位，包括必需的绿灯间隔时间。因此，有轨电车可能仅在非常短的绿灯时间内通行［见图 6.4（*a*）］。如果有轨电车的通行相位没有很好的嵌入绿波配时中或者没有根据请求进行切换，则主要道路方向的社会车辆将承受很长的等待时间。如果采用允许信号，并且与有轨电车冲突的交通流流量不是很大时，大部分的绿灯信号内有

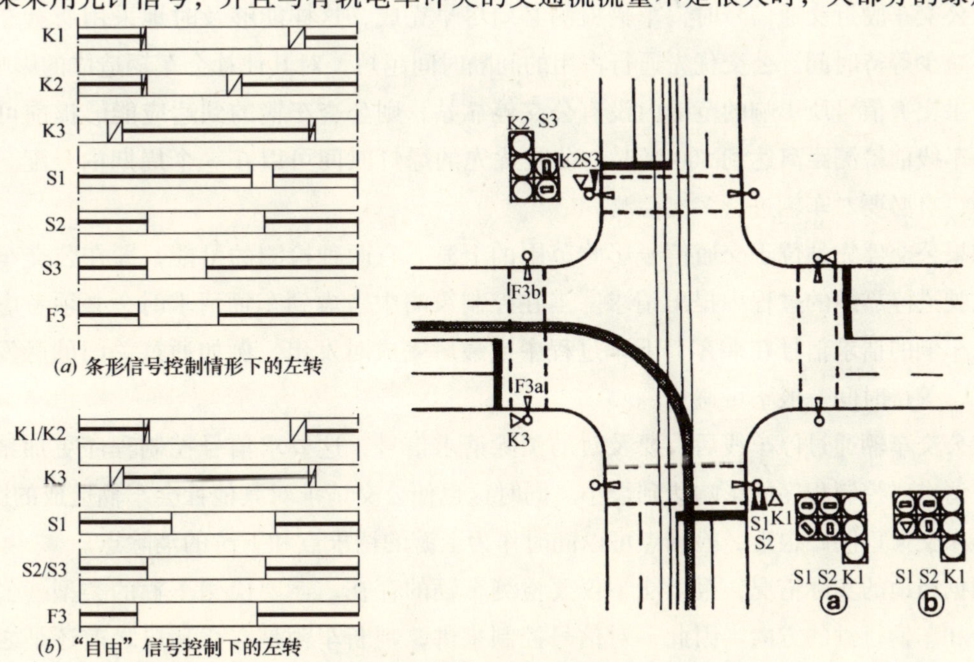

图 6.4 左转弯通过交通信号

（*a*）条形信号控制下的左转；（*b*）自由信号控制情形下的左转

轨电车能够转弯通行，这样可以减少有轨电车和社会车辆的等待时间。至于允许信号在结束时的设置，须考虑为有轨电车设计较长的清空时间［见图 6.4（*b*）］。允许信号设置的约束条件包括：安全要求和平行方向行人交通流过街的频繁程度及流量。

6.4 车辆检测

公交车在交叉口的优先通过请求，需要对单个车辆分别进行检测。检测方式包括：

- 连接线检测。
- 在专用车道或港湾式公交车站内的感应线圈检测。
- 具有双线圈或天线线圈的信号发送与接收检测系统检测。
- 具有红外线信号灯并能与交叉口信号机通过有线或无线的方式进行信息传输的检测系统检测。
- 无线数据检测。

连接线检测仅能用于有连接线连接的专用轨道行驶的有轨电车，检测信息量很少（不包括行驶方向和运行线路）。

感应线圈检测通常并不适合，因为用它来检测公交车不可靠，它很有可能错误地检测到社会车辆的请求，并且很难完成复杂的公交优先所需的控制检测。

信号发送与接收检测系统能够提供除车辆检测以外的车辆与路边装置的信息交换。传输的信息包括检测信息的类型和内容，例如：车辆存在信息，车辆行驶方向，车辆行驶路线和车辆的占有率等，具体的选择取决于具体问题（见城市道路交通中检测器的说明）。

无线数据检测便于请求信号的处理和消除。每个方向的请求信号应都能被处理。

在一个路网或路段上公交车的检测位置取决于所采用的控制策略。

考虑请求的次数、请求位置和请求的消除点，都必须注意以下几点：

- 当公交车驶近交通信号时，车辆检测必须尽早完成，这样能够及时地采用所有交通工程的优先措施，减少等待时间。公交优先通行占用的间隔时间越短，对其他社会车辆造成的影响就越小。
- 如果交通信号所影响的范围内没有公交停靠站，则公交车辆的到达应能够提前可靠地检测出来。在停车线前检测距离达到 500 米时，公交优先的绿灯时间可以在一个周期内分配。根据进口路段的特性，有必要对车辆进行多次检测。
- 如果公交停靠站位于交通信号影响范围的上游，有两种检测的可能，即在公交车辆驶进停靠站之前或驶进停靠站的过程中提出请求。当在控制策略中考虑到车辆请求时，必须考虑到车辆的停靠时间。车辆的请求信号在乘客上下车过程中或最后完成时发出，例如通过关门的触发信号。在这种情况下，等待时间一般不可避免。
- 在公交车辆通过停车线后，要及时的消除请求信号，这要求信号控制程序更加精确，也就是说，公交请求对控制程序的影响达到最小。同时这也使公交请求对其他社会车辆造成的影响最小。
- 如果交叉口间距很近，检测点可以同时作为上游的请求点和下游的消除点。
- 根据当地的实际情况，很可能不仅要检测车辆的存在，还要检测车辆的类型（公共汽车或有轨电车）和车辆行驶的方向。因此，对信号控制来讲，判断车辆是在交叉口之前还是之后通过停靠站也很重要。

7 行人过街交通的特殊考虑

7.1 概　述

对于过街行人（特别是儿童、老人或残疾人）来说，道路交通是一个潜在的安全威胁，需要设置交通信号来为其提供安全保障。因此，行人过街交通信号控制主要考虑行人的安全需求。在设计信号控制交叉口和计算信号控制方案时，机动车或公共交通的利益常常与非机动车的利益相冲突。

交叉口机动车交通或行人交通设计考虑的因素主要有以下四点：

- 交叉口的重要性和功能；
- 地理位置以及周边的土地利用情况；
- 机动车流量和行人流量；
- 行人交通的构成（如：需要特别保护的行人所占的比例）。

行人流量大的交叉口，设计时应侧重其舒适性和便捷性，机动车通行能力的考虑处于次要地位；而机动车流量较高的交叉口，行人的交通利益将不得不受到限制。但即使是交通主干道上的交叉口，在设计指路标志、行人等待时间或人行横道位置等时，都要避免引起行人违章或拒绝所提供的安全保障的情况。

因此，在行人的安全舒适性要求与机动车交通需求之间，需要进行公正合理的权衡。

7.2 人行横道和交通岛的设计原则

7.2.1 交叉口人行横道

人行横道应顺应行人流的方向，并尽量靠近与其平行道路的路缘。如果因机动车右转缘故，人行横道必须后移，其后移距离不得超过 5 ~ 6 米（见 3.2.4 节）。为缩短行人过街距离和降低转弯车辆的速度，右转弯车道的半径应尽量小，这样设计更容易使驾驶员停车让行，行人也会因此感觉更安全。

人行横道后移的距离不应太远，因为这意味着偏离行人的主流向。如果不得不进行后移，而且后移的距离非常远，以至于转弯车辆驾驶员难以意料会有行人和自行车放行时，应对机动车进行控制或者通过设置黄闪进行警告（见 9.4.5 节）。

根据交通负荷以及实地情况，人行横道宽度取值在 3 ~ 12 米，通常取值 4 米。

行人等待区域和交通岛必须有足够的面积，供红灯期间到达的行人驻足（排队密度约为 2 人/平方米）。

为方便行人过街，凸起的分隔带和交通岛的路缘需设计成缓坡。同时，必须清晰地标示出行人驻足区。

关于如何设计行人过街信号的条文见 9.4.2 节。

如果交叉口过街行人流量很小，且行人可以很方便地绕行过街，可以不设置某个方向的人行横道。在有行人过街需求但是放弃设置人行横道的地点，必须设置障碍物阻止行人穿越。

7.2.2 行人过街安全岛

在交叉口进口道设置行人过街安全岛，可引导机动车交通流，也可以在上面设立交通标志、安装交通信号灯及为过街行人提供驻足（见 3.4.2 节）。

在下列情况，信号控制人行横道需要设置行人过街安全岛：

- 绿灯时间和人行横道清空时间不能满足行人在一个相位里完成过街；
- 因为机动车双向绿波时空关系的原因，使得行人在一个相位里不能完成过街；
- 当交通信号发生故障时，保障行人安全。

从行人信号控制角度分析，根据宽度的不同，行人过街安全岛可以被分成如下几类：

对于行人过街安全岛宽度大于 4 米，且受信号控制的人行横道，通常将安全岛两边的横道考虑为两个独立的部分。因为行人把连续的人行横道看成相互独立的两部分，把它理解为两次独立的过街。用于做公交停靠站的行人过街安全岛，其空间的大小需要特别考虑。

对于行人过街安全岛小于 4 米而又分段进行信号控制的人行横道来说，如果在行人过街安全岛上等待时间太长，行人可能会不注意信号灯，甚至忽视或违反信号；在两段横道都很短并已进行了清晰的设计，行人只需要注意一个方向车流的情况下也会如此。因此，应尽量让行人一次过街，不在行人过街安全岛上等待。如果行人不清楚红灯期间应该在行人过街安全岛上等待还是继续过街，就会产生困惑或者冒险穿越。为了让行人不误解信号显示，需要设置连续过街信号。行人过街安全岛的宽度不得小于 2.5 米。太窄的行人过街安全岛需要进行拓宽，为拓宽行人过街安全岛可适当缩小车道宽度。

如果行人过街安全岛太窄，不能够供行人驻足，或行人过街安全岛足够宽，但通过信号协调之后，行人不需要在行人过街安全岛上等待，则须确定是否取消行人过街安全岛。尽管清空时间能够满足行人从行人过街安全岛到达道路另一侧，但部分行人还会在行人过街安全岛上停留，等待下一次绿灯。

在小型的两相位信号控制交叉口，不需要设置行人安全岛，因为行人过街相位绿灯时间必须能让行人通过整个人行横道，也就是说，该相位的长度是由行人过街交通需求决定的。

空间较小且没有行人过街安全岛的交叉口，如果对机动车流进行了足够的导流设计，行人就可以一次过街。这样可能会使行人在路边等待的时间长一些。但是，在路边一次等待比分别在路边和路中央两次等待容易接受。

7.2.3 三角岛

设置三角岛主要有利于机动车交通，惟一有利于行人的是，相对于没有后移人行横道也没有设置三角岛的情形，缩短了通过主要道路的距离。设置三角岛之后，岛上行人过街不再受右转车的阻碍（见 3.4.3 节）。

设置三角岛的一个主要问题是行人在通过右转车道时，很难再受到交通信号的保护。

- 对不受控制且有横道线的右转车道，在机动车流量很大或者右转车速度很高时，右转车可能不注意过街的行人。行人同时遇到不受控制和受控制的人行横道，可能会造成行人是否优先的不确定性，容易发生危险。

- 在受信号控制的右转车道，给行人设置专用信号的时候应考虑小三角岛上可否设置信号灯以及如果人行横道分段控制，行人在岛上等待时间很长导致总的过街延误很大，会增加违章的可能性。右转车的绿灯时间要尽可能的短，以防止行人在右转流量很少时闯红灯（详见2.3.1.3节）。

7.3 行人信号控制规则

7.3.1 概述

当绿灯时间太短和等待时间太长的时候行人会闯红灯。绿灯长度应满足绿灯初期过街的行人能够在绿灯时间内通过一半以上的人行横道。如果无法避免行人等待时间超过60秒的情形，应检验是否可以在一个周期内给行人两次绿灯。

7.3.2 低流量机动车相位绿灯早断

在机动车绿灯利用率较低的信号控制人行横道，自适应控制提供了绿灯早断的功能，因此行人绿灯可以早启。这使得交通信号控制更加灵活，也能让等待的行人更加容易理解信号控制方案（示例见附录D.2.6）。

7.3.3 行人过街请求

在交通感应信号控制系统中，行人可以通过检测器请求绿灯，有以下两种方式：

- 即便是只有行人或机动车单独请求绿灯，平行的机动车和过街行人基本上也可以同时放行。然而，由于行人需要较长的清空时间，可能会导致所有交通流都等待较长时间。
- 只有行人请求绿灯时，才会切换行人相位。这样既可以单独控制行人也可以和平行的机动车流一起控制。如果行人在机动车绿灯之前或者在机动车绿灯但行人信号为红灯期间到达，系统将存储行人的请求并在能通行的相位放行行人。这可能会导致行人等待时间较长。如果行人与机动车结合在一起控制，需要设置黄闪来警示右转车辆行人有优先权，因为仅机动车放行的相位与机动车和行人一起放行的相位有可能交替出现，容易给右转车造成迷惑。

设计人员须根据当地情况和交通流量来选择上面两种方式的一种，一般来说宜选择第一种方式（见4.3.2.1节）。

如果自行车与行人一体化控制（见8.2.2节），则仍应选择上述第一种方式。因为如果过街请求被储存起来而不立即放行，自行车可能会违反行人红灯信号与机动车一起通行。

7.3.4 行人与转弯车辆

如果右转弯车道数多于一条，需要采用行人过街信号控制。

如果转弯车辆速度快、流量大、视距不足、会遇到多个冲突点或行人流量大，特别是有左转车辆和在快速路上的情况（见2.3.1节），要求采用专用的行人过街信号控制。

总的来说，为行人提供专用信号会导致所有交通流都有较大的延误。

如果转弯车流（右转机动车流、左转机动车流、没有分转向信号控制的自行车流以及允许通行的公交车流）与相冲突的行人流同时放行，则绿灯启亮的时间差需要满足行人能比转弯车辆提前1~2秒到达人行横道（见2.6.6节），可以通过辅助信号警示转弯车辆行人的优先权（见9.4.5节）。

在转弯车流放行的过程中不能放行与其冲突的行人。因为这时行人会对有优先权但无法通行产生困惑，而且突然放行的行人也会对转弯车辆造成影响，使司机产生困惑，不清楚是让行还是继续通行。在感应控制里，这一要求必须强制执行。因为根据DIN VDE 0832，除左转早启外（见2.3.1.2节），信号安全检查不区分无冲突的和有第二类冲突的信号灯组。

7.3.5 行人二次过街控制

根据当地条件或交通控制系统的要求，在有中央分隔带或安全岛的道路上，应对行人进行协调或独立的二次过街信号控制。

7.3.5.1 同步二次过街信号控制

在道路边缘和分隔带上的信号灯同时显示同样的信号。此时，行人绿灯时间长度需要满足绿初过街行人在行人信号变为红灯之前至少能到达另一段人行横道的中央。这种信号控制不能避免绿末开始过街的行人在中央分隔带上等待下一次通行信号（见图7.1）。

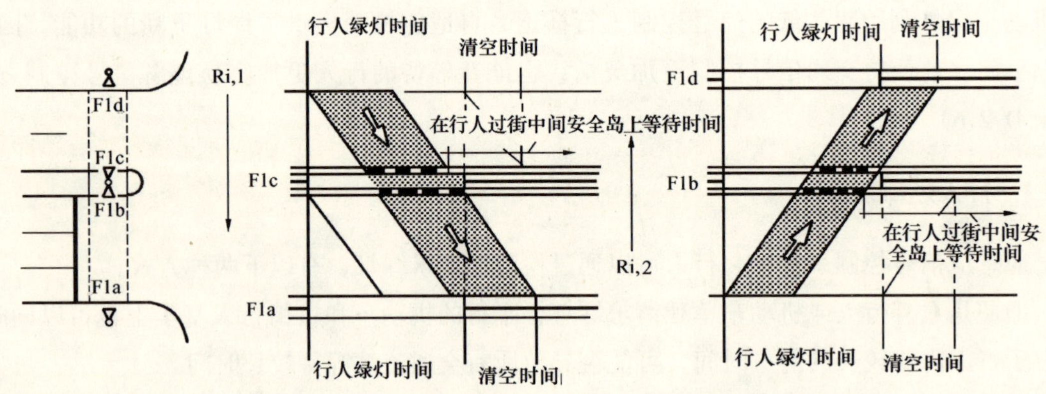

图7.1 一个信号灯组同步控制行人二次过街横道

7.3.5.2 协调二次过街信号控制

如果要使行人不在中央安全岛上等待，则本向的行人绿灯需要比在道路另一侧的行人绿灯早断。这样做会使得因红灯而停下来等待的过街行人看到对面的行人继续放行而闯红灯。而且，右转车可能会误解中央安全岛上的行人红灯信号，认为行人红灯，自己有优先权，由此带来第二类冲突。可以通过对行人信号进行合适的遮挡或者光学处理来避免这种情况发生。

如果行人绿灯时间太短，整个绿灯期间进入横道的行人在中央安全岛上没有足够的空间驻足，或者安全岛太小，等待不安全，可设计这种协调的行人二次过街信号。图7.2为有三个信号灯组的行人二次过街信号控制的例子。

7.3.5.3 独立的二次过街信号控制

由于机动车或者有轨电车运行的要求，二次过街横道中的一段红灯或绿灯需要早启。这对行人信号同步控制是一个有益的补充。通常在机动车信号切换为红灯后，先放行交叉口进口道一段人行横道较好，这是因为：

- 行人不至于在红灯期间冒险过街。否则，虽然在进口道上的机动车已经停止，但行人信号

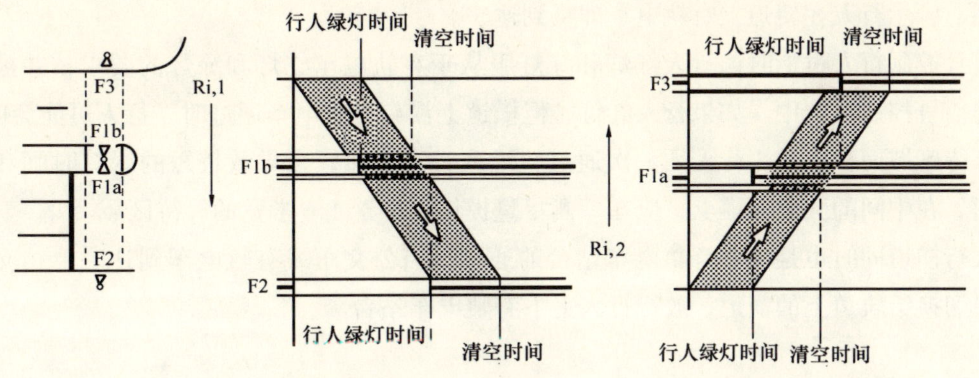

图 7.2 三个信号灯组协调控制行人二次过街横道

仍然显示红灯，行人会冒险闯红灯，特别是针对有轨电车站台设在道路中央的情况。

- 行人绿灯早启使得行人在右转车到达横道之前能通过第一段人行横道。

如果行人在中央安全岛等待，则每一段横道的绿灯时间不应过长。

如果两段横道的绿灯存在时间差使得行人须在中央安全岛上等待，则下列措施可以改善这种情形：

- 通过压缩机动车道或者增加横道宽度等方法，扩大等待区域的面积；
- 在有行人流交叉过街的情况下，设置一些障碍分流引导行人；
- 通过进行交叉口感应信号控制减少等待时间。

如果独立控制二次过街人行横道的两组信号灯距离很近，当中央分隔带上的红灯信号有故障时，容易引起行人把第二段横道上的绿灯信号误认为第一段的信号。这会发生危险，需要在信号安全检查时完全或部分关闭信号系统（见 10.3.2 节）。

7.3.6 行人专用相位

当所有机动车信号显示红灯的同时，所有人行横道都显示绿灯放行行人。设置行人专用相位意味着行人全绿时，机动车全红，可以消除转弯车辆对过街行人的影响。

在小交叉口，对角线方向过街行人流量比较大时，可以设置十字交叉式人行横道，这时需要设置专用行人过街信号灯。

由于给定的周期时间长度或绿波的要求等约束条件的限制，设置行人专用相位可能会对机动车流产生不利影响或妨碍其正常运行。在机动车交通需求较大或设置公交优先信号的交叉口，为避免较大的延误，不太可能设置行人专用相位，允许行人按对角线过街或者四个进口同时在一个相位里过街。设置行人专用相位可能会导致比两相位信号控制更长时间的延误。

设置行人专用相位引起周期时间增加，会导致行人等待时间也增加。在过街行人流量较低或只是在短时间内流量较高的情况下，要求控制系统只在接到请求之后才设置行人专用相位。这样会降低行人的等待时间，同时对机动车的不利影响也比设置固定行人专用相位的情形小。

7.3.7 独立轨道上的行人过街

有轨电车请求的行人通过轨道的信号控制须按要求设置。在没有收到有轨电车请求时，行人信号灯显示“暗”或“绿”。由于行人过街最短绿灯时间的要求，请求时刻不同，有轨电车也会产生不同的延误。或者通过设置“黄闪”信号作为有轨电车到达的标志（见图 I.9），使它在收到有轨电车请求后启亮，警示行人在轨道上有轨电车即将到达。

定时信号控制行人过街时，行人红灯和绿灯服从于有轨电车红灯和绿灯的要求，并被整合入整个交叉口的信号控制系统中。如果行人红灯，但横道上没有有轨电车通过时，行人可能会闯红灯。

如果等待区域面积不足，行人须一次通过轨道或行车道时，会导致较短的绿灯时间和较长的横道清空时间。在中间的独立轨道上，应在一侧尽量提供不小于1.6米宽的等待区域。

如果人行横道同时也是上下有轨电车站台的通道，当公交车或有轨电车到达时，相交道路横道的绿灯需要切换给轨道上的横道，放行行人上下有轨电车站台。

7.4 行人交通信号系统

7.4.1 概述

在没有其他过街辅助设施的情况下，如果现有交通设施不能够充分地保护过街行人，或者不能够为小孩、老年人和残疾人等提供舒适安全的过街环境，则需要安装行人交通信号控制设施。

信号控制人行横道间距不应太短。如果在一段路上都有行人过街需求，信号控制人行横道的间距也可以很短（约100米）。基于安全的考虑，不能出现信号控制人行横道与无信号控制人行横道交替设置的情况。其他过街辅助设施（如安全岛等）不能设置在信号控制人行横道附近，因为这会诱使行人在有这些设施的地点过街，这是十分危险的。

行人信号控制设施一般基于行人过街请求运行，即行人可以请求绿灯时间。行人请求从发出到放行的这段等待时间要尽量短。设置在按钮上的信息系统通过显示信号（如信号已经被激活）告诉行人，系统已经接收到其过街请求。

行人绿灯时，通过人行横道的机动车流应同时显示红灯。因为行人在看到一向机动车已经停止而另一向机动车仍然绿灯通行时，将不会进入人行横道。

在感应信号控制系统中，机动车可能会频繁地请求绿灯。为避免这种情况出现，可设置不小于4秒才能返回同一机动车相位的规则（见2.6.4节），或使车辆检测器与停车线距离足够远（见4.4节）。

在流量大，速度快的道路上，选择可以为机动车调整绿灯时间长度的策略是十分有用的。同时需要设置行人等待时间的最大值，避免机动车绿灯延长时间过大。

在绿波系统中，行人信号控制需要整合入整个协调控制系统。如果不能够一次过街，则要尽量缩短过街距离和减少行人等待时间（见7.3.5节）。行人流量很小的情况下，行人信号控制设施仍然可以基于行人请求运行。如果由于周期较长导致行人等待时间过长，则可能要切断机动车的绿波放行行人。

行人信号有时可能被忽略，所以需要保证机动车和行人都能够看到信号灯。

7.4.2 交叉口附近的人行横道信号控制

在交叉口以外的人行横道上设置信号控制设施，机动车和行人的信号基本相位设置和在交叉口的情形是不同的。

如一天里很长时间内每小时都有几次间隔相当长的行人绿灯请求，则建议设置基本相位时行人为红灯，机动车为绿灯（见图 7.3）。

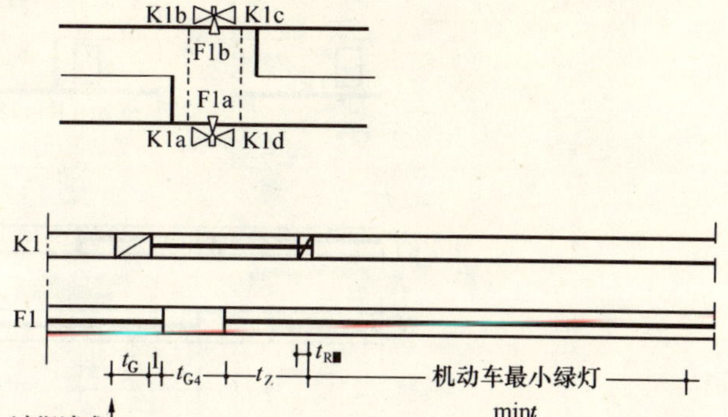

图 7.3 基本设置为机动车相位绿灯/行人相位红灯的行人过街信号控制设施示例

系统保持完整的信号相序，即在接收到行人绿灯请求后，机动车信号从“绿”经“黄”变为“红”。在行人绿灯信号结束之后，机动车信号从“红”经“黄”变为“绿”（基本相位）。

在重新接收到行人过街请求的情况下，可以在机动车放行最小绿灯 min t 以及绿灯间隔时间 t_z 之后，给行人绿灯信号。这种情况下，机动车的最小绿灯时间不得小于最短绿灯时间 min t_{Gr}（见 2.6.2 节）。

如果不能在低流量时段中止系统的运行，可选择对机动车和行人都显示“暗”的运行模式（见图 7.4），但是需要清楚地让行人知道信号控制系统正在运行。还可以选择另一种运行模式，即基本信号相位中对机动车显示“暗”而对行人显示“红”。在所有情况下，接收到行人过街请求后，机动车信号从“暗”经“黄”变为“红”，行人信号结束之后，机动车信号返回基本相位（“暗”）。

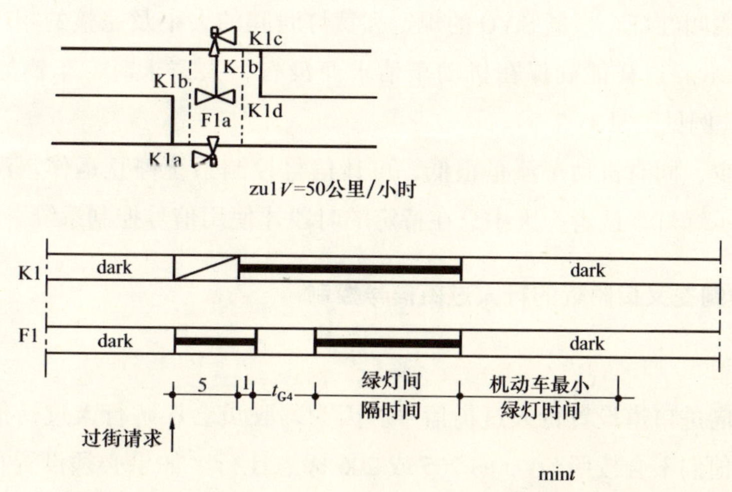

图 7.4 基本设置为“全暗”的行人过街信号控制系统示例

与图 10.1（见 10.3.1 节）的信号激活逻辑不同，系统并非由机动车的绿灯请求激活。行人请求与实际显示行人绿灯之间的时间差要尽可能的小，相位切换时须设置 5 秒的黄灯和 1 秒的全红。在机动车最小绿灯运行完毕之后才能提供重复行人绿灯。

如果行人信号设置在机动车流量较低的路段，要求使用全红/即绿作为基本相位。在基本相位里，所有相位显示红灯，因此，接收到行人过街请求时，既不用考虑正在放行车流的最小绿灯也不用考虑绿灯间隔时间。在机动车流量较低的情况下，行人较容易遇到系统基本相位，因此能够立即得到绿灯信号（见图 7.5）。

在行人绿灯和绿灯间隔之后，系统返回到基本相位（全红）。无论是行人请求还是机动车请求，系统都运行一个完整的相序。由于行人常常在机动车刚停下来就进入人行横道，而不是停下来请求

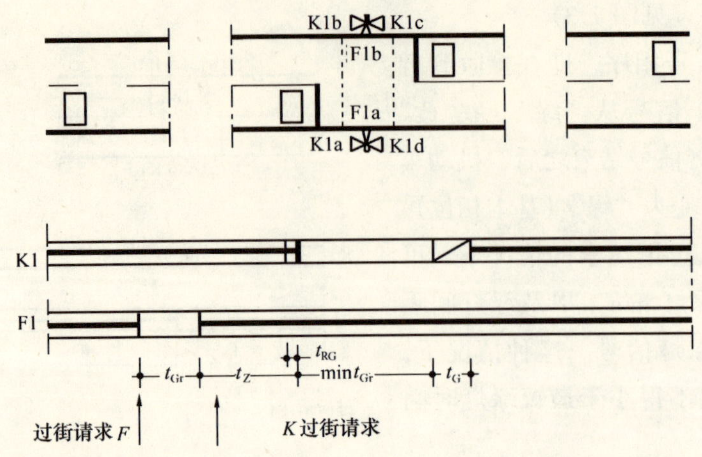

图 7.5　基本设置为“全红”的行人过街信号控制系统示例

绿灯时间，所以如果行人请求落在返回机动车绿灯相位的最早决策时刻与机动车最小红灯结束时刻之间（见 2.6.4 节）时，要避免重复机动车绿灯。

设置全红/即绿的行人信号控制，需要考虑所布置的感应线圈不会由于重复请求导致车辆不必要的停止。为了避免车辆闯红灯，根据 StVO 的规定和黄灯时间的大小及完整的相序方案，检测器与停车线的距离不小于 70 米。这样能确保在机动车请求而没有行人请求时，车辆能不停车地通过停车线。详见 4.4.7.1 节（例见附录 D.2.3）。

如果行人请求很少，同时机动车流量很低，可让信号控制系统停止运作。没有行人请求，系统可以对机动车一直显示绿灯，或者一天中只在特定的时段才使用信号控制系统。

7.4.3　无信号控制交叉口附近的行人过街信号控制

无优先方向进口道

不能在无优先方向进口道设置行人过街信号。因为驾驶员会误解行人过街信号，把它当作交叉口的信号控制，因此他们不会按照 StVO 的 205 或 206 标志让行。如果必须设置行人过街信号，则人行横道必须与交叉口有足够的距离，或者必须对整个交叉口进行信号控制。

优先方向进口道

优先方向进口道进行行人信号控制，在行人信号显示红灯时，从侧向驶入的机动车流若不注意让行有优先权的车辆，直接驶向由红灯禁止的横道前，而不在交叉口前停车，则可能会引起与优先方向车辆的冲突。因此确定信号控制人行横道与交叉口的距离时，应当避免出现这种现象。

如果行人想在交叉口方便地过街，但信号控制的横道远离交叉口的方向，则行人可能会不使用横道过街而冒险过街。因此信号控制设施应尽量靠近交叉口。转向限制、单行道等辅助措施可能会简化交通状况。在无信号控制的优先方向进口道不应划停车线。若将整个交叉口整合入信号控制系统，安全性会更高一些。

在上述两种情况中，行人放行时，机动车信号须对两个方向的所有车流都同时显示红灯，这样能够避免流入的转弯车流误解可以无冲突地通行。

7.5 对盲人的附属设施

7.5.1 适用范围

应与相关组织和政府部门协作，在对盲人有危险的区域，设置过街附属设施。这些附属设施作用为：

- 指示人行横道和行人信号按钮的位置；
- 确定当前信号是否为行人绿灯信号；
- 确保安全通畅地完成过街。

通过灵活性和方向性训练，盲人能学会怎样在交叉口用听觉辨别受信号控制的交叉口、进口道，并推断行人的绿灯信号。

在流量大的简单交叉口，进入方向和周围的噪声能使盲人在一定程度上辨别横道上交通控制状态。

具备如下条件，可辨别横道放行信号：

- 有很大噪声和较短的过街绿灯时间的道路；
- 行人可以请求过街信号的人行横道；
- 进行了详细交通设计的交叉口。

对盲人来说，多车道噪声较大的道路或低流量高速度的道路都是十分危险的。为了确保安全而设置的行人信号控制尤其需要安装附属设施。有较窄分隔带的二次过街人行横道只在特殊情况才进行分段的信号控制。

为了在一定程度上解决盲人的特殊困难，须设置最短的行人绿灯时间并伴随声音信号，使得盲人能够在绿灯时间内以正常的速度通过人行横道。

以通用的清空速度 1.2 米/秒计算绿灯间隔时间 l 时，应增加进入或离开交叉口的时间。对老年人特别考虑的人行横道或通过电车轨道的人行横道，清空的速度应采用 1.0m/s。

如果伴随有声音信号的绿灯时间足够让盲人过街，绿灯时间可以比一般行人的绿灯时间短。通过分开的信号灯组可以同时启亮盲人和一般行人的信号灯，但需在不同时间变为红灯。

如信号控制要求长时间的绿灯，如“主方向长期绿灯”（见 4.4.7.2 节），应当在绿灯期间同时激活行人声音信号。在这种情况下，如果行人已经放行，则特许伴有声音或振动的行人信号与有第二类冲突的交通流同时放行。增加的绿灯时间应满足一次完整过街所需时间。

在一段较长的绿灯时间里，接收到伴随声音或振动的过街信号请求后，比较安全的做法是首先停止正在放行的交通流，再同时放行具有第二类冲突的交通流（转弯车流、一般行人流、盲人行人流），这样可避免因交通流增加引发的冲突。

为盲人安装的附属设施，在信号控制系统运行时要同时运行。如果在夜间，声音信号影响居民，则需要核对交通流量是否已减少，整个信号控制系统是否都要关闭。声音导向信号可关闭但声音放行信号不能关闭。

7.5.2 具体设计

声音和振动都可以用来作为附加措施。声音信号分为导向信号（引导行人找到信号灯杆）和通行信号。

7.5.2.1 声音信号

声音导向信号是用来帮助行人找到信号灯杆的。声音信号须覆盖其周围最大半径为 5 米的范围。导向信号和放行信号在频率和反射特性上都有明显的不同。

是否设置导向信号，需要与当地相关组织协商决定，且要考虑环境影响和当地特征。如当地居民不能承受噪声影响时，则可用振动信号作为导向信号。如果临时关闭导向信号，则须启用振动信号。详见 DIN 32984。

声音信号的声源可安装在信号灯的同等高度但方向相反处，以使声音信号能够被辐射到道路中央。

声音通行信号如 DIN 32981 所描述的一样设置为间歇式时，。声音大小则需比周围噪声高 5 分贝，以便交通量较大或噪声较高时，在 8 米左右的范围内都能够听见声音通行信号。音量大小需要根据周围噪声的大小自动调整。声音放行信号只有在接到请求之后才会启动。

7.5.2.2 振动信号

振动信号作为声音信号的补充，设置在用于请求信号按钮的顶端或底部，在绿灯信号时振动。行走方向通过可以触摸的箭头来判定。用附加标志来指示是否需在安全岛上二次请求及驻足等，这些标志能在方向指示箭头上触摸到，详见 DIN 32981。

振动信号用来提示绿灯的开始，持续 5 秒钟足够。此外，在盲人不能够准确辨别声音信号时，靠近信号灯杆或双向过街的声音信号从一个信号灯杆发出时，振动信号也是十分有用的。

一些特殊情况可以单独设置振动信号。如在机动车至多 2 车道的独立轨道上的信号控制横道，或在盲人十分熟悉的地点。

7.5.2.3 请求信号按钮

供盲人使用的按钮应容易感觉到，并经过光学处理（见 DIN 32981）。按动按钮之后，行人绿灯启亮，并伴随着声音信号或振动信号。

7.5.2.4 信号安全保障

信号控制系统的电气控制程序是用来监控声音或振动信号的可靠性的。声音和振动信号及光学信号都应遵守信号的安全保障，应符合 10.3.2 规定的要求。

详见 DIN32981，DIN VDE 0832 – 100 和 DIN EN 50293。

8 自行车交通的特殊考虑

8.1 概　述

与行人相似，自行车也需要交通信号的保护。

如果可能的话，应该建立自行车信号控制标准。为使骑车者容易理解和接受，交叉口自行车设施的设计应尽量统一为相同的模式。按自行车过街的路线和地点，自行车控制模式可以明确地分为三类，针对左转自行车还有一些特殊措施。

8.2 自行车交通信号控制的基本类型

8.2.1 与机动车交通一体化控制

如果自行车与机动车共用混合车道，则自行车可与机动车一体化控制。

如果自行车道或自行车过街横道没有后移，自行车道在过街之前已经与机动车道处于同一平面，则通常采用自行车与机动车一体化控制，并须进行自行车停车线提前的设计（见图3.3）。

在计算绿灯间隔时间时，须考虑到自行车的清空时间可能大于机动车的清空时间这个因素。

8.2.2 与行人交通一体化控制

相邻且过街横道已经后移的自行车交通和行人交通可以一体化控制。自行车须遵守行人信号。

行人清空速度明显低于自行车的清空速度，因此在人行横道较长时，自行车常常忍受很长的绿灯损失。如果进行二次过街分段控制，则自行车的速度要考虑在内。

如果自行车道在到达交叉口之前与人行道在一个平面，而不是与机动车道一个平面，对自行车过街横道没有后移的情形，也可以进行自行车与行人一体化控制。

组合在一起的行人与自行车标志对自行车与行人一体化控制十分有效（见图I.5）。

绿灯时间的要求详见7.3.3部分。

8.2.3 冲突区域前设置专用自行车信号控制

自行车清空时间较大的交叉口，在冲突区域前实行专用自行车信号控制。基于安全和效率两方面的考虑，如有专用自行车道，建议在机动车信号切换之前切换自行车信号（见9.3.3节）。

总的来说，这种信号控制只适合于有专用自行车道或直行和右转的自行车，因为左转和直行机动车流通行时，左转自行车停在中间是不合适的。在这种情况下，应考虑左转车流间接左转的方案（二次过街）（见8.5.2节）。

以下情况仍然可以应用这种信号控制：当道路中央有分隔带或安全岛且两段横道的信号控制不

能很好的协调时，行人和自行车必须在中央安全岛上等待下一次信号，且行人和机动车信号需要分开设置。

对于有自行车专用道的情况，需要设置提前停车线。与行人信号相似，自行车信号绿灯要提前启亮足够长的时间，使得自行车流比转弯机动车流先到达冲突区域（见2.6.6节）。

8.3 过街横道和导流岛的设计原则

自行车应能够在路中央不停留地通过有中央分隔带和三角岛的道路。如果自行车必须在中央分隔带上停留，则应调整自行车绿灯，使得在道路中央等待的时间很少。道路中央的等待区域须足够大。为了防止通过第一段横道的自行车闯红灯，第二段横道的绿灯不应早启。在有右转专用车道和三角岛的交叉口情况下，协调自行车绿灯基本上不可能，或者要以损失机动车通行能力为代价。但对利用率低的机动车绿灯，如右转车流的绿灯，可以通过调整其比直行车流绿灯迟启的方式实现主要方向自行车流的协调，或者调整自行车在中央安全岛上的短暂停留时间，实现自行车在一个信号周期内过街。

8.4 自行车流逆向过街

如果受信号控制的自行车流可以逆向过街，则须设置可逆向行驶的指示标志，自行车和行人共用同一信号；或在不可能实行行人与自行车一体化控制的情况下，应为逆向的自行车设置专用信号，并在过街横道前画出停车线。

在逆向自行车流与有冲突的转弯车流同时放行的情况下，则应设置黄闪信号（见9.3.5节）警示转弯车流有逆向行驶的自行车流通行。

8.5 左转自行车交通

8.5.1 直接左转

如果自行车没有专用车道，则可以和左转机动车一起左转而不需要任何特别的信号。如果有专用自行车道，当左转自行车流量大，特别是在直行车道大于两条或者有快速右转车道的情况下，要求设置自行车闸道（见图8.1）。

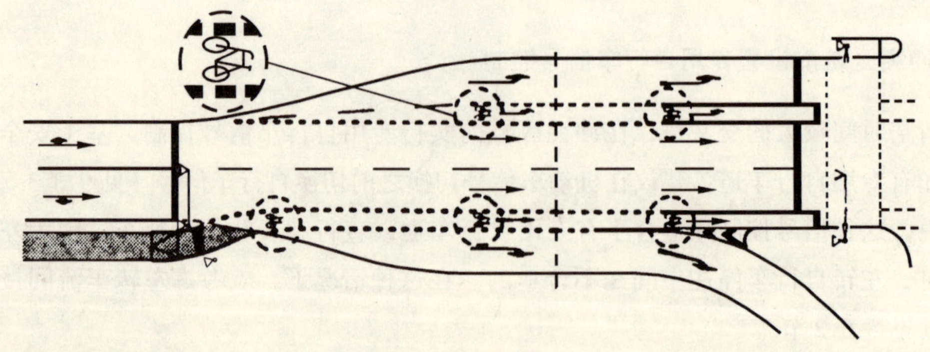

图8.1 自行车闸道示例

8.5.2 左转自行车二次过街

在有优先权的道路上，如果自行车道是连续的，则在信号控制交叉口，左转自行车须二次过街。

如果在次要道路没有自行车道，须在过街横道的左侧或右侧为左转自行车设置专门的排队区域，自行车专用通道也须标示出来（见《自行车设施规划设计运行指南》）。

已经通过次路在停车区域停下来的左转自行车，应受其过街方向的行人信号控制。

这是建立在如下假定基础上的：

- 人行横道后移的距离不大；
- 过街的绿灯比同一相位放行且相冲突的转弯车流的绿灯提前足够的时间启亮；
- 如果有中央安全岛，则两段横道同时放行。

如果自行车没有与行人一体化控制，需要注意，停在等待区域的左转自行车只能在机动车流已经清空冲突区域时过街。因此，在等待区域的自行车须能清晰地看到过街信号。

8.6 利用机动车绿波的自行车交通

由于自行车速度（约16~20公里/小时）比机动车速度低，因此，机动车绿波与自行车绿波相一致通常是难以实现的。然而，当对相邻交叉口进行协调时，至少在次要路段上，应当设法实现自行车绿波。由于自行车能调整其运行速度以适合当前的控制状态，协调的速度可略高于自行车的平均速度，约20~25公里/小时。在机动车交通次要路段却是自行车路网主要路线时，进行自行车协调控制有很大意义。

9 信号控制的实施

9.1 概　　述

交通信号系统由以下几部分组成：信号灯头及固定装置、信号灯杆、交叉口信号控制机、交通数据采集、监测和传输设备、电缆及其管线和其他电气装置。

根据交通流及信号应用的不同，信号灯分类如下：

光学灯头，用于：机动车信号灯、人行信号灯、自行车信号灯、有轨电车或公交车信号灯、辅助信号灯（黄闪灯）和速度显示信号灯；

声音或振动式信号器，用于：辅助有视觉障碍的行人；

车道信号控制所需的技术设备叙述于附录 H.7。

各地区必须应用统一的交通信号图案。机动车信号灯使用的箭头图案，指示行人、自行车通行的信号灯所使用的图案以及黄闪辅助信号灯图案等的相关规定详见 StVO 或其他官方规范。有轨电车信号和公交车信号所使用的图案定义于 BOStrab。具体规定和介绍列于附录 I。

在信号机设计和安装时，必须遵循相关标准，详见附录 I。

9.2 照 明 设 计

9.2.1　关于照明规则

信号显示断面的照明设计对信号的可见性十分重要。不同照明强度及其分布和降低眩光的措施详见 DIN 67527 的第一部分。信号颜色的使用见 DIN 6163 的第五部分。

9.2.2　信号的可辨识性

信号的可辨识性主要取决于：

- 照明的强度及其分布；
- 照明断面与周边环境的对比度；
- 照明断面的范围。

通常环境下，以 50 公里/小时（70 公里/小时）的速度行驶的车辆，应能在距离 75 米（125 米）处识别信号。

不够醒目的信号可以通过增加照明强度，加大对比度（反衬面板的图案和尺寸见附录 I.2）和加大灯具的尺寸来提高醒目度。必要时，可以在白天和夜晚设置不同的照明强度以更好地适应视觉条件的变化。

信号灯头应成一线排列，以便于不同交通流在到达信号控制区域时，从任何位置都能方便地看见相应的信号，特别是当车辆分散于几条车道中或紧挨着停车线停车等待时。

对于排列紧密的交通信号灯，或处于车道信号控制系统起点或中间的信号控制交叉口，必须注意在黑暗中信号不会被误解或忽视。只有排除对信号显示产生误解的可能性以及保证信号清晰可见，才允许同一个路段使用不同直径的信号灯头，或在相邻交叉口使用变化位置的信号灯头控制同一股交通流。

近处的信号总是比处于下游相距较远的信号更醒目。

9.2.3 眩光

外部强光线照射信号灯透镜反射后会产生眩光，它会削弱信号的可辨识性。眩光受时间及季节变化的影响，其中由于暴晒而产生眩光对于朝东、朝南或朝西设置的信号灯头的影响尤为突出。

信号灯的设计和遮光板的大小及形式（见附录I.2）都会影响眩光的强度。特制的透镜或镶边可以削弱眩光强度。

9.2.4 光学信号灯尺寸

信号灯通常使用直径为200毫米的光学灯头。

下列情况建议设置灯头直径为300毫米的信号灯：

- 未建成的道路，至少在主要车流方向使用；
- 在建成区大型交叉口，如果环境需要，用于提高信号的醒目度；
- 允许行驶速度为70公里/小时的道路；
- 交叉口的左转信号灯头（绿色箭头灯、黄闪灯）；
- 通过其他措施无法保证信号醒目度和可视性的所有其他情况。

9.2.5 工作电压

信号灯使用的工作电压分220伏、40伏和10伏三种。其中220伏工作电压最常用。

40伏工作电压需要通过转换装置或调节控制设备进行变压。使用工作电压为40伏的装置，其信号灯头的光学特性、灯泡使用寿命和能源消耗等比使用220伏电压更为经济。同时它允许使用双丝灯，这种灯在第一根灯丝故障时能自动采用第二根灯丝，但对转换装置有特殊要求。

使用10伏工作电压比40伏更经济，这种灯的变压器被集成于单个信号灯头中。

单个灯的效率和最小寿命等都是交通信号系统操作人员选择工作电压的重要评价标准。灯泡的最小寿命指的是只有小于2%的灯泡的寿命小于这个时间。

详见《灯光信号设施的开关及控制器说明书》。

9.3 发光信号灯的设计

9.3.1 车辆信号灯

车辆信号灯通常有三个发光灯头，分别显示红、黄、绿三种颜色。自上而下排列，红灯位于顶端，黄灯居中，绿灯位于底部。在某些情况下也会使用两头灯甚至单头灯。

如果显示信号只针对某一方向，信号灯上应显示所指示方向的箭头（见图 I.1）。如果信号灯组中的一个灯头显示某个方向的箭头，则所有其他灯头应显示相同方向的箭头。箭头灯组合也应保证这一点（见图 I.2）。

衬以黑底的发光箭头与有色发光底面的黑色箭头相比，图案的轮廓更清晰，但发光强度要弱一些。

红灯和黄灯应使用黑箭头。绿灯使用绿色发光箭头加黑底。

如果交叉口进口道不是所有车道同时放行，且车道功能已通过工程手段分隔，各种交通流可以清晰地识别信号灯头所指挥的车道，色灯上可不显示箭头。

如果交叉口进口道的转弯车道未用工程手段分隔，但运用信号灯对转弯交通流进行单独控制时，通常仅对转弯交通流显示方向箭头。

9.3.2 行人信号灯

行人信号灯含有 2~3 个灯头（两个为红色）。绿灯位于底部。红灯应显示静止站立人的图案，绿灯显示行走人的图案（见图 I.3）。

9.3.3 自行车信号灯

设置于冲突区域前，用于指示自行车流的信号灯，必须由三个灯头组成。每个标准尺寸的信号灯头上必须显示自行车图案（黑底加发光图案）（见图 I.4a）。从上到下依次为红灯、黄灯、绿灯。如果信号灯用于控制某一方向的自行车流，3 个灯头必须都显示相同方向箭头加发光自行车图案（见图 I.4b）。

在特殊情况下，如果使用小于标准尺寸的信号灯头（例如：信号灯头的直径小于 110 毫米），可以选用白色标志加黑底的方式显示自行车图案，或在信号灯上方安装按比例缩小的标志 237StVO。这样灯头上除了显示方向箭头，不必再显示任何图案。

行人与自行车横道一体化信号控制时，自行车应遵守相应行人信号灯所显示的信号。在这种情况下，信号灯头可仅显示行人图案或行人与自行车组合图案（见图 I.5）。

9.3.4 有轨电车和公交车信号灯

控制有轨电车和公交车的信号灯设计必须符合 BOStrab，见附录 4（图 I.6~图 I.8）。

考虑到信号的清晰和安全，以及绿灯间隔时间多变的特性，一般而言对每一个方向应单独设置一个信号灯。

9.3.5 辅助信号灯

单头黄闪灯（可以显示或不显示图案）可用于警示危险。如需显示图案，仅允许使用黄色底面加黑色图案一种方式，这些图案分别代表行人、自行车、有轨电车、公交车和骑马者（见图 I.9）。

用于提醒左转交通流注意对向早启交通流的辅助信号灯，可以显示方向箭头，也可以不显示。

9.3.6 车道信号灯

车道信号灯可使用圆形灯、矩形灯、方形格栅灯或光纤灯（格栅信号灯头）。当竖直向下指向的绿色箭头显示时，该车道允许通行。当显示红色“X”信号时，车道关闭。指向斜下方的黄闪箭头指示车辆按箭头所指的方向变换车道。

每个圆形信号灯头包含各自车道功能的图案（见图 I.10）。格栅信号灯的标志由不同颜色的光点构成（见图 I.11）。

9.3.7 速度信号灯

建议行驶速度可以用白色发光数字的方式通过含有单个灯头或多个灯头的信号灯显示，或通过格栅信号器来显示（见图 I.12 和图 I.13）。

这种信号灯头同样可用于显示有轨电车和公交车的建议行驶速度（需对图形符号进行修改）。为了避免与机动车交通的速度信号灯头相混淆，要求用于有轨电车和公交车的速度信号灯仅显示速度值的十分位，例如：当要求行驶速度为 30 公里/小时时，信号灯显示“3”。

9.4 信号灯组的数量和位置

9.4.1 车辆信号灯

信号灯组的数量取决于一个进口道上单独控制的车流数以及该断面的车道设计。

在交叉口优先方向的进口道，如果所有车道由一个信号灯组控制，则至少需要两个信号灯组。

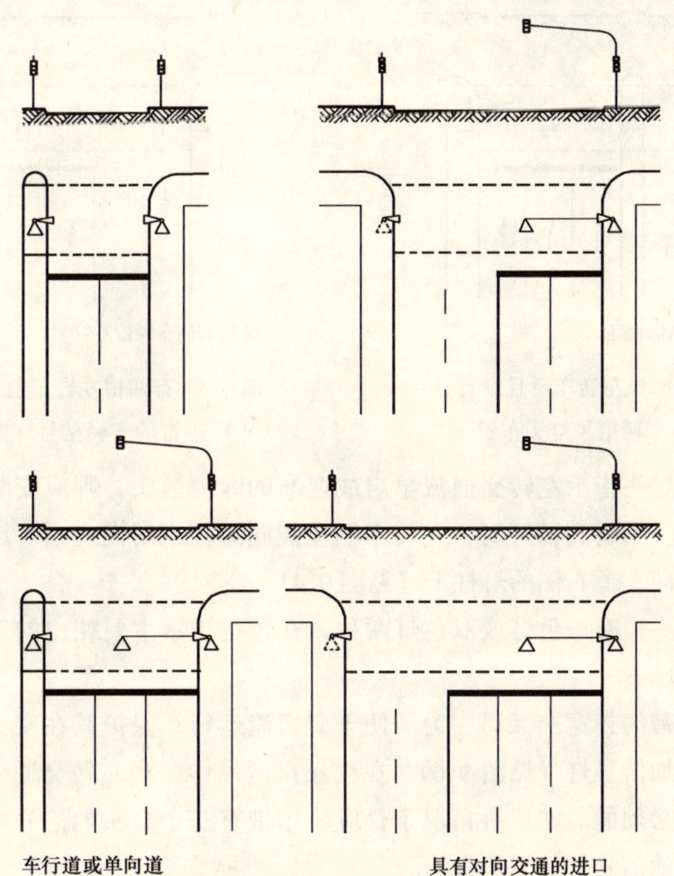

图 9.1 车辆信号灯头的布置

如进口道的车道数多于两条，则有必要设置更多的信号灯组。图 9.1 描绘了信号灯组合理布置的例子。

如果一个进口道的所有车道不是同时放行，每个单独控制的转弯方向至少需要一个信号灯组（显示方向箭头），同时在直行方向至少设两个灯组（通常没有方向箭头）。

指示方向的信号灯头安装在交通流转向的车道一侧。多个转弯车道需要在车道上方设置重复的方向信号灯（见图 9.2）。

有对向车流的交叉口进口道，指示左转车流的方向箭头灯安装在车行道的上方。如果可能的话，应将其与控制直行交通流的信号灯分隔开。如果两种信号灯头必须紧挨着安装在同一根灯杆上，左转方向信号灯必须显示发光箭头。

视觉条件允许的情况下，应在车行道左侧设置一个辅助信号灯（见图 9.3）。如果附加的信号灯头不是安置在其所控制的进口道上，而是在交叉口中，例如在分隔带上，则必须根据交通规则中规定的交叉口布置说明，对左转交通流进行导向设计，如设置标志 222StVO。方向信号灯必须保证在任何情况下，不会指示机动车辆驶入逆向车道。当这种情况发生在用工程手段分隔的匝道时，其危险性（车辆驶入错误的方向产生的问题）更大。

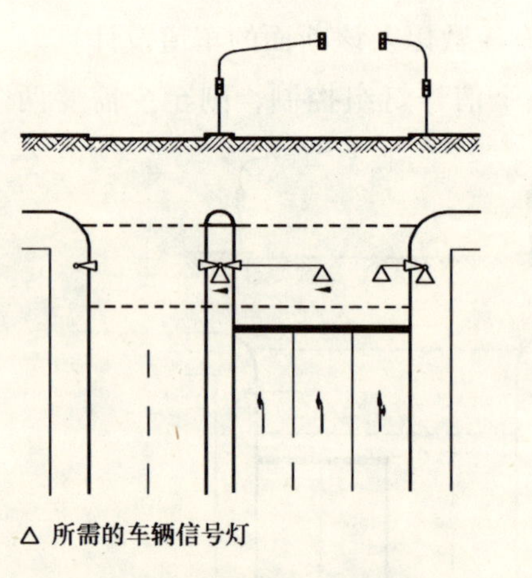

图 9.2　有两根左转车道且带有分隔带的车辆信号灯头布置

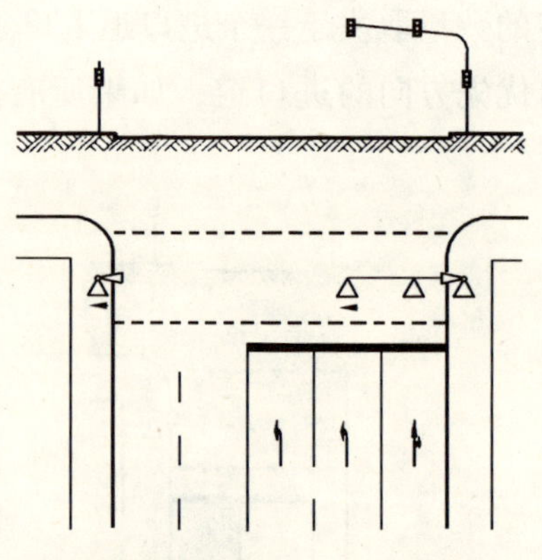

图 9.3　有两根左转车道且带没有分隔带的车辆信号灯头布置

如需设置单个信号灯头指示左转交通流早启或迟断的绿色箭头，则应安装在交通流进入交叉口区域后才能看见的位置。当看到该灯时，左转车辆应能同时注意对向交通。因此，建议将该信号灯头成对角线地安装在对向车道右侧的灯柱上（见图 9.4）。

指示右转的信号灯头，有单色灯或双色灯两种，安装在指示主要相位的三色灯信号灯头的右侧（见图 9.5）。

在有加宽中央隔离带的拓宽交叉口，为了便于交通流运行，保护其在交叉口区域中的安全，可在中央隔离带上安装附加信号灯（见图 9.6）。在交叉口区域中，当左转交通流需在对向直行车辆前停车时，这样的设置是必须的。在这种情况下，应使用带有三个灯头的信号灯，该信号灯必须正对车道中心线，以避免其他信号灯的间接影响。

为了使设置于进口道的交通信号（见图 9.6 中的 K1a 和 K1c）显著地高于交叉口区域的显示信号（见图 9.6 中 K2a 和 K2b），要求在进口道上设悬臂灯杆（见图 9.6 中 K1b），并在上面安装信号灯头。

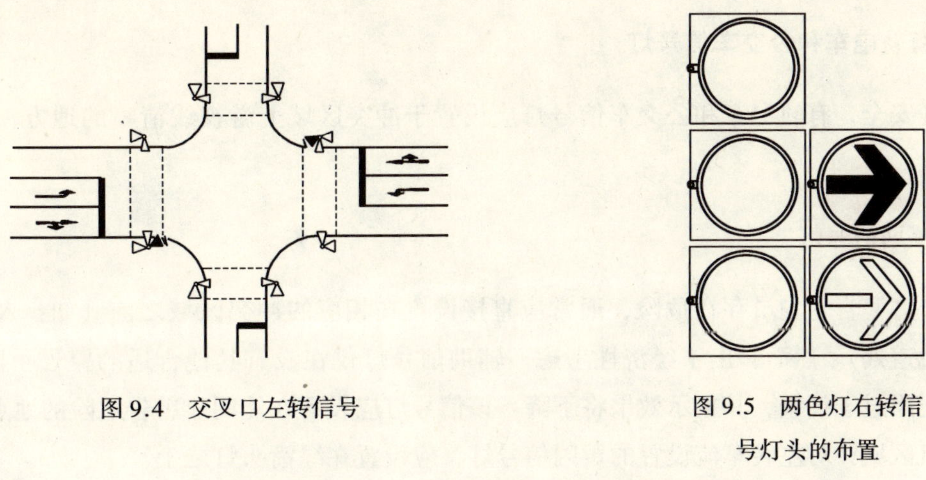

图 9.4 交叉口左转信号

图 9.5 两色灯右转信号灯头的布置

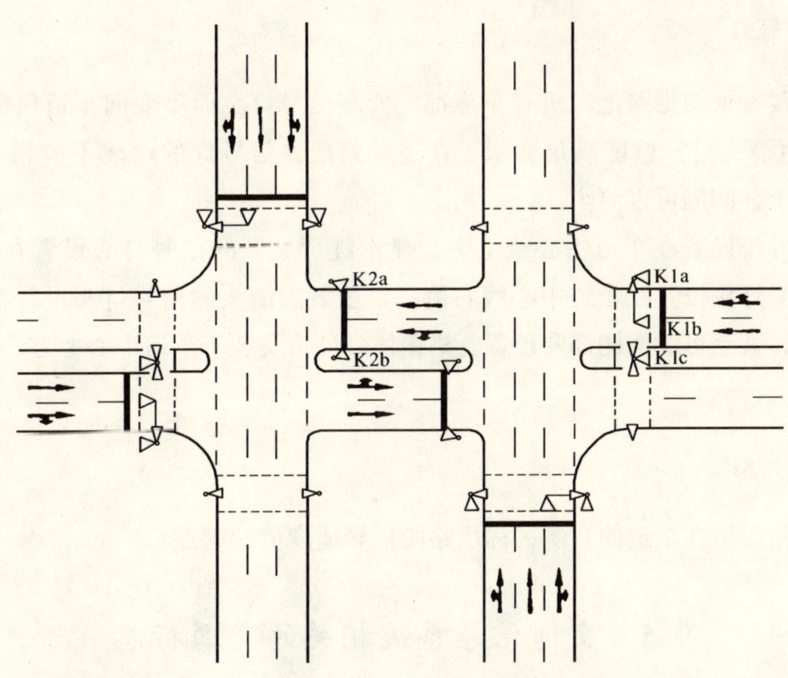

图 9.6 拓宽交叉口辅助信号灯头的布置示例

9.4.2 行人信号灯

为安全起见，行人信号灯必须设置在冲突区域之后。其信号灯杆必须设置成一排，通常设在人行横道中心线的延长线上。当横道较窄时，建议将信号灯设置在横道线的两侧，如果将信号灯设置在横道靠近停车线的一侧，机动车停车处离人行横道较远，行人会感到更舒适。如果人行横道和自行车横道共用过街信号，信号灯应设置在两种横道之间。

声音和振动触摸式信号灯的设置用于辅助盲人，详见 7.5.2 节。

9.4.3 自行车信号灯

如果自行车交通需要不同于机动车及行人交通信号的专用信号灯，为了保证安全，信号灯（三头灯）应设置于冲突区域前，而显示行人、自行车组合图案的信号灯（两头灯）应设置于冲突区域之后。

9.4.4 有轨电车和公交车信号灯

为了保证安全，有轨电车和公交车信号灯应设置于冲突区域上游视线清晰的地方，通常设置在右侧。

9.4.5 辅助信号灯

辅助信号灯警告驾驶员存在危险，通常应直接设置在相应的冲突区域之前（如：人行横道、有轨电车转弯轨道处）。然而，出于经济性考虑，辅助信号灯仅在没有其他合适的警告手段时才使用。如果黄闪灯使用过于频繁，其警示效果将下降。该信号灯应设置在能明显警告危险的地点。

在交叉口区域针对左转车流设置的黄闪信号灯，应设置在绿箭头灯之上。

9.4.6 车道信号灯

在交通流有潮汐特征的道路上，所有车道都应安装信号灯。而不变向车道仅需设单个信号灯头（红“×”灯或绿色箭头灯）就能满足要求。在连续路段，信号灯的距离不应超过 300 米。在隧道中、桥梁上及立交上，间隔可以更小。

圆形信号灯头并排设置在车道中心线上方，显示红“×”的信号灯头设置在车道中心线左侧，显示绿色箭头的信号灯头设置在车道中心线右侧，显示黄闪箭头的信号灯头设置在交通流将变换到的相邻车道的一侧，甚至可能两侧都要设置。格栅信号灯头安装于车道中心上方。

详见附录 H。

9.4.7 速度信号灯

速度信号灯通常设置在车道的右侧，标示路段指导速度值的起点。

9.5 交通信号系统相关的交通标志

9.5.1 概述

在此仅涉及交通信号系统中交通标志的设计和安装。综合论述见 3.7。详见 StVO 和 VwV-StVO。

安置在信号灯杆上的交通标志，应保证良好的可见性。如果要使交通标志起到补充信号指令，或在系统停止工作和故障时指示优先权及车辆行驶方向的作用，应将其与交通信号系统安装在一起。

交通标志的设置在交通信号平面布置图中描述。

9.5.2 优先标志

StVO 中的标志 205 和 206 应安装在车道右侧的信号灯杆上，置于信号灯头的下面或旁边。对于较宽道路或车道，要求在车道左侧或中央隔离带再增设一组优先标志。

StVO 中的标志 205、206 应能在黑暗中反光或通过内、外部光源照明。在信号系统正常运转时，应关闭照明。

如果通过 StVO 中的标志 209 或 210 及 213～216 指路，夜晚需通过内部或外部光源照明，标志

205 和 206 应采用相同的设计。

9.5.3 行车方向指示标志

StVO 中的标志 209 或 210 及 213 ~ 216 是交通信号系统的组成部分，通常安装在相应的信号灯头上方或与信号灯头相邻设置。一般建议在车道两侧都设置行车方向指示标志。

该标志必须能反光或有内、外部光源照明。如与无箭头的交通信号相关联，应至少在车道的右侧对该标志照明。

9.6 电气设备

9.6.1 概述

电气设备系统服务于交通信号系统，二者之间通过电路相连接。电气设备包括：

- 信号灯头和可变信息标志；
- 交叉口控制机，主控制器，控制中心；
- 传输设备；
- 车辆数据采集设备及其他检测器。

关于电气设备的设计和操作原则详见 DIN VDE0832，其中规定了所有电气预防措施、设置规则和操作指南。

9.6.2 控制类型

单点控制是指单个交叉口的所有信号显示器由一个交叉口控制机控制。

多交叉口协调控制是指几个交叉口的信号显示器同步协调控制。协调工作由协调控制系统完成，它向每个交通信号机发送一个存储于控制系统的信号配时方案，并使所有方案同步运行。一种特殊的多交叉口协调方式是通过在交叉口控制机中的时间信号发生器和无线电钟完成信号方案的调用与同步的。

区域控制是指所有交叉口控制机受控制中心的监控。与单点控制和多交叉口协调控制相比，这种交通控制方式在交叉口数量和控制效果方面的要求更高。在这类控制中，控制功能以不同的方式在控制中心和交叉口控制机之间分配。

集中式组织结构是将控制功能集成于控制中心，而分散式组织结构是指将控制功能分散到交叉口控制机。如果控制功能分散于控制中心和交叉口控制机之间，则称之为半集中式组织结构。详见《灯光信号设施的开关及控制器说明书》。

9.6.3 控制技术

对交叉口进行单点控制还是联合控制，主要取决于交通工程目标。不同的控制技术产生以下不同结果：

每个信号灯组单独控制：

- 信号灯组控制

信号灯组联合形成控制单元：

- 手动控制

（信号灯组预先分配信号方案）

- 关键信号组控制或相位控制

（对可以组合在一起的信号灯组进行组合控制）

- 相位调用控制或相位控制

（根据控制逻辑调用相位）

控制技术类型不仅影响设备的内部结构，还影响控制系统的组织结构。此外，不同的边界条件也影响到信号程序选用的灵活性。

详见《灯光信号设施的开关及控制器说明书》。

9.6.4 设备类型

交叉口控制机根据交通工程方案来切换信号和显示可变信号标志，并监控信号控制和可变标志的安全性。控制机的结构取决于控制类型和控制的基本功能在控制系统各层面的分配。

信号控制机除了进行信息及数据的交换之外，还用于接收由上级控制单元发出的指令。附加功能单元在正常状态下暂不运行，但在高级控制器故障时可承担独立操作功能。

信号控制机作为一个独立系统，依靠与控制中心及其设施的有效联系，实现控制方案和交通感应操作的多项或所有基本功能。

区域控制机同时控制和协调数个交叉口控制机。也可将其集成到一个交叉口控制机中。

随着交叉口计算机控制机的应用，可逐步实现基本功能从控制中心向路口机转移，从而产生了变化多样的控制类型和技术。

详见《灯光信号设施的开关及控制器须知》。

9.6.5 控制中心

控制中心承担集中操作、数据处理、监控和系统自动控制等功能。可以存储数据（如信号方案和绿灯间隔时间矩阵），进行数据运算（如检测器信息），作出决策（如基于实时交通状态的信号方案选择或相位差优化）以及对交叉口控制机发指令；监控相关交叉口控制机、检测器和可变信息标志的运行状态，提供运行方案并对十分重要的数据进行存档。

控制中心（交通控制计算机）主要由控制和计算设备、主存储器、输入输出设备等构成。可进一步连接更多的存储器、打印机、显示单元和终端（标准外设）。

在大城市中，往往给每个城区配置一个交通控制计算机（区域控制计算机）。由更高等级的计算机（中心计算机）协调各区域控制计算机，将系统操作、监控和数据维护功能组合在一起完成。

如果配置充分，交通控制计算机也能用于方案规划（如修改信号方案）和系统数据管理。

为了防止断电而造成系统中断，交通控制计算机应配置不中断的供电系统，即需设置能立即启动工作的应急或备用供电系统。

为了在交通控制计算机故障或维修期间，交通控制系统继续运转，应设置替代系统设备，用以实现部分或全部计算机功能。

详见《交通控制计算机须知》。

9.6.6 传输设备

控制系统的独立组件间必须能进行指令、信息和数据的传输。传输设备将信息转换为适合通过信道（通常为电话线）传输的形式。传输技术因传输方式而异，其中多路传输（频分多路传输和时分多路传输）不断取代直流传输。其目的是尽可能安全迅速地传输信息，即：无论多远的距离都保持无延误及传输线路投入最小。

如果使用德国联邦邮政的传输线，传输设备必须经批准并持有许可证。

详见《交通计算机与灯光信号设施间数据、指令和信息的传输须知》。

9.6.7 检测器

检测器用于获取交通信息。不同类型的检测器用于检测不同的交通流。最常见的有以下几种：

- 感应线圈和红外检测器用于检测机动车和自行车；
- 接触线路和轨道检测器用于检测轨道交通；
- 触摸式感应器用于检测行人和自行车的请求。

详见《道路交通检测器须知》。

公交车辆的检测在 6.4 章节中描述。

10 验收，运行，维护

10.1 概　述

在投入使用前，必须对交通信号系统运行的安全性进行核查，并在投入运行后进行定期检查。为了能够及时清除故障，鉴定道路交通事故等，操作员必须对每个交通信号系统进行记录。

以下章节主要涉及交通信号系统在交叉口的运行事项。瓶颈路段信号系统和车道信号系统需满足特殊要求，在附录 G 和附录 H 中论述。

关于系统构件的电气设计，尤其是信号机的防护和维修，适用 DIN VDE 0832 中的规定。

10.2 验　收

新建交通信号系统投入使用之前，建设者必须仔细核查以下方面：

- 该交通信号系统是否与设计文件相符；
- 如果是交通感应控制，其控制算法是否满足设计者制定的逻辑和时间条件；
- 安全措施是否有效。

所有的情况必须分别核查。

验收新建交通信号系统前，操作员应核查以下方面：

- 交付的文件（见 10.3.3 节）是否完整；
- 交叉口的布置是否符合设计图纸；
- 必要的交通标志、装置和车道标识是否符合要求，并且得到准确的实施；
- 信号灯是否安装、排列正确；

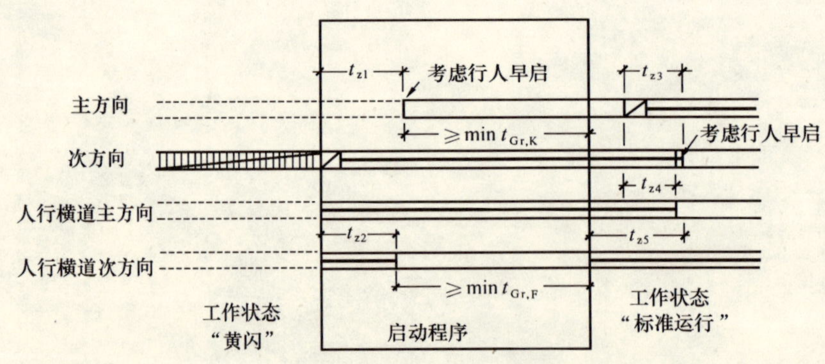

图 10.1　关闭程序示例

- 信号切换时间是否符合正确有效的信号配时方案；
- 采用交通感应信号控制的控制算法，实例验证是否充分（见 4.5.6）；

- 在模拟错误时，确保安全的监测装置能可靠运行。

必须书写验收过程的备忘录，并归入信号系统档案中（见10.3.3）。

如果更改或扩展了交通信号系统，必须重新进行验收。验收可仅限于系统被更改或扩展的部分。同样必须书写验收备忘录，并归入信号系统档案。

10.3 运　　行

10.3.1 启动和关闭

运行状态可以分为以下三种：

- 正常状态；
- 黄闪（只在次要方向）；
- 信号关闭。

启动处于黄闪或关闭状态的交通信号系统，其控制方式从优先控制进入信号控制的转换过程必须遵循一定的程序，该程序从交通工程角度看必须是安全的。以下是一个推荐的启动程序（见图10.1）。

应给次要方向显示黄灯和红灯启动交通信号系统。启动过程中，只有在相冲突交通流的绿灯间隔时间结束后（见图10.1中 t_{z1}和 t_{z2}），才对主要方向车流和穿越次要方向道路的过街行人显示绿灯信号。

交通信号系统启动运行后应尽快对次要方向放行，以使穿越主要方向道路的行人和自行车尽快过街，次要方向的车流尽快放行。但应在给予穿越次要车流方向行人最短过街时间和主要方向车流所需的最小绿灯时间外，再加上必要的绿灯间隔时间（见图10.1中 t_{z3}和 t_{z5}）之后才能进行切换。

关闭处于正常运行状态的交通信号系统（例如：为了进行维修），从信号控制向优先控制的转换必须通过从交通工程观点来看是安全的程序完成。对较简单的情形要求遵循下列原则（见图10.2）：

通过给予主要方向绿灯来关闭交通信号系统。这一绿灯时间持续到正常状态时次要车流信号灯组最大红灯时间的末尾。当绿灯延长时段初期不再有车辆通过时，信号灯组显示红灯。此时，还未转为红灯的信号灯组绿灯时间将延长到正常状态下红灯时间的开始时刻。

假如交通信号系统由于技术原因发生故障，如有可能，应通过给予所有方向车辆黄灯、行人红灯来停止系统工作。

在交通信号系统停止工作或故障后，对次要车流方向显示黄闪信号，决不能显示绿灯或红黄灯。在高等级控制层停止工作或失灵时，应有替代信号程序控制交通信号系统。必要时（如在交叉口渠化不充分时），应采取特殊手段，来保证交通流运行安全（见10.5）。

10.3.2 信号安全保障

10.3.2.1 概述

交通信号系统中无法完全排除由于技术设备的缺陷在控制系统正常运行中产生的故障。这些故障包括无意中为相冲突的交通流同时显示绿灯或切换信号（见2.3.1.1节）、信号故障、违反规则的信号配时或显示矛盾的信号。应从交通工程角度出发，决定是否必须对这些错误采取防护措施。应自动记录与正常状态间的偏差，以便能立刻排除问题。信号控制机安全功能方面的要求见DIN EN

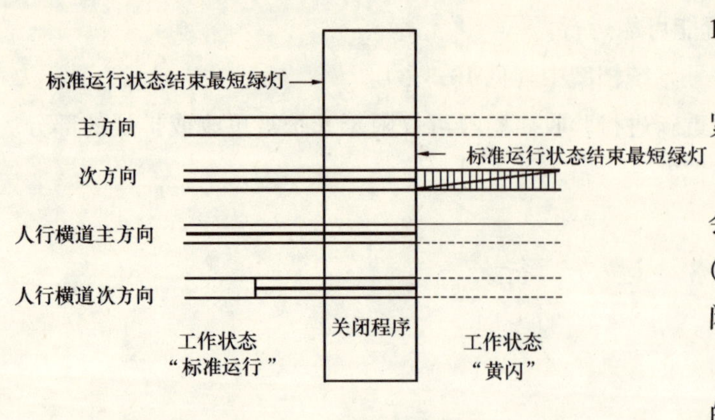

图 10.2 关闭程序示例

12675。

防护措施根据可能出现问题的不同分为紧急、较紧急和不紧急三种情况。

紧急安全保障措施适用于系统异常状态会造成直接交通危害的所有情况（情况 1）（图 10.2）。此时，交通信号系统应立即关闭。

因信号配时出错而产生可以接受程度内的交通危险状态，且各类交通流也能作出适当反应时，则应采取较紧急的防护措施（情况 2）。运行方和建设者必须就是否采取防护措施取得一致。每种情况的优、缺点都必须从交通工程角度进行核查。

其他所有异常状态都属于不紧急状态（情况 3）。这种情况不应激活信号安全保障措施，因为无论是信号关闭后的无控制状态，还是关闭过程自身都将对交通流产生潜在危险。

交通信号控制设施的安全保障设置规定于 DIN VDE 0832-100 中。已建成但不满足规定的系统，应在可能的条件下作出调整，并要考虑系统的剩余使用寿命。

出现异常时设备内部的自矫正，例如：保持绿灯间隔时间和最小绿灯时间，或转换到替代信号方案等，可以提高该交通信号系统的可用性。可通过冗余信号来减少产生系统关闭的可能性，如使用双反射器，行人信号灯使用双红灯或双丝灯。在此提及的措施并非信号防护措施。

交通瓶颈处和车道信号控制的安全保障设置应服从相对简单的或特殊的措施，见 G.7.4 和 H.6。

表 10.1 显示了根据附录 A，运用下述的方案来描述信号灯组的框架，包括附加及扩展部分。

如果没有设置专用信号，那么：

- 车辆信号适用于机动车、有轨电车、公交车和自行车（设过渡信号）；
- 机动车信号适用于机动车、有轨电车和公交车；
- 行人信号适用于行人和自行车及行人、自行车组合，包括声音和触摸振动式信号（不设过渡信号）。

信号灯组说明 **表 10.1**

K 类信号灯	机动车，包括与公交车和自行车共用 绿①－黄－红－红黄（同时亮） （都可有或无方向箭头的显示）
B/S 类信号灯	公交车和有轨电车 行①②－（欲停）－停
R 类信号灯	独立设置信号的自行车（为安全起见，信号灯头设置于冲突域前） 绿①－黄－红－红和黄（同时亮） （都可有或无方向箭头的显示）
F 类信号灯	行人，包括共用信号的自行车或行人和自行车的组合（为安全起见，信号灯头位于冲突域之后） 绿－红
A 类信号灯	盲人或弱视者 行－停

① 也可以为："暗"在设置有优先权标志的交叉口，信号序列为：暗－黄－红－暗。
② 停止信号或容许信号。

10.3.2.2 冲突信号

从交通工程角度看，同时给冲突的交通流显示绿灯和切换成冲突信号是最危险的，因为各交通流认为其面对的是（但实际不是）正确的信号。

有意地同时对冲突交通流显示或切换成绿灯信号，在特殊情况下（如：绿灯间隔时间很短或为负值时），不会对交通造成危害。对违反信号配时的情况应采取安全防护措施（见 10.3.2.4）。

对信号冲突的安全保障措施分成 3 种情况，概括为安全保障措施矩阵（见图 10.3）。

情况 1：紧急防护措施，适用于：

- 机动车绿灯，相对机动车或行人绿灯；
- 机动车黄灯，相对机动车或行人绿灯；
- 自行车黄灯，相对机动车绿灯、声音或触摸振动式绿灯；
- 机动车红黄灯，相对自行车绿灯，行人绿灯或自行车黄灯。

情况 2：较紧急防护措施，适用于：

- 机动车绿灯，相对机动车红黄灯；
- 自行车或行人绿灯，相对自行车红黄灯；
- 机动车红黄灯，相对机动车红黄灯。

情况 3：不紧急防护措施，适用于：

- 自行车或行人绿灯（不包括声音或触摸振动式信号器绿灯），相对自行车黄灯；
- 机动车黄灯，相对机动车黄灯；
- 机动车黄灯，相对机动车红黄灯；
- 机动车黄灯，相对自行车红黄灯。

10.3.2.3 信号故障

出行者如果发现信号故障，应更加谨慎。

情况 1：如果红灯故障，当处于以下情况，有必要采取紧急维护措施。

- 带有优先标志交叉口进口道的主要机动车信号灯出现故障，而有轨电车、公交车和自行车的信号灯位于冲突区域之前；相关交通流看不见该信号，无法通过观察判断其是否正常；
- 有轨电车和公交车信号灯位于次要进口道，如果专用信号灯故障，其他信号灯无法替代；
- 车辆信号灯位于信号控制人行横道、自行车横道及信号控制行人和自行车合用横道之前；
- 行人信号灯，自行车信号灯和行人、自行车组合信号灯位于带有指示方向的机动车信号灯之后；
- 二次过街横道，受专用的行人信号灯、自行车信号灯或行人、自行车组合灯控制，当第二段横道的信号存在被误解的危险时，这种情况可能发生在分隔带较窄或连续穿越一个方向车道时。

在交叉口优先进口道，应至少重复设置一个机动车信号灯头。保证在同一组所有红灯信号无法正常运行时，可判断为信号故障。

情况 2：较紧急维护措施

无定论。

情况 3：不紧急维护措施，假如

- 次要进口道的车辆信号灯红灯故障，如果该处的人行横道，自行车横道或行人和自行车合用横道无信号控制；

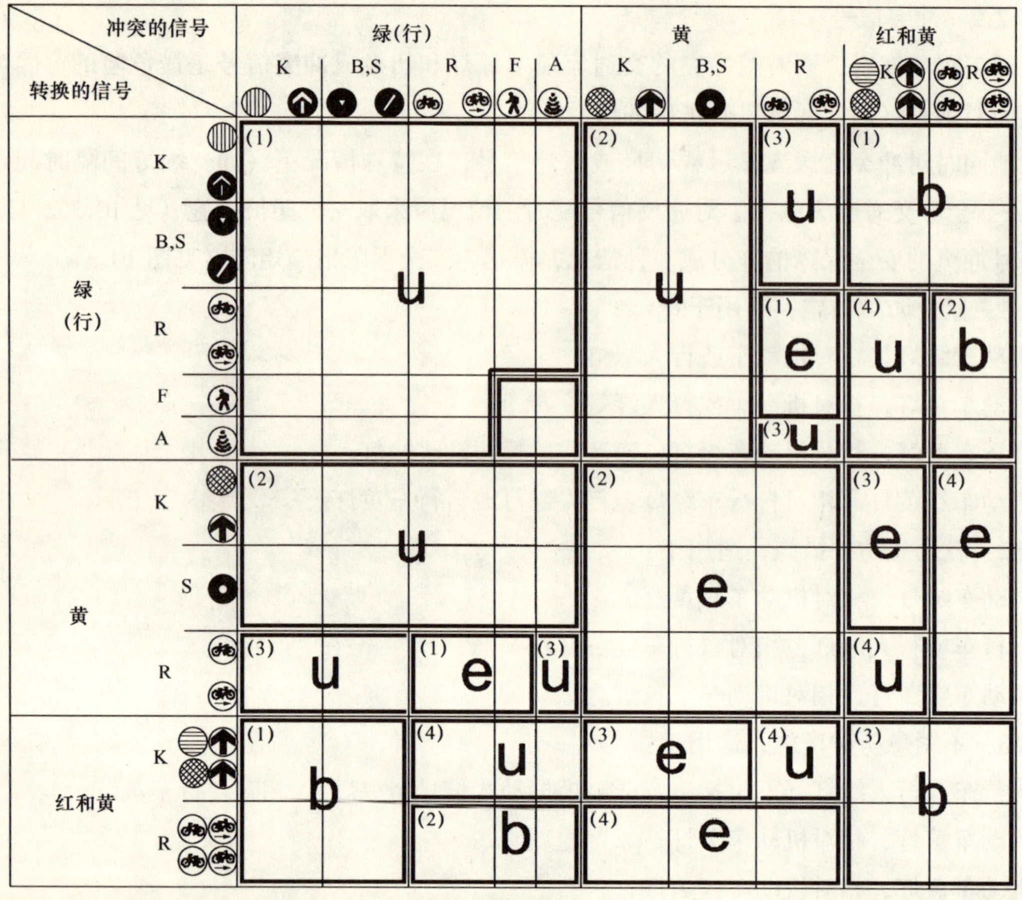

图 10.3 安全保障措施矩阵

- 横道处的行人，自行车或行人和自行车合用信号灯红灯故障，若无同时由方向信号灯放行转弯冲突交通流，或在二次过街横道，存在对另一段横道绿灯信号误解的危险；
- 冲突区域前的有轨电车信号灯和公交车信号灯及自行车信号灯红灯故障，如果该信号相位可以从显示的机动车信号推断出来；
- 绿灯信号故障；
- 切换信号故障；
- 偏移信号故障；
- 辅助信号故障。

10.3.2.4 信号配时不合理

出行者通常无法觉察到相位切换或信号方案更改导致的交通危险状况。

针对以下违反信号配时做法应采取紧急防护措施（情况 1）。

- 违反了绿灯间隔时间；
- 违反了必须确保的最小绿灯或红灯显示时间（见 2.6）。

10.3.2.5 信号显示不协调

一般来说，信号显示不协调是指自相矛盾或未知信号的显示，它将使出行者很难作出决定。

对同一信号灯不协调显示的防护是不紧急的（情况 3），因为即使信号显示导致有危害的交通状况，也不一定启用信号灯安全防护措施。

10.3.3 运行监控

操作员必须对交通信号系统做记录，包括：

- 信号灯布局平面图；
- 信号配时方案；
- 绿灯间隔时间矩阵；
- 信号防护表；
- 线路平面图（图解）；
- 线路接线图；
- 信号方案的切换和调用时段；
- 验收备忘录。

此外，还可能包括：

- 相序方案；
- 相位过渡；
- 交通感应控制算法；
- 时间-距离图。

因交通信号系统停用、修改或扩展而过时的文件应标记为“无效”，但仍应保存至少5年。

在交叉口控制机中应保存以下文件，以供维修承包方在任何时间都能得到：

- 信号灯布局平面图；
- 有效的信号配时方案；
- 绿灯间隔时间矩阵；
- 信号安全保障表；
- 线路平面图（图解）；
- 线路接线图；
- 维修和问题排除记录，包括日期，时间和署名；
- 交通感应控制算法。

对于分散控制的交通信号系统还包括：

- 信号配时方案的启用日期；
- 信号配时方案的切换时间。

除了上述文件，所有异常状态和特征都应记录下来，并标明日期、时间，特别是：

- 交通信号系统的启动和关闭；
- 信号配时方案的不正常切换；
- 故障；
- 交通信号系统的损坏。

将所有的维修和问题排除记录集中保存是很有益的。

详见 DIN VDE 0832。

10.4 维　　修

交通信号系统的维护承包方必须做到：

- 系统故障时保证交通信号系统持续安全地运行；
- 立即采取措施排除交通信号系统中的问题；
- 维持系统理想的机械状态；
- 检查交通信号系统的功能。

中央控制设备也应作为交通信号系统的组成部分。上述要求也适用于交通瓶颈路段信号系统(见附录 G)。

维修记录可保存在交叉口控制机中或集中保存（见 10.3.3），应以文件形式说明所实施的具体维护和零件调换等工作，并署名确认规定的性能检验。

如果运行方自己不进行维护，则必须委托专业公司。在这种情况下，应该签定长期的维修合同。

运行方应进行抽样检查，以核实交通信号系统维修工作的履行情况是否定期、适当。维护工作的开展应符合 DIN VDE 0832。

10.5 信号系统运行中断的替代措施

10.5.1 交警指挥交通

如果交通信号系统运行中断，通常可由交警根据 StVO 第 36 节第 2 段，通过手势和指令进行交通指挥。该方法用来应对无法预计的系统故障及短暂的信号中断。显然，交警无法长期代替信号控制设备。

10.5.2 通过交通标志和装置控制交通

如果无法在短期内排除信号系统的故障，对于 4 车道以上道路的交叉口和布局复杂、渠化设计不清晰的交叉口，必须采取适当的替代措施来保证交通流的安全运行。综合考虑当地的特征和主要交通条件，可以选用以下措施：

- 降低交叉口进口道的限速；
- 禁止冲突交通流（如左转）及运用 StVO 中的标志 209 至 216 强制限定运行方向；
- 利用栏杆，危险警告灯和交通标志（StVO 中的标志 121 等）关闭车道；
- 部分或完全关闭交叉口，并指明替换路径；
- 建立可移动式交通信号控制系统。

10.5.3 替代的信号控制

对于长期的信号系统中断，可运用移动式交通信号控制系统来替代。

特别当准备长期维修时，用于替代的移动式交通信号系统应与固定式交通信号系统的性能相同。移动式信号系统有可能需要被归入现有的协调系统中，甚至必须提供转弯信号控制或将系统与现有的检测器相连进行交通感应控制。这种系统的技术要求可能相当高。因此，一旦发生短期的系统中断，或没有大量的时间进行准备，应完全终止信号控制系统或采用简单措施。对于个别情况必须考虑是否需取消协调控制、某些相位或交通感应控制。

交叉口移动式交通信号系统中的控制单元与信号灯间的指令，可通过临时的架空电缆或无线电进行传输。

建立架空电缆需耗费较长时间。因此，架空电缆适用于长期利用移动式交通信号系统的情形。

架空电缆需进行结构及静力学检验，且必须耐暴风雨。连接器和连接界面不应承受拉力，并避免未授权连接。选择电缆时，应考虑低压可能产生的电压损失。42V 的架空电缆跨越车道时，必须保持 5.00 米的净空，220V 的架空电缆保持 6.00 米的净空（见 DIN VDE 0100，DIN VDE 0211 和 DIN VDE 0800 及《交通计算机与灯光信号设施间数据、指令和消息的传输须知》）。

关于信号安全保障，通过电缆传输控制指令的移动式交通信号系统与固定系统没有什么区别。为了简化架空电缆和加速实施过程，除了通常的控制技术，即由一个控制单元以电缆连接所有信号灯头之外，在每个信号灯杆上设置一个控制单元也是合理的。

无线电传输不需要在单个信号灯头间连接电缆。电力由电池或供电系统通过电力供应装置提供。无线电信号系统适用于即时替代因事故损坏的信号系统，或仅为短期替代的情况。

通过无线电信号传输控制指令，必须根据 DIN VDE 0832 保证信号安全，防止对交通有危害的信号相位出现，而且应考虑到无线电传输可能受外界的影响（如磁场的干扰）。因此，在交叉口和通道信号控制中，对这些系统的运用应作严格的限制。

移动式系统关于信号灯数量和位置的要求比固定系统低。

移动式交通信号系统在运行时须加强监控，包括信号灯头是否朝向交通流，供电的安全，架空电缆的净空，以及在人行道上的线路布局。对于交叉口移动式信号系统，必须保证及时排除问题。详见附录 G.7.1。

不同于固定交叉口信号系统，移动式交通信号系统可以通过“全黄灯”启动和关闭来控制。

此外，必须满足固定信号系统的其他要求（见 10.1 至 10.4）。

附录 A　信号相位示例

图 A.1 至图 A.5 是信号相位的举例说明，但这并不是一个标准解决模式。这些图例包括基本的两相位和三相位模式（见图 A.1 和图 A.3）以及早启和迟断绿灯（见图 A.2 和图 A.4）。四相位信号结构在图 A.5 描述。

在本规范中，信号灯组标注如下：

K：机动车信号；

F：行人与自行车信号（没有过渡信号）；

R：自行车信号（有过渡信号）；

B：公共汽车信号；

S：有轨电车信号；

H：辅助信号；

G：限速信号。

分配给各股交通流和不同应用目的的信号灯分别从“1”开始进行连续编号。在交叉口信号控制平面图中，信号灯组的第一个信号灯标为“a”，同一组的其他灯顺次标“b”，“c”，等。转向信号灯标为“z”。

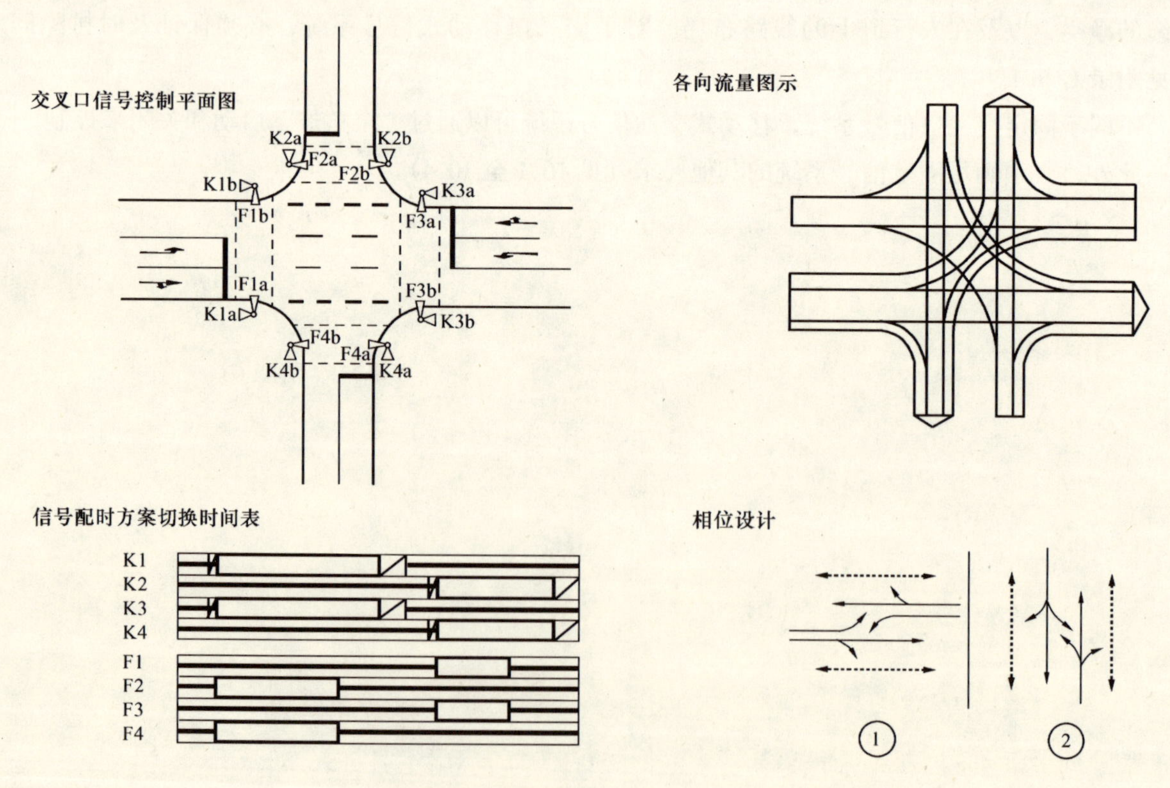

图 A.1　两相位控制示例

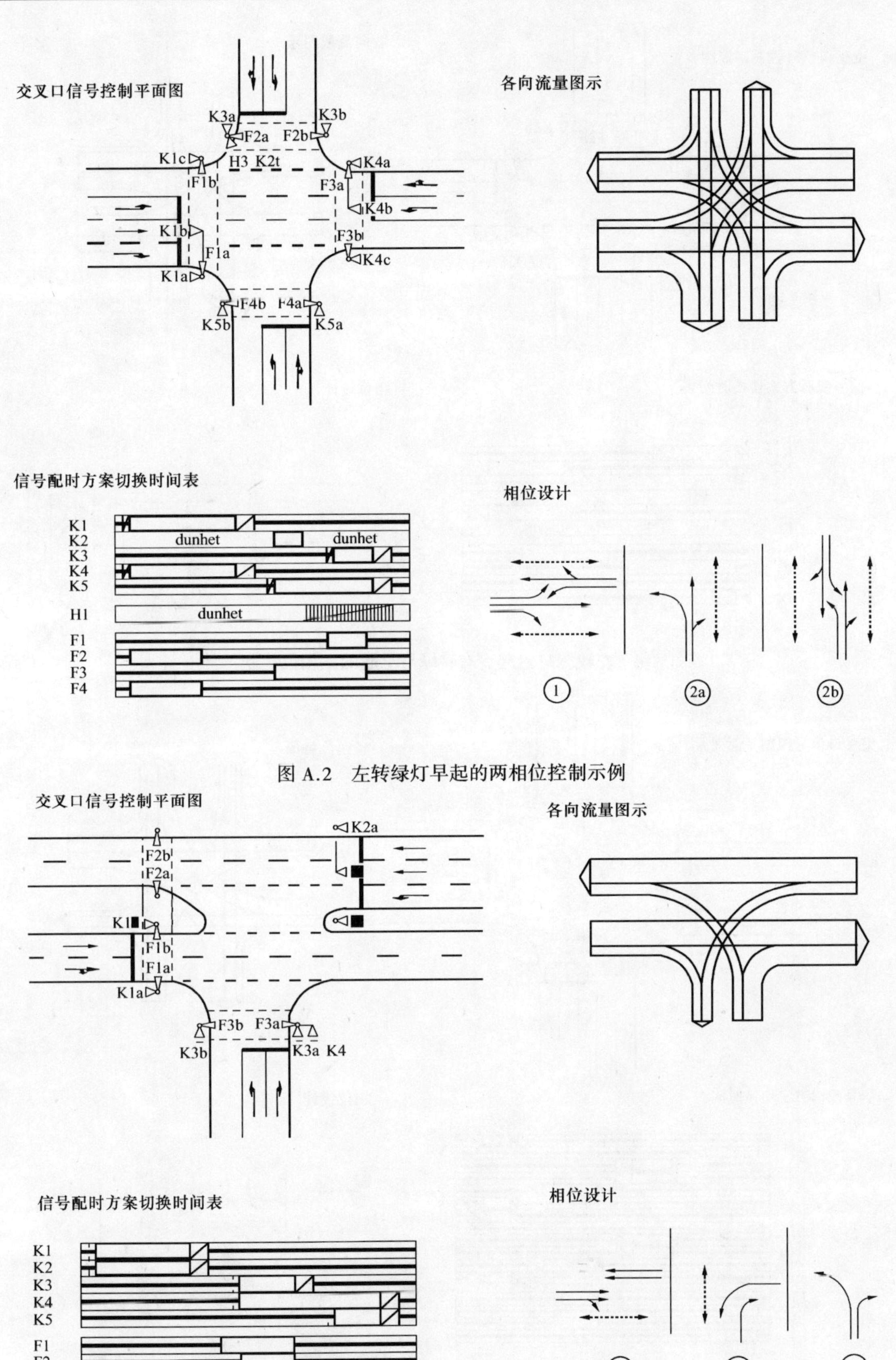

图 A.2　左转绿灯早起的两相位控制示例

图 A.3　三相位控制示例

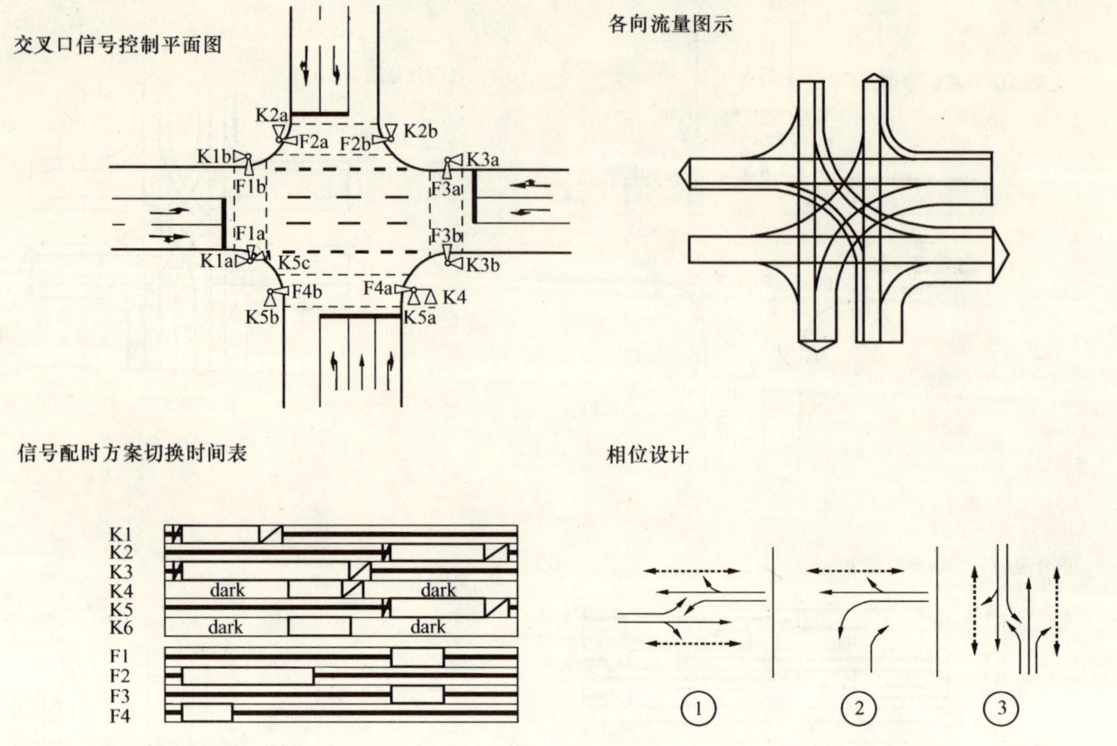

交叉口信号控制平面图
K2a
F2a
F2b
K2b
K1b
K3a
F1b
F3a
F1a
F3b
K1a
K5c
K3b
F4b
F4a
K4
K5b
K5a
各向流量图示
信号配时方案切换时间表
K1
K2
K3
K4
K5
K6
dark
dark
dark
dark
F1
F2
F3
F4
相位设计
①
②
③

图 A.4　左转绿灯迟起、右转绿灯早起的三相位控制示例

交叉口信号控制平面图
各向流量图示
信号配时方案切换时间表
K1
K2
K3
K4
K5
K6
K7
K8
K9
K10
K11
K12
F1
F2
F3
F4
相位设计
①
②
③
④

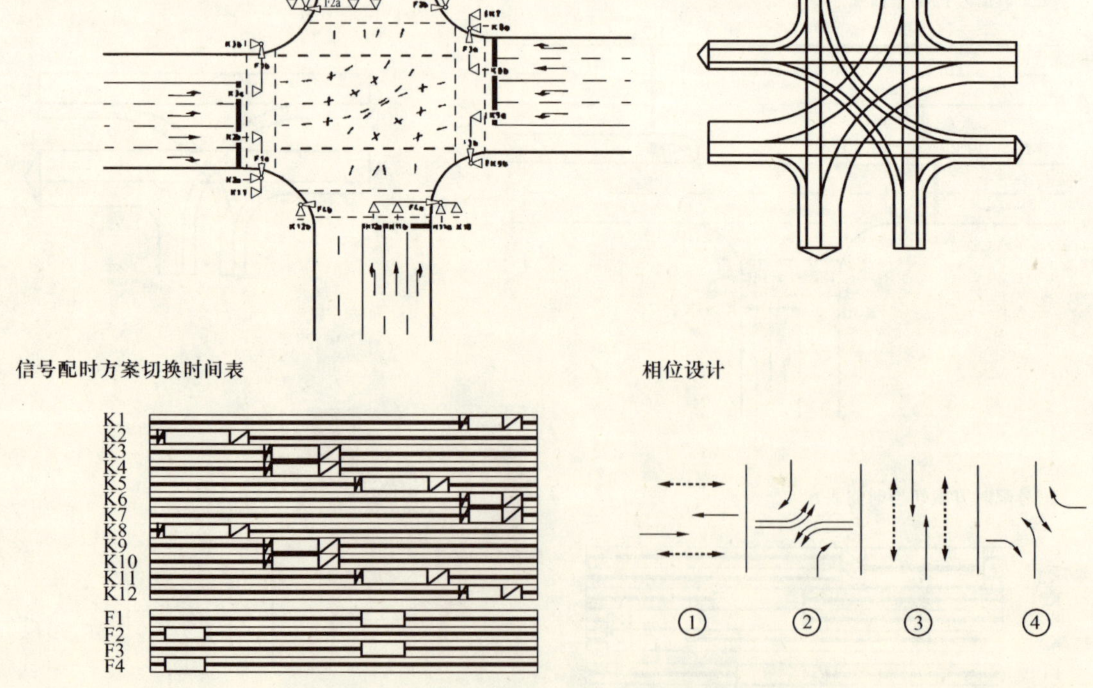

图 A.5　四相位控制示例

附录B 机动车交通设计流量与饱和度

B.1 机动车交通流量

机动车交通设计流量是交叉口信号控制和进口道车道数设计的前提条件。

对现有交叉口的信号控制设计，必须要收集设计时间范围内典型的、具有代表性的机动车交通流量的数据。因此通常需要对关键时间段的交叉口流量进行调查（以15分钟或1小时为时间间隔）。除此之外最好还能调查主要流向长时间的流量变化图资料（比如16小时）。在此基础上可以设计典型时段的信号配时方案，一般来说有：

- 早高峰时段；
- 中间时段；
- 晚高峰时段；
- 低峰时段。

从流量调查数据中可以看出，应在上述各时段中设计更多的配时方案。此外还需对周末和特殊事件（如大型活动）设计特别的配时方案。

因为在高峰时间段内交通流一般总是稳定的高流量水平，所以在计算中不必对交通流量数据作放大处理。只有在高峰时段流量波动比较大的情况下，才须在以15分钟为时间间隔的调查流量基础上，对计算流量进行考量。这时，所有的计算都应以15分钟的流量为基准。

在计算停车空间和设计进口道车道数时，均应以高峰时段关键交通流量为基准。

在流量调查中需要区分车种。必须给出重车（卡车、拖挂车、公共汽车等）在总流量中的比例。自行车也必须单独记录。将车辆换算成小车当量是不能体现实际交通量关系的。

有轨电车和公共汽车的流量，可以通过调查或直接从当前有效的公交行车时间表中得到。此外公交车辆停站时间的信息非常重要，特别是公交车在进口道上的情况。

行人交通量大时，必须进行分方向的流量调查，否则只需进行粗略的断面流量调查。

B.2 设 计 流 量

现在或者将来在交通设施上出现的交通需求，是规划设计交通设施之前需要知道的。以交通流量为参数来测度关键的交通需求，定义了设计交通流量 q_B。在使用这个定义之前，必须明确以下几点：

- 重车

3.5吨以上的货车、公共汽车和拖挂车属于重车。在流量调查中必须区分重车和小车，并以重车比例SV来表示。

- 第 n 个高峰小时

在确定设计流量时，必须考虑经济因素。交通设施不可能满足所有可能出现的交通最高峰负荷。一般情况下，应该允许一定程度的过饱和出现频率。因此设计流量 q_B定义为一年中第 n 个最大小时流量。可以选择一年中的 8760 个小时流量由大到小的排序表中的第 n 个最大小时流量为这个设计流量值。这个确定设计流量的方法意味着我们必须面对当一年中第 $n-1$ 个最大流量出现时，其服务水平将达不到期望的要求。而当其他低于这个流量的交通需求出现时，交通设施可以至少达到要求的服务水平。

出于经济性考虑，最好能够直接分析随时间的流量变化曲线图。这样可以更好地对上述允许出现的过饱和情况进行分析和判断。比如下述两种情况是有很大区别的：一种是 $n-1$ 个出现过饱和的小时都是单个分布的，因此这种过饱和出现的排队可以在随后的时间里较快消散；另一种是这些出现过饱和的小时集中在一年中的某几天，比如假期中，这样的连续几个小时的过饱和造成的超长排队，即使随后进行入口限制，也需要很长时间才能消散。这方面现在还缺乏有实用性的方法，应该在以后进行研究。

附录 C　信号周期时间和绿灯时间计算

C.1　车辆消散和通行能力

信号控制进口道在绿灯时间 t_F里能够通过的车辆数 n，可以简单地用一个算式来表示：

$$n = \frac{t_F}{t_B}$$

式中　n——通过的车辆数（车辆）；

t_F——绿灯时间（秒）；

t_B——饱和车头时距（秒/车辆）。

饱和流量

从饱和车头时距可以算得饱和流量 q_S（车辆/小时），它给出了在一个绿灯小时里理论上可以通过的车流量：

$$q_S = \frac{3600}{t_B}$$

式中　q_S——饱和流量（车辆/小时）；

t_B——饱和车头时距（秒/车辆）。

在机动车绿灯时间大于 10 秒的情况下，对于小汽车交通可以认为饱和车头时距 $t_B = 1.8$ 秒，相当于饱和流量 $q_S = 2000$［车辆/小时］。在机动车绿灯时间小于 10 秒及流量较大时，饱和流量会显著增加，因为在这种条件下多数车辆在黄灯期间还会驶入交叉口。表 C.1 中列出了饱和流量与由交通计算中确定的绿灯时间之间的关系。在作出了信号配时方案后，必须要对设定的饱和流量和较短的绿灯时间之间的关系进行检查。

随期望绿灯时间变化的饱和流量的参考值　　**表 C.1**

期望的绿灯时间 t_F＊［秒］	饱和流量 q_S＊＊［小汽车/小时］	饱和车头时距 t_B［秒/车辆］
>10	2000	1.8
10	2400	1.5
6	3000	1.2

＊　中间的数据可以插值。

＊＊　q_S［小汽车/小时］或［当量小汽车/小时］，在重车比例小于 2% 时。

重车比例对饱和流量有很大影响，随着重车比例的增加，饱和流量会下降。如果一个行驶方向有多条车道，由于各车道的重车比例不同，可以取不同的通行能力。

除此之外，还有下列因素会对饱和流量（或者说对饱和车头时距）产生影响：

- 车道宽度

实际车道宽度偏离标准车道宽度（3.00 米到 3.50 米）会导致饱和流量的下降。

● 行驶方向

转弯车辆视其转弯半径的不同，饱和流量与直行车流相比会有所下降。

● 坡度

上坡会使饱和流量下降，下坡则会使饱和流量上升。

● 行人影响

转弯车流如果与行人同时放行，饱和流量则会受行人流的影响。

● 天气条件

在不利天气条件下（下雨、特别是冬天的冰雪）会使饱和流量比一般情况有显著下降。在信号控制计算中一般不会考虑到这个因素。

● 特殊的环境条件

饱和流量会随特殊的环境条件有所不同。通常在市中心会比在郊外有更大的饱和流量。

在表 C.2 中列出了信号控制交叉口饱和流量随不同的条件和影响因素的修正参数参考值。

饱和流量修正参数参考值 **表 C.2**

影响因素		修正参数
重车比例 SV	$SV<2\%$ $SV=2-15\%$ $SV>15\%$	$f_{SV}=1.00$ $f_{SV}=1-0.0083\,e^{0.21SV}$ $f_{SV}=1/(1+0.015\cdot SV)$
车道宽度	2.60 米 2.75 米 ≥ 3.00 米	$f_b=0.85$ $f_b=0.90$ $f_b=1.00$
转弯半径	$R\leqslant$ 10 米 ≤ 15 米 > 15 米	$f_R=0.85$ $f_R=0.90$ $f_R=1.00$
坡度	上坡 +5% +3% 平坡 0% 下坡 −3% −5%	$f_S=0.85$ $f_S=0.90$ $f_S=1.00$ $f_S=1.10$ $f_S=1.15$
行人影响	大 中等 小	$f_F=0.80$ $f_F=0.90$ $f_F=1.00$

按实际情况对饱和流量的修正，最多只能选用两个适用的修正系数，即使对一个进口道或车道同时具有多于两种的修正因素存在。计算公式如下：

$$q_S = f_1 \cdot f_2 \cdot q_{S,st}$$

式中 q_S——实际饱和流量（车辆/小时）；

f_1，f_2——修正系数（最多选用两个）；

$q_{S,st}$——按表 C.1 的标准条件下的饱和流量（小汽车/小时）。

为了正确地把握信号控制交叉口的车流消散规律，更好地考虑实际交叉口的特殊环境，应在条件许可情况下进行实地观测。

饱和车头时距

假如考虑了上述影响因素的饱和流量 q_S已知，则饱和车头时距可以由下式计算：

$$t_B = \frac{3600}{q_S}$$

要保证 n 辆车通过交叉口所需的绿灯时间t_F，只要再大于规范规定的最小绿灯时间，可由下式计算：

$$t_F = n \cdot \frac{3600}{q_S} = n \cdot t_B$$

式中 t_F——绿灯时间（秒）；

n——车辆数（车辆）；

q_S——饱和流量（车辆/小时）；

t_B——饱和车头时距（秒/车辆）。

仅考虑一个信号周期内到达车辆通过交叉口所需的绿灯时间，可以按以下公式计算：

$$t_{F,erf} = m \cdot \frac{3600}{q_S} = m \cdot t_B$$

式中 $t_{F,erf}$——需要的绿灯时间（秒）；

m——一个周期内平均到达的车辆数（车辆）；

$= q \cdot t_U/ 3600$。

信号控制交叉口进口道每车道理想情况下的通行能力是：

$$C = f \cdot q_S$$

式中 C——信号控制交叉口进口道每车道的通行能力（车辆/小时）；

f——绿信比；

$= t_F/t_U$。

C.2 周期时间的计算

在计算周期时间的时候，必须综合考虑所有交通出行者的利益。同时还必须考虑实际的交通情况、组织结构和交叉口设施条件（比如说交叉口的位置是在市中心还是在郊外、信号控制的类型、交通流量、进口道车道数等等）对信号周期的影响。

工程上一般采用60秒到90秒的周期时间。大型交叉口可能会要求比较大的周期时间，但是不得使用大于120秒的周期时间，因为这会导致行人等待时间过长。

一定流量条件下单个交叉口的周期时间应该首先以机动车延误时间最小为原则进行计算。机动车延误最小的周期时间计算公式如下：

$$t_U = \frac{1.5 \cdot T_Z + 5}{1 - \sum_{i=1}^{p} q_{massg,i}/q_{Si}}$$

式中 t_U——考虑延误最小的信号周期（秒）；

p——相位数（-）；

$q_{massg,i}$——第 i 相位的关键车道流量（车辆/小时）；

q_{Si}——第 i 相位关键车道的饱和流量（车辆/小时）；

T_Z——绿灯间隔时间和，$T_Z = \sum_{i=1}^{p} t_{Zi}$（秒）；

t_{Zi}——某一相位切换时所需的绿灯间隔时间（秒）。

比值 $q_{massg,i}/q_{Si}$ 表达了到达流和车流消散能力的关系，即关键流量比：

$$b_{massg,i} = q_{massg,i}/q_{Si}$$

对于所有 p 个相位的总体流量比有：

$$B = \sum_{i=1}^{p} b_{massg,i}$$

这样，周期时间的计算公式可以简化成如下公式：

$$t_U = \frac{1.5 \cdot T_Z + 5}{1 - B}$$

式中 B——所有相位关键流量比的和。

信号周期时间如果偏离以最小延误为指标的最优周期时间的程度太大（> ±15%），则会导致机动车延误时间的显著增加。偏小的影响比偏大严重。

假如一个交叉口处于某个绿波带中，则其信号周期时间可以由饱和度为基础算得：

$$t_U = \frac{T_Z}{1 - \sum_{i=1}^{p} q_{massg,i}/g_i \cdot q_{si}}$$

式中 $q_{massg,i}$——第 i 相位的关键车道流量（车辆/小时）；

g_i——所考虑相位中关键车道的饱和度（-）；

q_{Si}——第 i 相位关键车道的饱和流量（车辆/小时）。

对于所有交通流的饱和度 $g = 1$ 时，则可得到一个最小周期时间：

$$t_U = \frac{T_Z}{1 - \sum_{i=1}^{p} q_{massg,i}/q_{Si}}$$

但是这只是一个特例，只能在特定情况下应用（比如说用于入口控制）。

C.3 绿灯时间的计算

机动车交通必需的绿灯时间可以按流量比关系来确定：

$$t_{F1} : t_{F2} : t_{F3} : \cdots = \frac{q_{massg1}}{q_{S1}} : \frac{q_{massg2}}{q_{S2}} : \frac{q_{massg3}}{q_{S3}} : \cdots$$

式中 t_{Fi}——第 i 相位关键车道的绿灯时间（秒）；

$q_{massg,i}$——第 i 相位的关键车道流量（车辆/小时）；

q_{Si}——第 i 相位关键车道的饱和流量（车辆/小时）。

由一个信号灯组控制的关键车道的绿灯时间可以按下式计算：

$$t_{Fi}=\frac{b_{massg,i}}{B}(t_U-T_Z)$$

式中　t_{Fi}——第 i 相位关键车道的绿灯时间（秒）；

$b_{massg,i}$——第 i 相位的关键车道流量比；

B——所有相位关键流量比的和；

t_U——选择的信号周期（秒）；

T_Z——绿灯间隔时间和（秒）。

对流量很小的情况必须检验，是否计算得到的绿灯时间小于信号控制必须的最小绿灯时间 $t_{F,min}$。如果 $t_{Fi}<t_{F,min}$，则必须按规范将绿灯时间定为最小绿灯时间 $t_{F,min}$。对机动车流必须给予最小绿灯时间 10 秒（特殊情况下也可以给 8 秒）。在流量非常小的情况下，最小绿灯时间可以降低到 5 秒。

如果在某个信号灯组（或相位）中，必须选择最小绿灯时间，则应该增加周期时间。这时，由机动车延误时间最小计算周期时间的公式改变为：

$$t_U=\frac{1.5\cdot T_Z+\sum_{i=1}^{p-p'}t_{Fmin}+5}{1-B'}$$

式中

$B'=\sum_{i=1}^{p'}q_{massg,i}/q_{Si}$；

t_U——信号周期（秒）；

$t_{F,min}$——最小绿灯时间（秒）；

p——相位数；

p'——绿灯时间大于最小绿灯时间的相位数；

B'——绿灯时间大于最小绿灯时间的流量比的和。

B'的计算方法类似于上面 B 的计算，算出关键机动车交通流中绿灯时间大于最小绿灯时间的流量比的和。

按饱和度计算关键车流的绿灯时间公式为：

$$t_{Fi}=\frac{b_{massg,i}}{B'}\left(t_U-T_Z-\sum_{i=1}^{p-p'}t_{Fmin}\right)$$

假如周期时间是按饱和度计算的，则绿灯时间应该按下式计算：

$$t_{Fi}=\frac{q_{massg,i}\cdot t_U}{q_{Si}\cdot g_i}=\frac{b_{massg,i}\cdot t_U}{g_i}$$

式中　t_{Fi}——绿灯时间（秒）；

$q_{massg,i}$——第 i 相位的关键车道流量（车辆/小时）；

q_{Si}——第 i 相位关键车道的饱和流量（车辆/小时）；

g_i——饱和度（–）；

t_U——选择的信号周期（秒）；

$b_{massg,i}$——第 i 相位的关键车道流量比（–）。

附录 D 交通感应控制示例

D.1 逻辑条件、时间条件及其他条件的设置

以下关于执行单元的逻辑条件、时间条件和其他条件的示例及决策单元和执行单元之间的连接示例是对 4.5.3 节内容的补充。

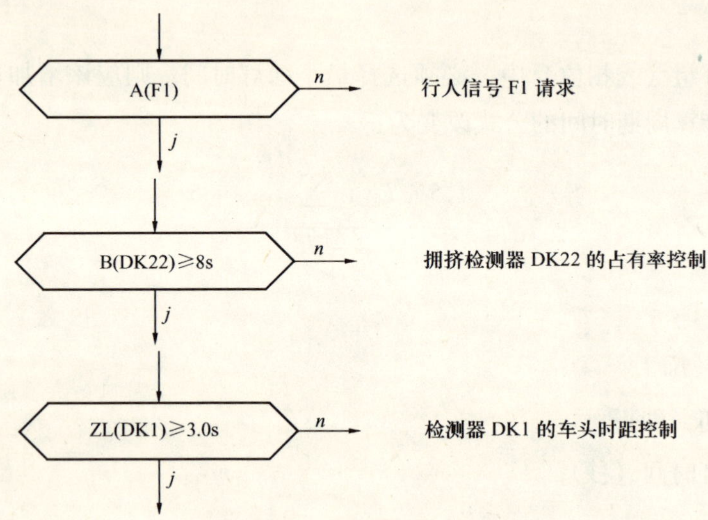

D.1.1 逻辑条件示例

逻辑条件通过以下布尔变量联接:

∧	和
∨	或
╲	否

因为一方面算法必须包括所有的逻辑条件，另一方面，由于编写算法流程的篇幅限制，又难以满足上述的要求，所以采用简化形式表达逻辑条件是合理的，例如：

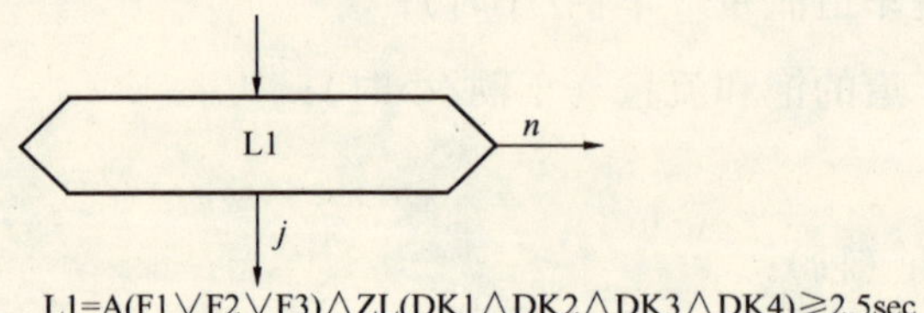

L1=A(F1∨F2∨F3)∧ZL(DK1∧DK2∧DK3∧DK4)≥2.5sec

D.1.2　时间条件示例

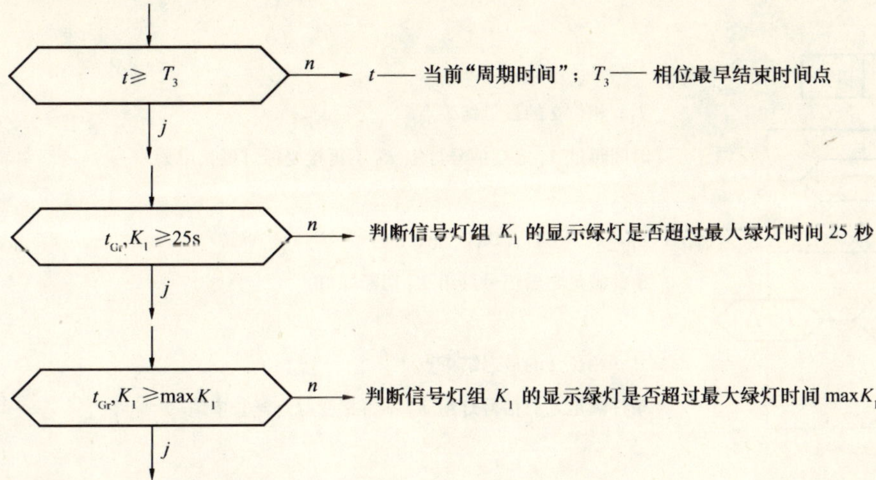

D.1.3　其他条件示例

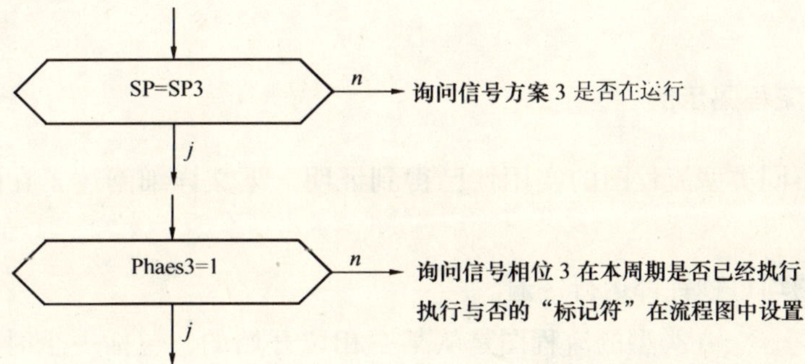

D.1.4　执行单元示例

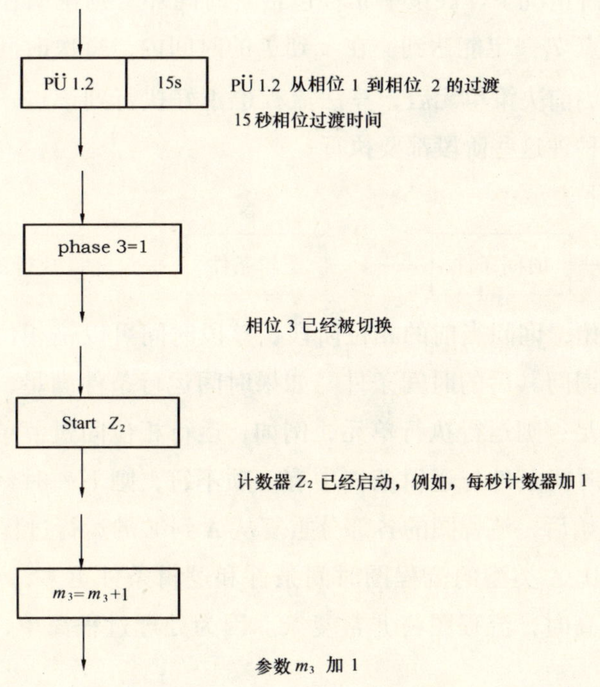

D.1.5 决策单元与执行单元的连接示例

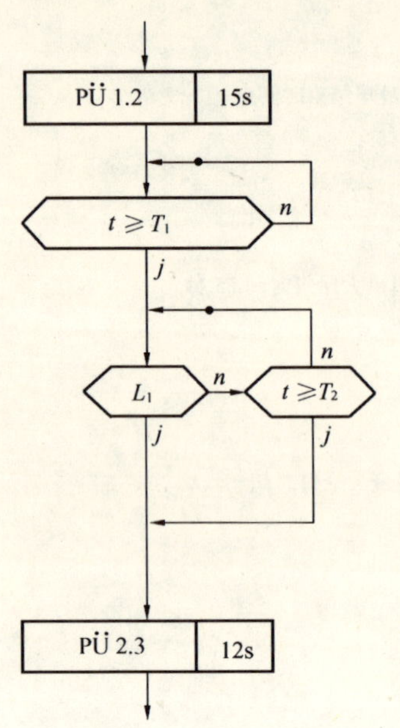

T_1 = 相位 2 的最早结束点

时间超过 T_1 之后信号灯组 K_2 不再接受绿灯延长申请

$L_1 = ZL\ (DK_1 \wedge DK_2) \geqslant 2.5$ 秒

条件满足之后信号灯组 K_5 切断绿灯

T_2 = 相位 2 的最迟结束点

条件满足之后信号灯组 K_5 不再接受绿灯延长申请

D.1.6 不同类型流程图示例

在实际工作中，不同类型流程图的实用性已得到证明。下文详细阐述了在附录 D.2 中采用的两种不同类型流程图。

两种类型的流程图均每秒钟都运行一遍。

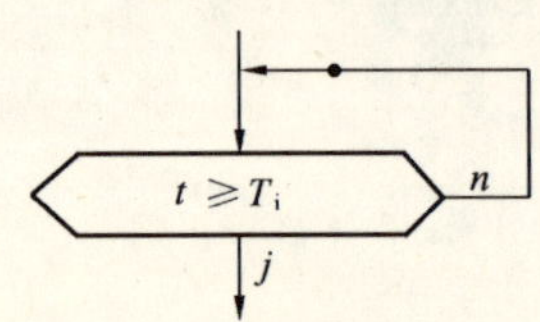

时间环

A 类型的流程图是从某一相位开始的，包括一个时间询问单元。为了实现流程图的功能，运行一个“时间环”。如果一个时间决策单元判断为是，则进行进一步的逻辑询问，如果判断为是，则时间环可能进入相位过渡阶段。

在这种情况下，决策单元若包括“时间环”则说明在做出肯定的决策之前，时间点 T_i 一定能达到。在 t 到 T_i 的时间内，每次时间询问流程图都执行到当前决策单元。在时间环通过当前决策单元后，算法流程也正好执行到该点，这与 B 类型流程图不同，避免了定义多个阶段和每秒钟这些阶段都要执行。

B 类型流程图结构清晰，如下表示：

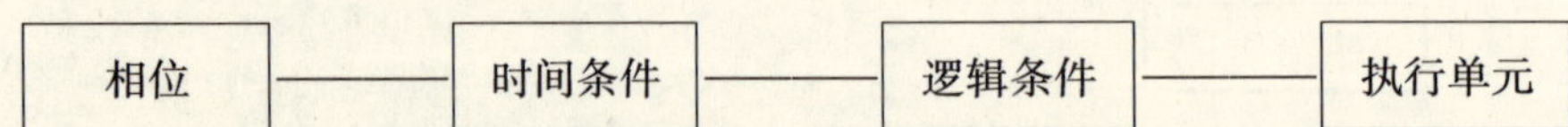

B 类型流程图，从起点 A 开始，询问当前的相位阶段，该段时间可以是相位时间或相位过渡时间。如果当前相位正在运行，则询问其后的时间条件。如果时间运行条件满足，则询问其后的逻辑运行条件。如果逻辑运行条件满足，则运行执行单元，例如，运行相位间过渡单元。如果相位过渡单元，而不是相位正在运行，或时间条件与逻辑条件中有一项不符，则下一时刻算法在流程图的退出点 E 结束。在下一秒的询问开始后，流程图的各部分重复从 A 到 E 的运行过程。

一般来讲，B 类型的流程图比 A 类型的流程图时间条件和逻辑条件更多，一部分也更加复杂。当交通工程所要达到的目标要求高时，流程图将非常复杂。因为处理过程简单，B 类型流程图更加清晰和便于理解。

D.2 应 用 示 例

以下示例说明如何从交通工程的角度来描述感应控制。基于电气特性和硬件特性的控制技术在这里不作介绍（见关于信号控制机的说明）。

以下示例进行了部分简化，仅就其中的一部分作介绍。从交通工程的角度来看，问题的解决方案并不仅限于下文的介绍。

示例根据以下结构分别介绍：

- 问题定义
- 控制策略
- 检测数据的获取
- 逻辑条件
- 时间条件
- 其他条件
- 运行后的检测

D.2.1 例1——绿波控制交叉口信号感应方案设计

问题定义

信号控制系统在绿波控制模式下有两套感应控制方案：

SP1——标准方案；周期时长60秒。

SP2——早/晚高峰方案；周期时长80秒。

由于绿波带中心线交点与交叉口的位置偏离，信号控制方案受到绿波协调的约束。在信号灯组K1方向，车流在绿灯开始时到达，而在信号灯组K5方向，车流在绿灯结束时才到达。

通过信号感应控制的调整可以弥补绿波控制中的一些干扰的影响。

次要流向K3、K4，左转流向K2和穿越主要道路的行人流向F2、F3，交通负荷呈现大的波动。信号灯组K2的左转方向车流，经常发生超常排队影响直行方向车流的通行。

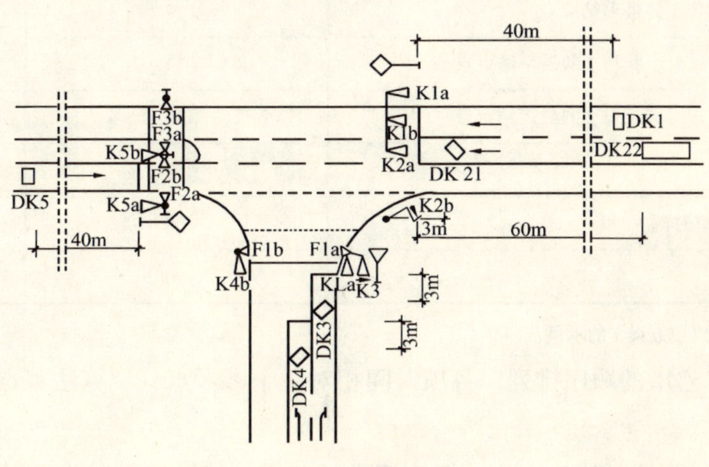

信号灯组布置图

控制策略和检测数据的获取

控制策略采用4.3.1节，表4.1中的no.B2和no.4。

设置三个不同的相位。相位2和相位3在有车辆请求时放行绿灯，如果没有请求，相位1持续显示绿灯。

当检测到拥挤发生时，信号灯组K2将放行最大绿灯。此时，即使对绿波方案有进一步的影响，信号灯组K5的绿灯时间也会在最早可能结束点截断。

在绿波方案提供的最迟点之后，通行请求才可能被响应（相位2：T2；相位3：SP1 – T6 = 16秒，SP2 – T6 = 14秒）。

所有进口道，绿灯时间通过“车头时距控制”的方式进行调整。对于信号灯组K2，K3和K4，请求检测线圈也用于车头时距的检测。

返回相位1的可能相位过渡从最早的T5点开始，目的是为了重新建立主路方向的绿波。

行人二次过街的信号灯组F2和F3设置最小绿灯时间，以确保行人在绿灯开始时以1.2米/秒的步速能够到达第二个人行横道的中央，在绿灯结束时完成过街。

逻辑条件

如果L1 = ZL（DK5）≥3.0秒，则切断K5绿灯；

如果L2 = ZL（DK1）≥3.0秒，则切断K1绿灯；

如果L3 = A（DK21），则K2显示绿灯；

如果L4 = B（DK22）≥8.0秒，则K2显示绿灯，切换到相位2；

如果L5 = ZL（DK21）≥3.0秒，则切断K2绿灯；

如果L6 = A（DK3），则K3显示绿灯；

如果L7 = ZL（DK3∧DK4）≥3.0秒，则切断K3，K4绿灯；

如果L8 = A（DK4∨F2∨F3）≥3.0秒，则K4，F2，F3显示绿灯。

时间条件

	信号控制方案中的周期时间	
	方案1（周期60秒）	方案2*（周期80秒）
T1 = K2有请求时，相位1的最早结束点	24	72
T2 = K2有请求时，相位1的最迟结束点	29	02
T3 = K4，F2，F3有请求时，相位2的最早结束点	39	15
T4 = K4，F2，F3有请求时，相位2的最迟结束点	45	23
T5 = 相位3的最早结束时刻	57	38
T6 = 相位3的最迟结束时刻	05	48
切换点	20	70

* 时距图中仅给出了信号方案1的示例。

为了使各 *Ti* 值以递增的顺序排列，各项时间相对一个参考点（“算法零点”）进行转化。

其他条件

必须考虑到车头时距控制的初始化，拥挤请求的归零，排队拥挤检测和检测过程中检测器数据的失效等问题。

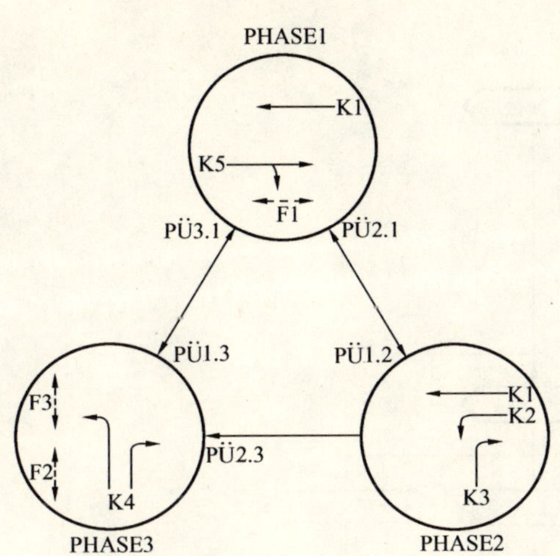

相位顺序方案

	开始信号灯组							
结束信号灯组	K1	K2	K3	K4	K5	F1	F2	F3
K1				4				6
K2				5	5	6		
K3					4	4		
K4	5	5			5	4		
K5		5	6	6			4	
F1		9	10	10				
F2					4			
F3	2							

绿灯间隔时间矩阵

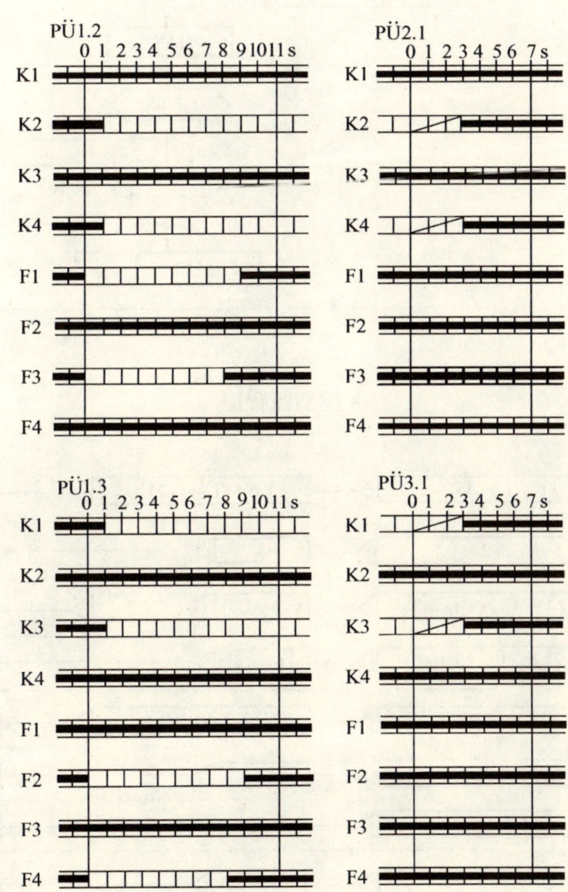

相位过渡过程

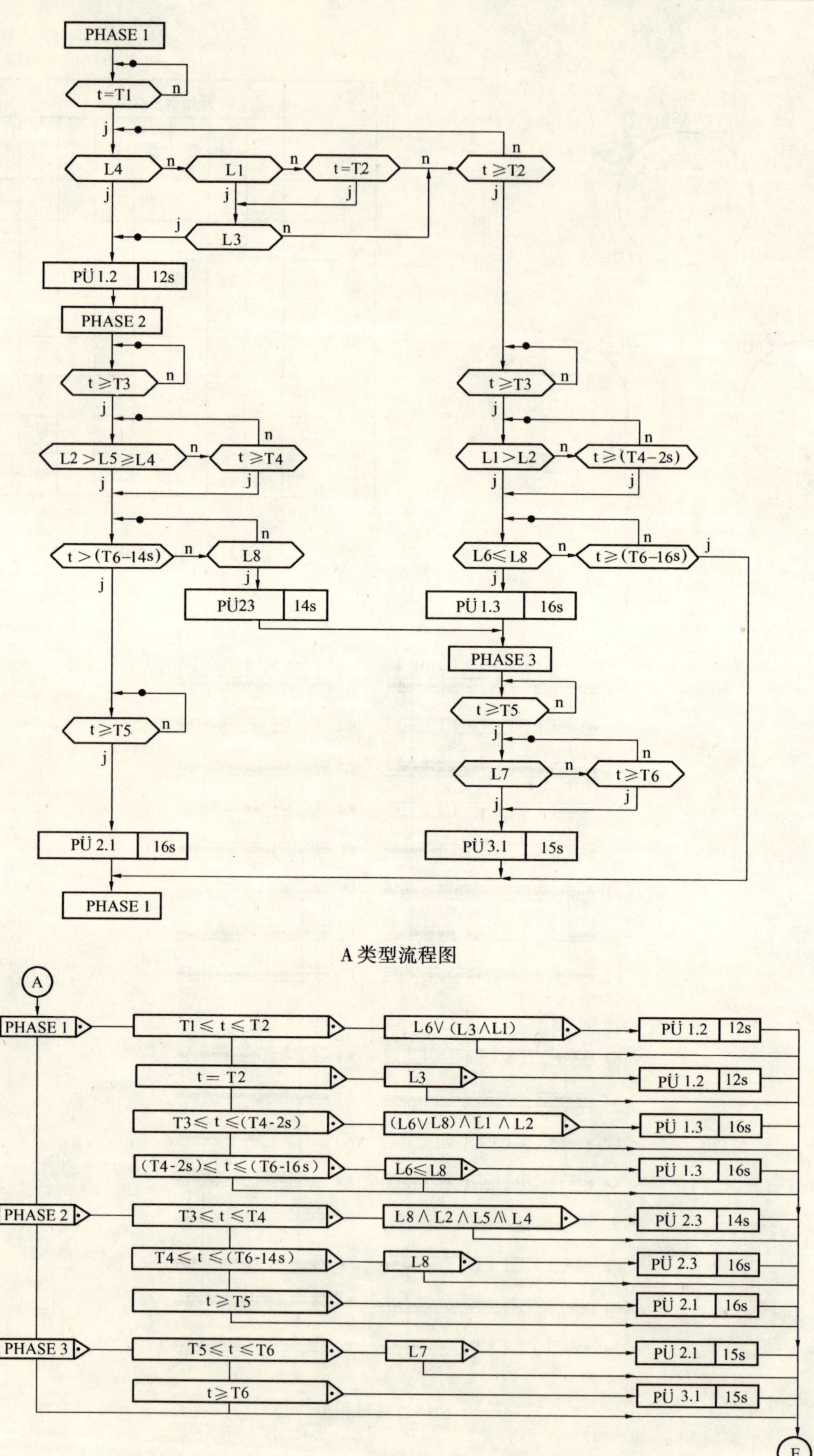

A类型流程图

B类型流程图

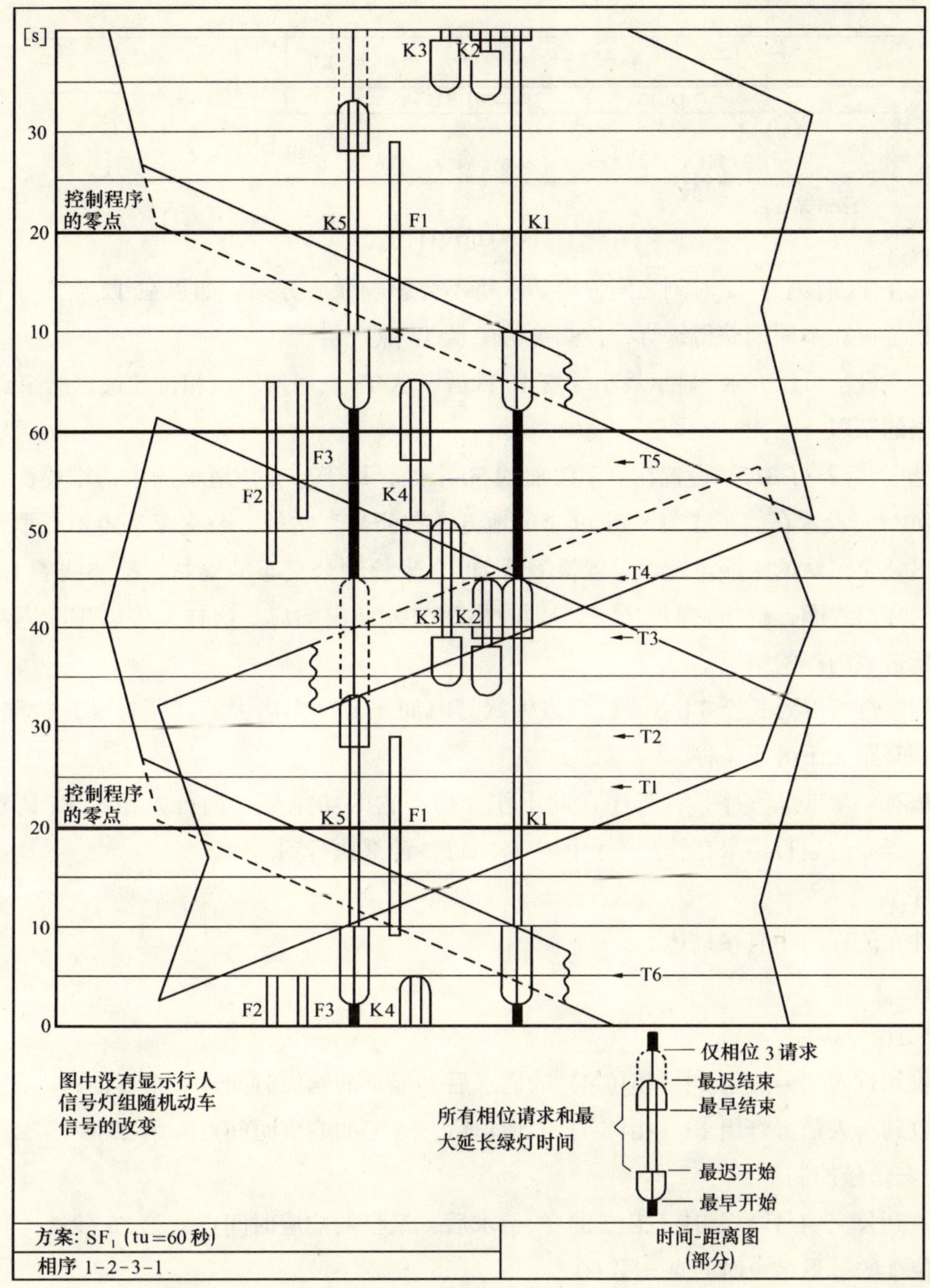

时间-距离图（部分）

D.2.2　例 2——公交专用闸道上的交通感应控制

问题定义

公交闸道上运行的绿波方案。即根据当地的条件，公交停靠站必须设置在公交闸道出口上游约 60 米处，匝道从公交停靠站处起算。公交车的停靠时间不固定。公交车驶出停靠站后，它必须能够汇入连续车道，且相对社会车辆和行人应赋予更高的优先级。

控制策略

控制策略采用 4.3.1 节，表 4.1 中 no.B4 和 no.B2。控制方案包括四个相位。当有通行请求时，相位 3（B1）和相位 4（F1）都仅通过相位 2（全红）进行切换。全红相位的设置增加了切入公交相位的灵活性。当 B1 和 F1 没有通行请求时，K1 显示持续绿灯（相位 1）。

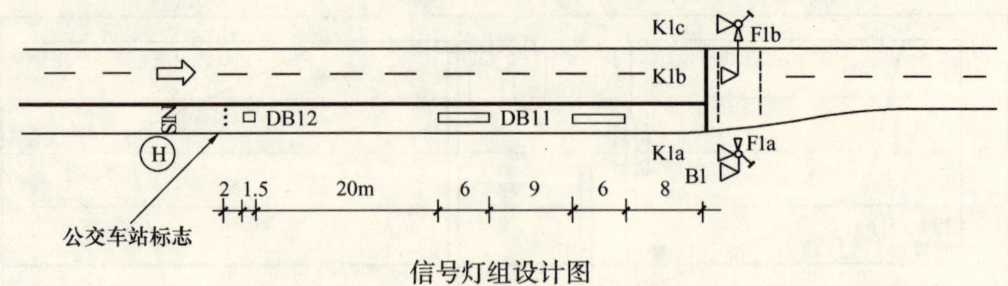

信号灯组设计图

行人相位在 T1 时刻与 T2 时刻之间提出请求将不会影响绿波方案。如果在 T2 点之前有行人通行请求，行人相位可在本周期获得绿灯，控制算法中从 T3 点开始。

公交相位 3 最早可以在 K1 显示最小绿灯 10 秒后，从 T3 点切换。该相位的最迟结束点是 T4。

检测数据的获取

预请求感应线圈（DB12）设置在停车线前约 50 米处，用于公交预请求的主请求检测器和消除请求检测器（DB11）设置在停车线前 8 到 29 米的地方。在公交车站处，公交车一定不能取消请求。因此，应标识出公交车站的末端位置，设置检测器 DB12 来检测公交车的离站。检测线圈 DB11 的设计采用两个长的环形线圈，仅当它们被公交车同时占用时才做出响应。这样，可以排除因社会车辆使用公交车道所造成的误检情况。

公交相位绿灯可以延长至 T4 点或达到最大绿灯时间。公交车离去的判断标准是检测器 DB11 上检测到的车头时距大于等于 1 秒。

控制算法有一个辅助程序，该程序在此不作介绍，它的功能是查询行人相位 F1 请求的时间间隔。这个辅助程序的运行结果在算法流程图中必须每秒钟都执行到。

逻辑条件

逻辑条件在流程图中直接描述。

时间条件

a）无公交信号控制

T1 = 接收到行人信号灯组 F1（相位 4）的请求后，最早的响应时间点 = 第 6 秒；

T2 = 接收到行人信号灯组 F1（相位 4）的请求后，最迟的响应时间点 = 第 27 秒；

b）有公交信号控制

T3 = 接收到公交信号灯组 B1（相位 3）的请求后，最早的响应时间点 = 第 70 秒；

T4 = 相位 3 的最迟结束时间点 = 第 60 秒；

行人最小绿灯时间：

- 如果有公交相位，行人最晚提出请求时，最小绿灯等于 5 秒。
- 如果没有公交相位，最小绿灯等于 9 秒。

公交相位最小绿灯时间：5 秒。

公交相位最大绿灯时间：15 秒。

社会车辆最小绿灯时间：10 秒。

其他条件

流程图中采用的标志如下：

M4 = 0：F1 没有通行请求。

M4 = 1：F1 有通行请求。

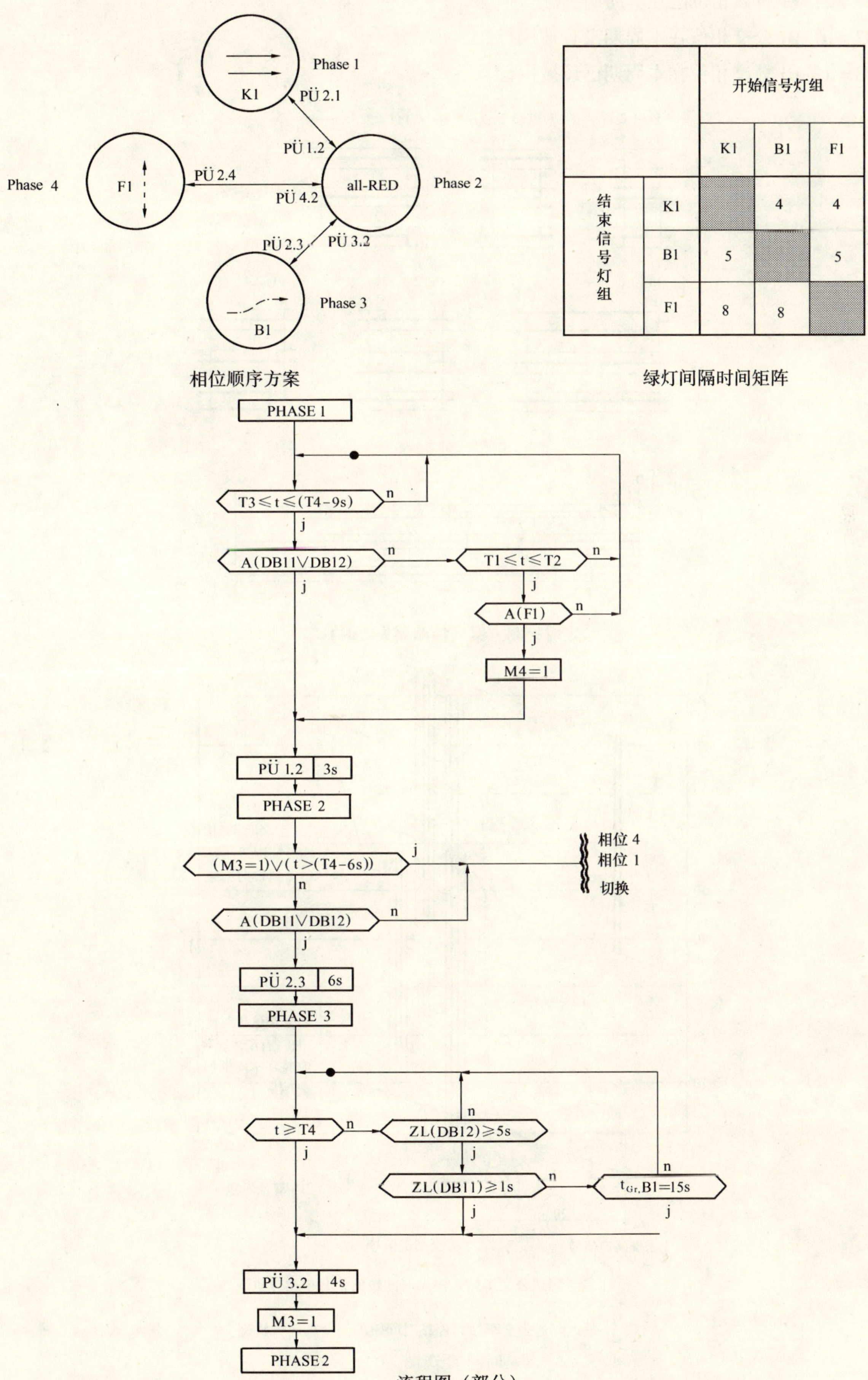

相位顺序方案

		开始信号灯组		
		K1	B1	F1
结束信号灯组	K1		4	4
	B1	5		5
	F1	8	8	

绿灯间隔时间矩阵

流程图（部分）

M4 = 2：F1 行人相位已在本周期执行。

M3 = 0：B1 公交相位在本周期没有被执行。

M3 = 1：B1 公交相位在本周期已经被执行。

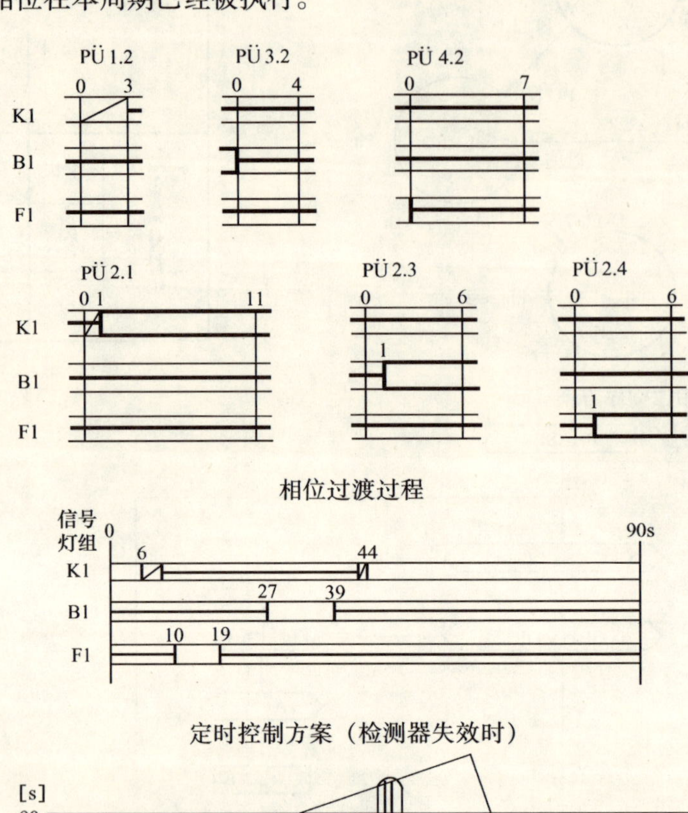

相位过渡过程

定时控制方案（检测器失效时）

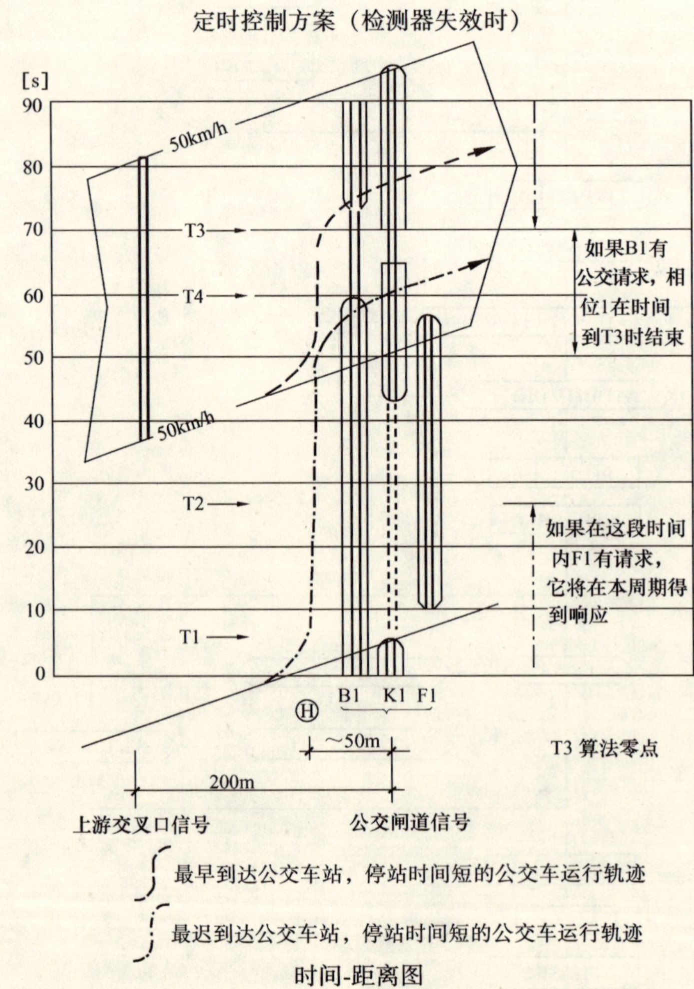

时间-距离图

D.2.3　例 3——交叉口的全红/即绿控制

问题定义

出于安全考虑，交叉口的信号控制设施即使在低峰流量时段也不应关闭。它采用单点、非协调信号控制。所有进口道的允许车速设为 50 公里/小时。若交叉口附近有老年人过街的需求，行人清空采用的设计步速宜取 1 米/秒。

为了降低延误和减少停车次数，信号系统在低峰流量时段运行，这样单个车辆或行人能够获得及时的绿灯请求。

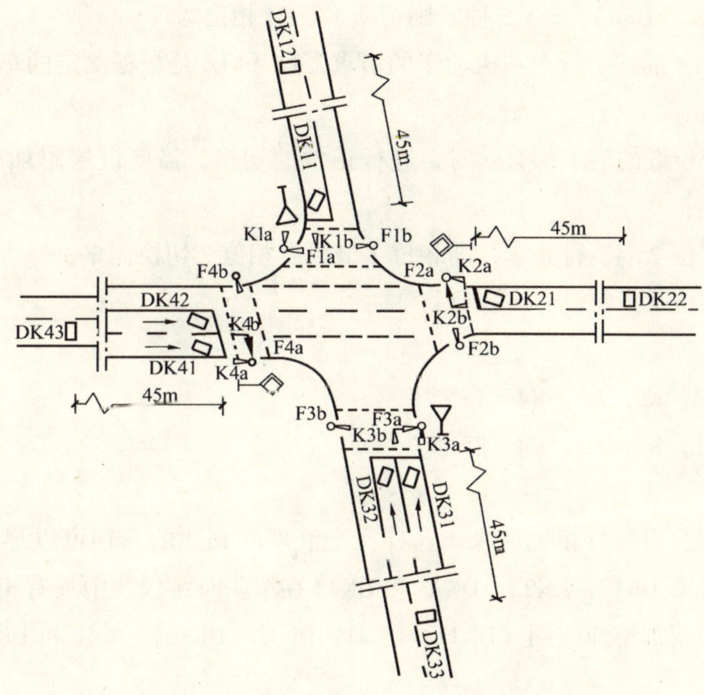

信号灯组设计图

控制策略

控制策略基于信号控制方案生成的原则（见 4.3.1 节，表 4.1，no.B5）。信号基本相位是全红（相位 1）。当有通行请求时，从全红相位可以立即切换到相位 2 或 3。

因为相位 2 和相位 3 之间直接切换也需要绿灯间隔时间，这样做不会比经过全红相位的切换快，所以取消了相位 2 到相位 3 和相位 3 到相位 2 的相位过渡设置。这样做使控制算法大大简化。

定义相位 1 到相位 2 和相位 1 到相位 3 之间的相位过渡时间，它包括行人过街的最小绿灯时间和车辆通行的最短绿灯时间（$t_{Gr}=10$ 秒）。因为行人相位清空与机动车相位起亮之间的绿灯间隔时间比较长，所以只能缩短行人绿灯时间。为了保持控制的灵活性，这样的设置还是可以接受的。

当一个方向有连续的行人通过请求时，只能经过相位 1（全红）进行切换，因为行人绿灯相位一定不能在有第二类冲突车流通行的机动车相位绿灯期间突然起亮。定义相位 2 到相位 1 和相位 3 到相位 1 之间的相位过渡时间，使其在一个新的请求重新激活相位 2 或 3 之前就执行了绿灯间隔时间。这也保证了当返回相同的相位以及通行请求被响应之前，行人和左转车辆已经清空。这样从相位 2 或 3 经过全红相位返回本相位的过程中将执行 4 秒的全红时间。

当检测器距停车线距离 $l_D=45$ 米，且饱和车头时距 $t_B=2$ 秒时，机动车最短绿灯 15 秒。须定义机动车的最大绿灯时间，这样当行人或冲突相位有机动车请求时，系统能够响应。当没有行人或冲突相位通行请求时，当前相位绿灯仅在车头时距条件满足时切断。

逻辑条件

如果 L1 = A（F1 ∨ F3），则切换到 F1/F3 相位绿灯；

如果 L2 = A（F2 ∨ F4），则切换到 F2/F4 相位绿灯；

如果 L3 = A（DK11 ∨ DK12 ∨ DK31 ∨ DK32 ∨ DK33），则切换到 K1/K3 相位绿灯；

如果 L4 = A（DK21 ∨ DK22 ∨ DK41 ∨ DK42 ∨ DK43），则切换到 K2/K4 相位绿灯；

如果 L5 = ZL（DK12 ∧ DK33）≥3.5 秒，则切断 K1/K3 相位绿灯；

如果 L6 = ZL（DK22 ∧ DK43）≥3.5 秒，则切断 K2/K4 相位绿灯。

逻辑条件的 L1 到 L4 描述了行人和机动车的请求，L5 和 L6 是根据给定的车头时距值切断绿灯的标准（见流程图）。

为了在相位 2 和相位 3 的请求都有效时，进行正常的切换，需要设置附加的“标记”M2，来标识哪个相位最后被切换：

如果 M2 = 1，则相位 2 刚执行完毕，即相位 1 最后由相位 2 切换而来；

如果 M2 = 2，则相位 2 当前没有被执行；

时间条件

最小绿灯时间：K1，K2，K3，K4 = 15 秒；

最大绿灯时间：K1，K2，K3，K4 = 25 秒。

其他条件

通过上游检测线圈获得绿灯相位请求，这样在全红期间到达的车辆可以尽早地获得绿灯，不停车通过停车线。感应线圈 DK12，DK22，DK33 和 DK43 在车头时距检测中具有相同的功能。

设置在停车线前的附加感应线圈（DK11，DK21，DK31，DK32，DK41 和 DK42）直接用于绿灯相位的请求。

行人通过设置在行人信号灯杆上的触摸按钮请求绿灯相位。

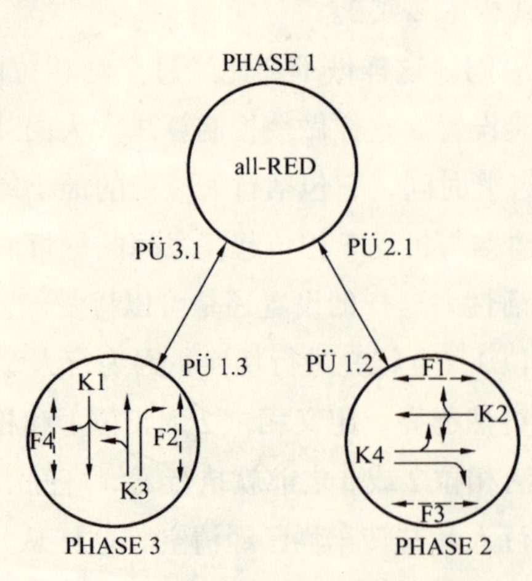

相位顺序方案

结束信号灯组 \ 开始信号灯组	K1	K2	K3	K4	F1	F2	F3	F4
K1		4		4	4		7	
K2	5		3			4		7
K3		5		3	7		4	
K4	3		4			7		4
F1	10		7					
F2		9		5				
F3	9		11					
F4		8		11				

绿灯间隔时间矩阵

相 位
时间条件
逻辑条件
执行单元
A
PHASE1
L2vL3
L1vL4
M2=0
M2=1
PÜ 1.2 11s
M2=0
PÜ 1.3 11s
L1vL4
M2=1
PÜ 1.2 11s
PHASE2
$t_{QrK2}\geqslant25s$
L1vL2vL3
PÜ 2.1 7s
$t_{QrK2}\geqslant15s$
L6
PÜ 2.1 7s
PHASE3
$t_{QrK1}\geqslant25s$
L1vL2vL4
PÜ 3.1 7s
$t_{QrK1}\geqslant15s$
L5
PÜ 3.1 7s
E

流程图

PÜ 1.2
0 1 2 3 4 5 6 7 8 9 10 11 s
PÜ 2.1
0 1 2 3 4 5 6 7s
PÜ 1.3
0 1 2 3 4 5 6 7 8 9 10 11s
PÜ 3.1
0 1 2 3 4 5 6 7s
K1
K2
K3
K4
F1
F2
F3
F4

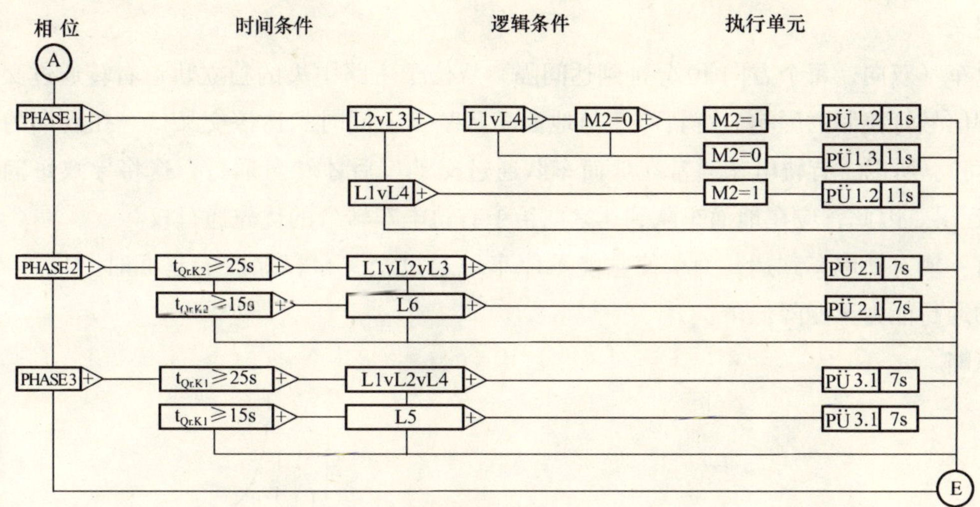

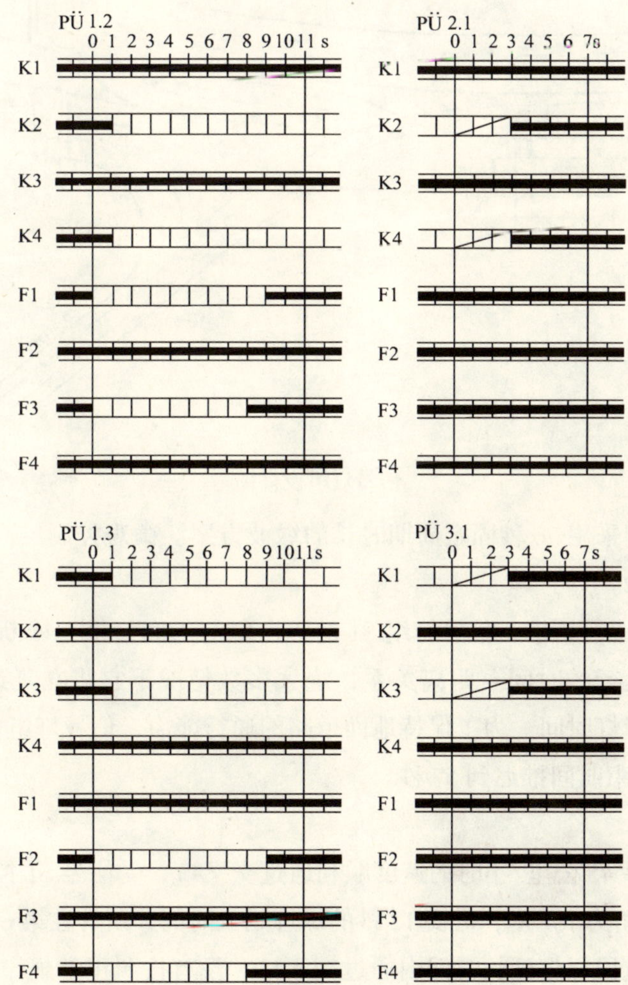

相位过渡过程

D.2.4 例4——绿波控制中有轨电车优先的绿灯时间调整

问题定义

有轨电车（双向，每个方向10分钟到达间隔）从位于主路中央的独立轨道右转通过交叉口。由于主路上游信号灯控制的影响，有轨电车与地面车队基本上同时到达该交叉口（在周期的第9秒至第16秒之间）。所以，有轨电车通常在地面车队通过交叉口后才转弯通行，这将导致每辆有轨电车约35秒的延误。因此，应在地面车队到达之前给予有轨电车转弯的优先通行权。

如果有一辆有轨电车到达，为了使它能不停车地通过交叉口，绿波的起亮时刻应推迟，但是，地面道路的通行能力不能降低。

控制策略

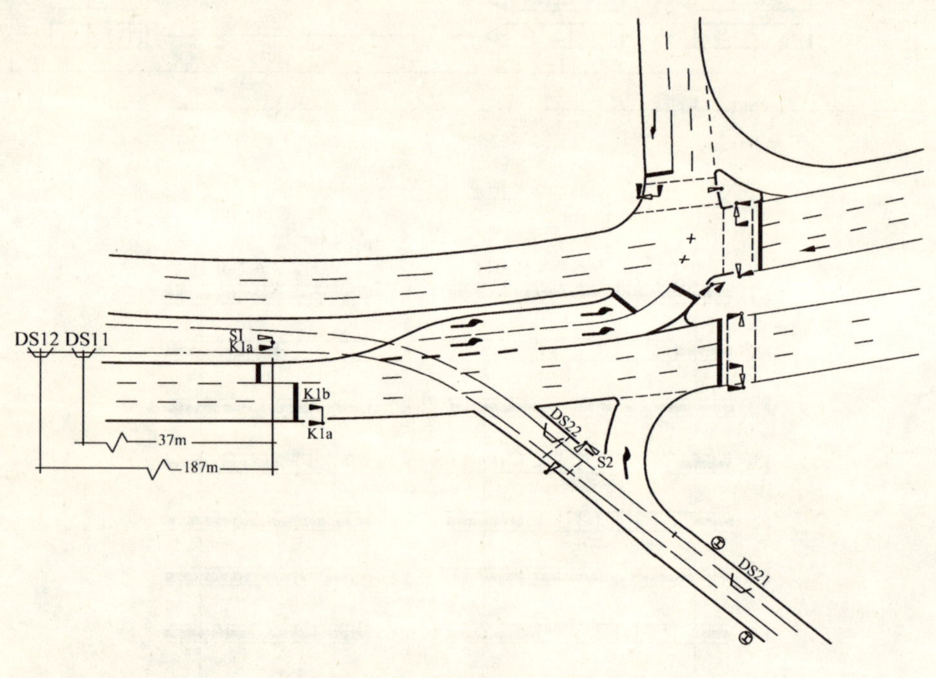

信号灯组设计图

地面车流的宏观控制采用70秒固定周期时长的绿波方案。微观控制层面，绿灯时间控制策略采用4.3.1节，表2，no.B2。

如果检测器DS12有通行请求，信号灯组S1的固定绿灯时间将推迟截断，直至有轨电车在第16秒通过。根据有轨电车运行的时间－距离关系，绝大多数情况下它将在延迟的绿灯时间末尾通过，所以没有必要灵活调整绿灯时间。为了保持地面道路的通行能力，信号灯组K1的绿灯起亮时间从第13秒推迟到第25秒，结束时间推迟到57秒。

检测数据的获取

为了能让有轨电车以45公里/小时的速度顺利通过交叉口，受信号S1控制的有轨电车从检测点DS12行驶到停车线的距离为187米，需要12秒的绿灯延长时间。所有在第61秒至第3秒之间触发请求的有轨电车都可以从这段绿灯延长时间内通过交叉口。没有按照正常规律运行，并在第61秒之前已经到达检测器的有轨电车不需要绿灯时间延长。因此，注销检测器DS11须在第3秒之前触发，它设置在信号S1之前37米处。基于1秒切换时间加上2秒通过时间（以45公里/小时的速度）计算得到这个距离。如果有轨电车在信号S2处的驶离时间介于第4秒和第16秒之间，则对向的有轨电车也可以触发请求。有轨电车控制信号 S2 的时间条件在此不作描述。

逻辑条件与时间条件

就本例而言，信号配时方案的描述分为“正常情况”与“请求情况”已经足够了。

运行后的检测

应检测以下几点：

- 检测点与注销点的位置及设置情况
- 查询请求的时间间隔
- 对地面车流绿波通行的影响

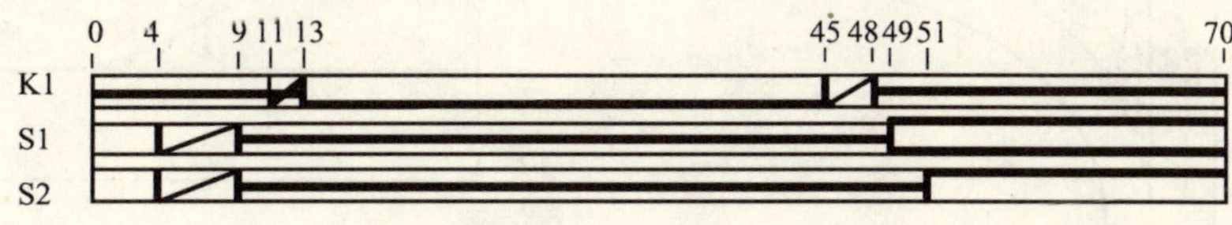

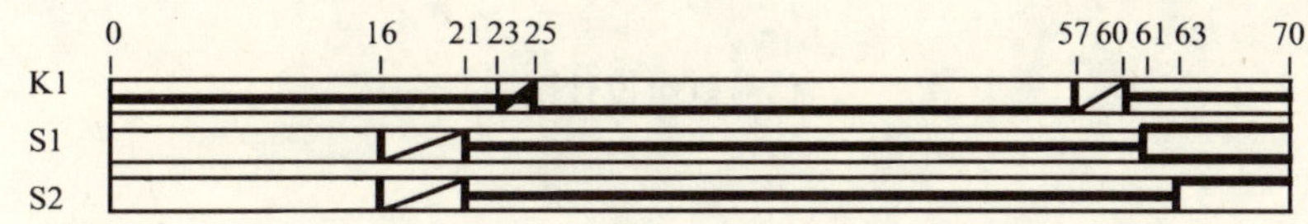

信号配时图

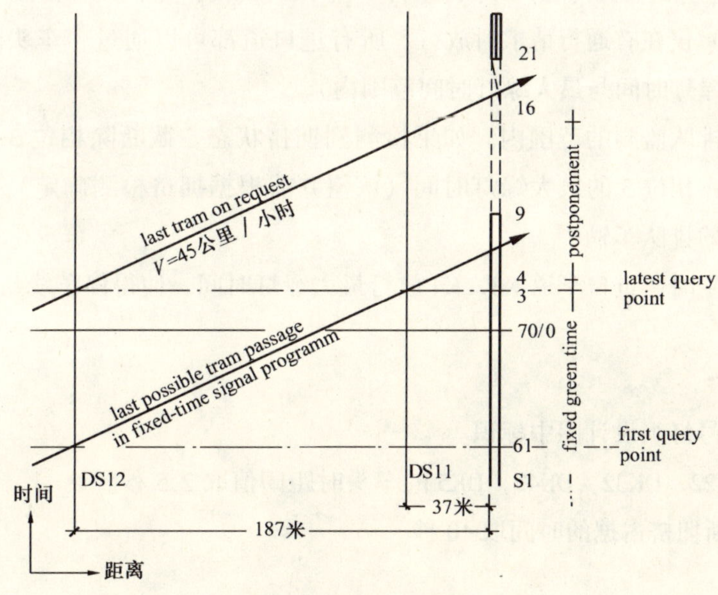

S1 信号控制的有轨电车时距图

D.2.5　例 5——快速路出口的排队空间监测

问题定义

因为交通负荷高，所以正常情况下，联邦公路上的交通流有较高的优先级。快速路出口应尽量放行最大绿灯。

高速公路出口通常交通负荷较低。在非工作日时间，（难以预测）交通流出现的短期高峰。为了安全考虑，不允许出现排队过长延伸至快速路主线的情况。

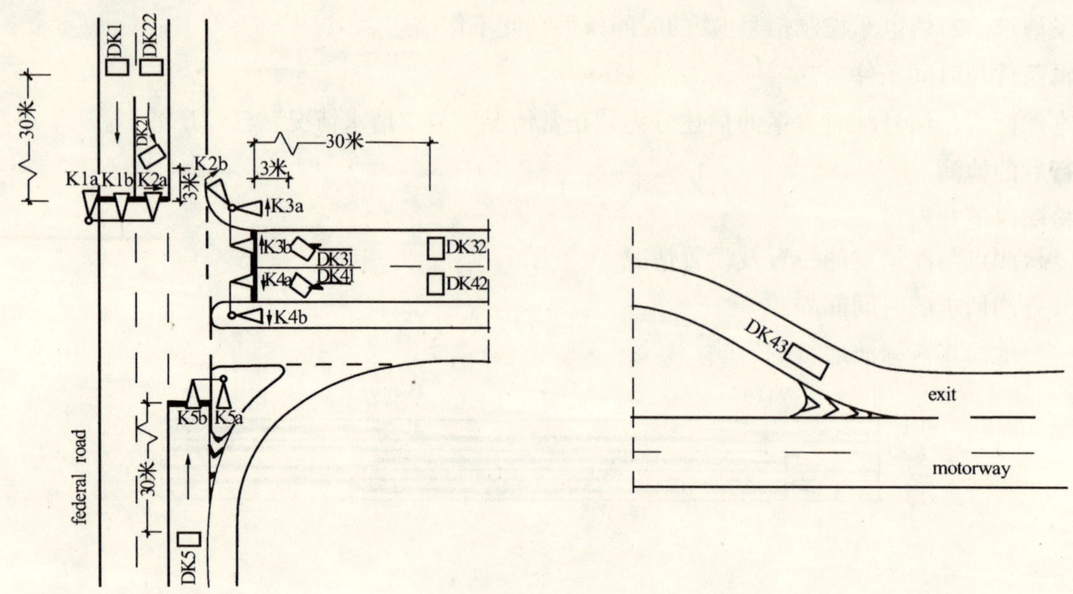

信号灯组设计图

控制策略

信号控制系统采用方案生成式的控制策略（见 4.3.1 节表 4.1 中的 B5）。方案生成的顺序如下：

主路方向 K1，K5（相位 1）保持常绿；左转车流 K2 和右转车流 K3（相位 2）与右转车流 K3 和左转车流 K4（相位 3）仅在有通行请求时放行。所有进口道都可以通过"车头时距控制"的方式调整绿灯时间（在最小绿灯时间与最大绿灯时间范围内）。

高速公路出口在排队监测的范围内。如果检测到拥挤状态，截断除相位 3（K3，K4）外的其他相位的延长绿灯时间，相位 3 的最大绿灯时间（该值并非根据拥挤检测确定）再次延长，这样就可以消散高速公路出口的排队车辆。

当检测到拥挤发生时，进口车道 K3，K4 放行最大绿灯时间，使得停车线与拥挤检测器之间的排队车辆能够清空。

检测数据的获取

数据检测点在信号灯组设计图中标识。

检测器 DK1，DK22，DK32，DK42，DK5 的车头时距阈值取 2.5 秒。

检测器 DK43 判断拥挤占据的时间取 10 秒。

逻辑条件

逻辑条件包含在流程图中。

时间条件

最小绿灯时间：K1，K5 = 15 秒；K2，K3，K4 = 5 秒；

最大绿灯时间（无拥挤检测）：

K1 = 45 秒；K2 = 20 秒；K3，K4 = 15 秒；K5 = 35 秒；

最大绿灯时间（拥挤检测）：

K1 = 30 秒；K2 = 15 秒；K3，K4 = 50 秒；K5 = 20 秒；

绿灯间隔时间矩阵和相位过渡时间在此不作介绍。

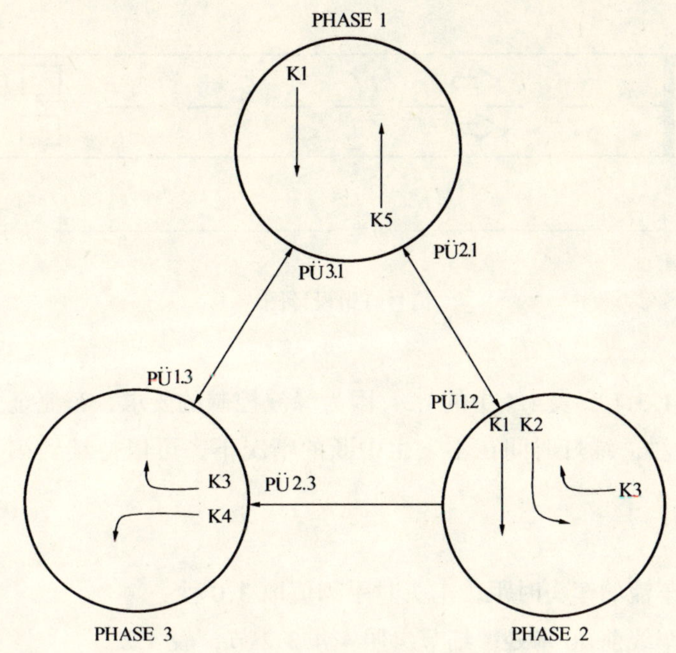

相位顺序方案

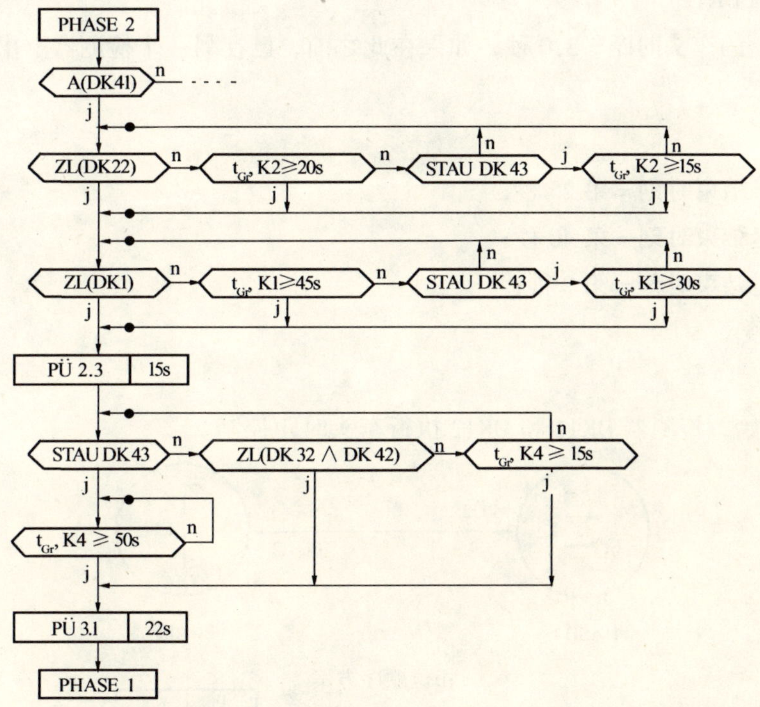

流程图（部分）

D.2.6 例6——行人信号系统中行人优先绿灯设置

问题定义

在机动车绿波控制条件下，当绿波尾期到达车流量低时，放行行人相位上的行人。这样可以降低行人延误。在绿波中期通过的交通流不应受到感应相位的影响。

过街行人流量大，绿灯期间机动车到达流量不均匀。

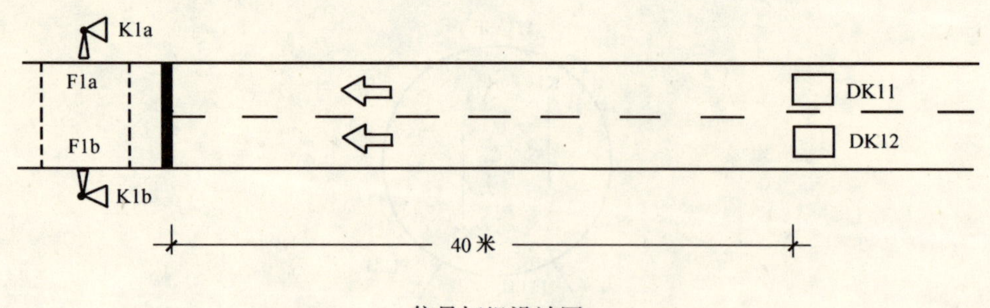

信号灯组设计图

控制策略

信号控制策略采用4.3.1节表4.1中的B2，因为绿波控制的要求，车流至少有17秒的绿灯时间，从周期内第8秒到第25秒。绿灯时间在不发生中断的情况下，可以持续到第40秒。允许车速为50公里/小时。

检测数据的获取

需要获取每条车道车流的车头时距，车头时距阈值取3.0秒。

检测线圈设置在停车线前40米处，细节参照4.4.3.2节，表4.2。

逻辑条件

L1 = ZL（DK11 ∧ DK12）≥3.0秒

DK11或DK12上的车头时距≥3.0秒，如果在此之前，已在另一个检测器上出现过一次这样的车头时距。

时间条件

T1 = 相位1最早结束时刻 = 第25秒；

T2 = 相位1最迟结束时刻 = 第40秒；

T3 = 相位2最迟结束时刻 = 第2秒；

周期时长：60秒。

其他条件

从时间点T1开始，检测器DK11和DK12执行车头时距控制。

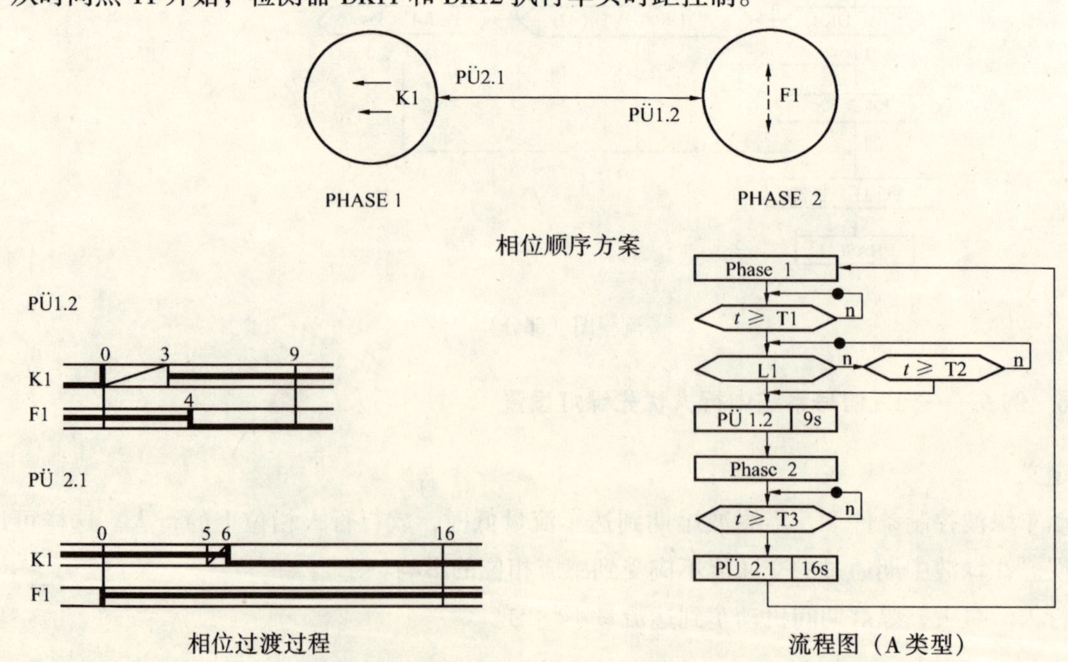

相位顺序方案

相位过渡过程

流程图（A类型）

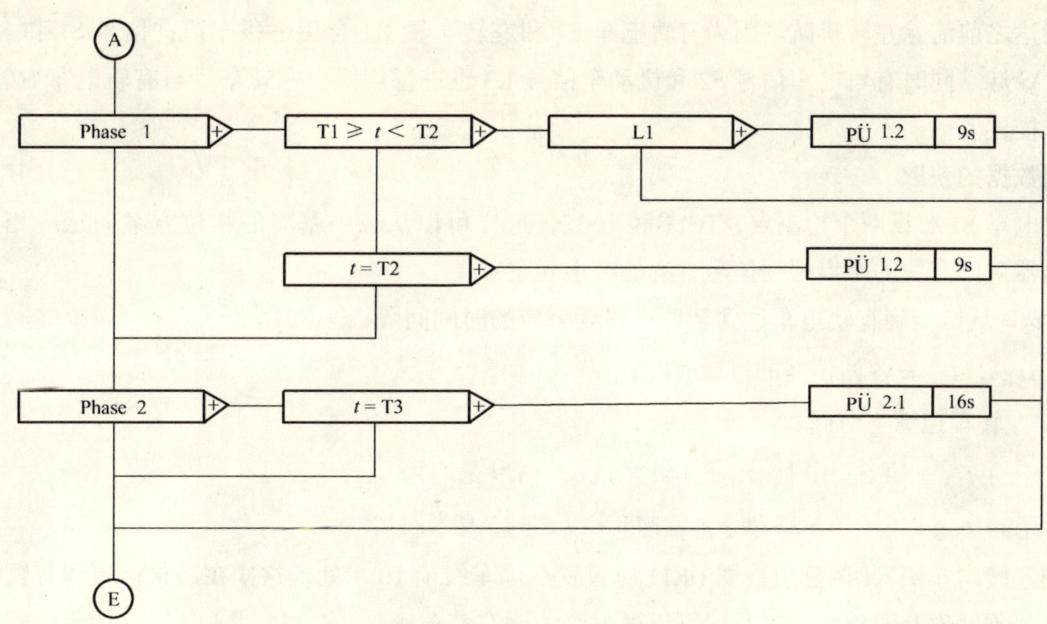

流程图（B 类型）

D.2.7　例 7——有轨电车到达时左转车辆的清空

问题定义

在一个道路汇入的交叉口，主路方向一侧（方向 S2）有轨电车有独立通行空间，主路方向另一侧（方向 S1）有轨电车必须和交叉口左转车流（K1）共用通行空间。这使得有轨电车的通行受到阻碍和延误。

交叉口采用非协调控制方案，周期时长 70 秒。当有轨电车有请求时，控制信号应清空轨道通行空间内的左转排队车辆。

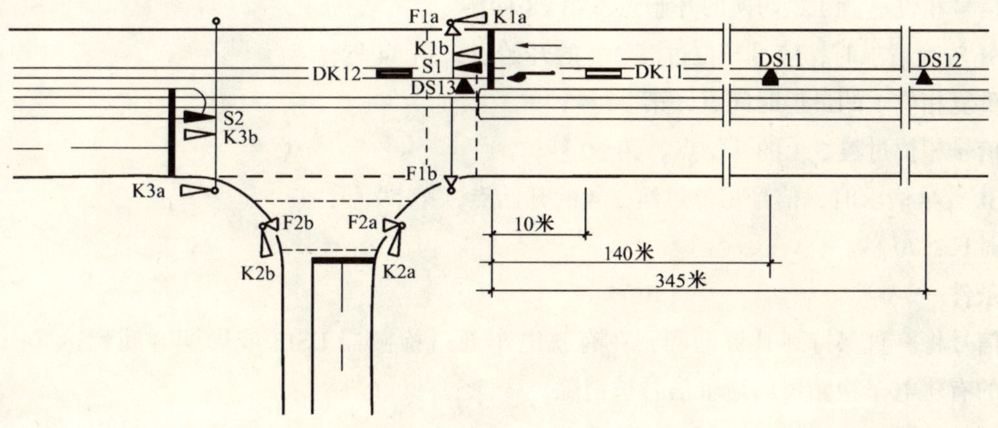

信号灯组设计图

控制策略

控制策略采用 4.3.1 节，表 4.1 中 no.B4。有轨电车的请求信号，请求取消信号及左转车辆的车道占用信息，对信号控制都会影响。假设在检测到有轨电车 S1 到达至通过停车线的间隔内，能够有两辆左转车辆 K1 通过冲突相位 S2/K3。

当左转排队较长，同时检测到有轨电车到达时，应通过截断对向冲突方向 S2/K3 的通行，在有轨电车到达之前清除左转排队。因为有轨电车 S1 和左转车辆 K1 合用一条车道，信号 S1 和 K1 必须同时显示绿灯。同时有轨电车信号 S2 和机动车信号 K3 也进行切换。左转车辆与有轨电车 S2 的冲突在此不作描述。

检测数据的获取

有轨电车 S1 布设两个检测点，DS11 和 DS12，这样可以从任一基本的相位方案向感应相位 2 切换。检测器到停车线的距离根据信号方案的要求确定：

t_1，t_2 = 从检测到有轨电车达到至请求得到响应的时间间隔；

$t_{1.2}$，$t_{1.3}$，$t_{3.2}$ = 各相位间的过渡时间；

t_{LA} = 左转车道清空时间；

$t_1 = t_{1.2} + t_{LA} = 5 + 5 = 10$ 秒→$s_1 = 140$ 米（$v = 13.9$ 米/秒）

$t_2 = t_{1.3} + t_{3.2} = 15 + 10 = 25$ 秒→$s_2 = 345$ 米（$v = 13.9$ 米/秒）

检测左转弯车辆 K1 的感应线圈 DK11 应设置在停车线前 10 米处，这样在最早检测到有轨电车 S1 到达之前，不触发交通感应的过程，可以通过约两辆左转车辆。

感应线圈 DK12 设置在停车线下游，它用于当有轨电车有相位请求时，检测交叉口区域内的左转车辆。

取消请求的检测点 DS13 紧靠停车线的下游设置。通常这样设置既可以使有轨电车顺利通过又可以尽早起亮下一相位的绿灯。

逻辑条件

L1 = A（DS11）∧B（DK12），DS11 检测到有轨电车到达，并且检测器 DK12 的占有时间≥5 秒。

L2 = A（DS12）∧B（DK11），DS12 检测到有轨电车到达，并且检测器 DK11 的占有时间≥5 秒。

L3 = A（DS13），取消 S1 的请求。

时间条件

T1 = 信号相位过渡 1.3 切换的开始点，第 28 秒；

T2 = S1 较晚请求时，信号相位过渡 2.4 的开始点，第 34 秒；

T3 = 重复相位 1 的最迟时间点，第 20 秒；

T4 = 信号相位过渡 3.1 的开始点，第 50 秒；

T5 = S1 较早请求时，信号相位过渡 2.4 的开始点，第 59 秒；

周期时长：70 秒。

其他条件

请求信号将一直保持到其被询问，在有轨电车通过检测器 DS13 或周期时间到达 T4 或 T5 时间时，存储的有轨电车检测器的请求信号被消除。

运行后的检测

必须根据交通流的运行设计需要来检验各检测器的设置位置。

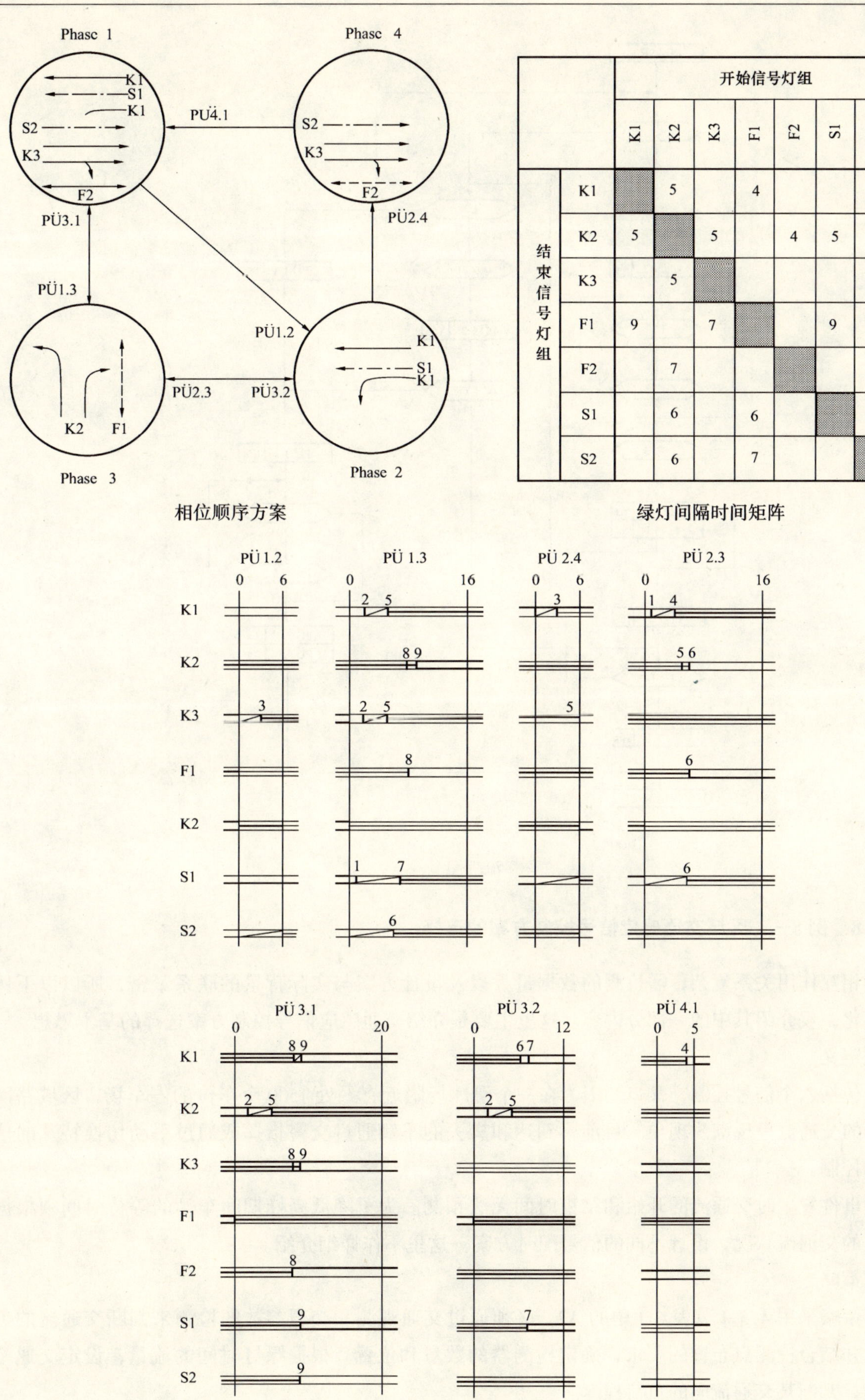

相位顺序方案

结束信号灯组 \ 开始信号灯组	K1	K2	K3	F1	F2	S1	S2
K1		5		4			
K2	5		5		4	5	5
K3		5					
F1	9		7			9	7
F2		7					
S1		6		6			
S2		6		7			

绿灯间隔时间矩阵

相位过渡过程

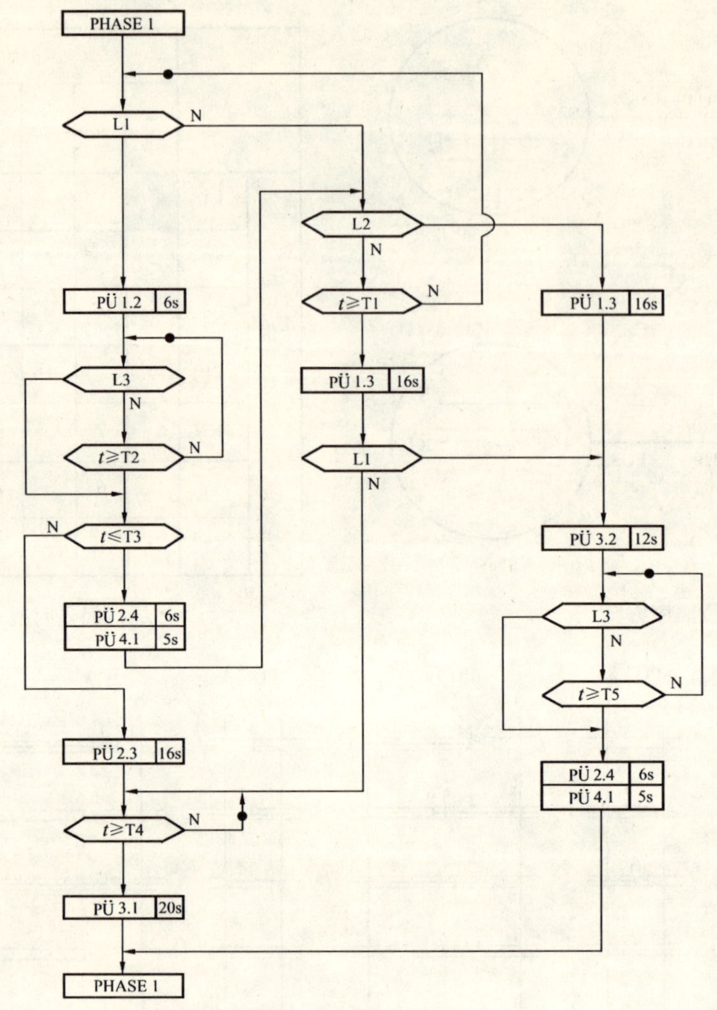

流程图

D.2.8 例 8——区域交通感应信号控制方案的选择

因为相互作用关系复杂，需检测的数据量大以及设计方案与实际背景的联系紧密，所以以下例子作了简化，仅介绍其中的一部分内容。这里主要是介绍交通感应信号控制方案选择的基本思想。

问题定义

区域包括六个信号控制交叉口。因为在一个滑冰场附近有一处 1500 个车位的停车场，区域路网早晚高峰的交通流呈现潮汐现象。目前，到达和离去的车辆通过交警指挥或通过手动切换特殊的信号方案来控制。

突发事件发生时交通流的开始和结束时间无法预测。为了降低高峰期间车辆的等待时间须根据实际发生的交通流状况，设计不同的信号配时方案。这里不作详细介绍。

控制策略

控制策略采用 4.3.1 节表 4.1 中的 A2。必须通过交通观测和交通参数的检测来判断交通流的负荷程度，并结合检测点布置的要求，确定检测器的数量和位置。根据绿灯时间的流量，设定交通参数的阈值，判断某交通流向的负荷程度。

通过多步比较当前测量值与给定参数阈值，确定最佳的信号配时方案。

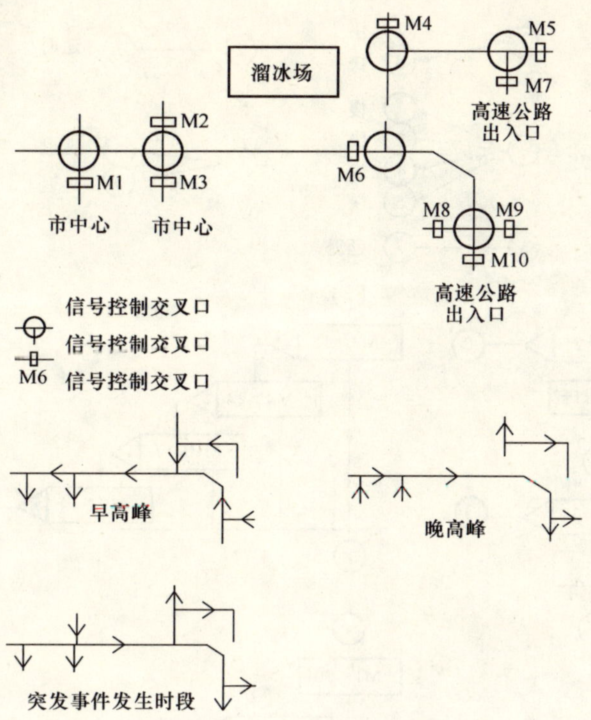

控制区域图（包括检测点和交通状态）

逻辑条件、时间条件和其他条件

在信号方案切换过程中，会用到不同的响应间隔，同时通行能力大的信号配时方案比较小通行能力的配时方案切换速度更快。在控制算法中，根据计数器（H）确定响应时间，H 的值决定了某阈值需重复几次，才进行控制方案的切换。

例如，仅当计数器 H8 的值达到 6 时，信号方案 3 才向信号方案 1 切换。如果达不到该要求，即使在周期运行时间内有运行信号控制方案 1 的要求，信号方案 3 仍将继续执行。在计数器 H8 的累积计数周期内，信号可能并没有切换到方案 1，而是切换到了其他方案。这种情况在一步一步地降低计数器 H8 的值，而不是直接将计数器 H8 的值降至零，尤其要注意这种情况。

控制算法中有专门的一部分来处理对没有实施信号切换的计数器每次减 1 的计数。因此必须累积计数的计数器应每次加 2（见控制算法中 H8 计数器，“信号方案 3 正在运行”部分），而不同于其他类型的计数器。这样既可以考虑到交通流在长时期内的变化，也不会对不同交通情况的反应过于迟钝。以下示例详细说明：

在 4 个处理周期之后，计数器 H8 的值达到 4。在第 5 个处理周期内，检测值达到切换信号方案 2 的要求。在这个处理周期内，计数器 H8 的值降到 3。从第 6 到第 8 个处理周期，检测值再次要求切换到信号方案 1，也就是说，计数器 H8 的值从 3 增加到 6。经过 8 个处理周期后切换到信号方案 1。如果在第 5 个处理周期内，计数器 H8 的值降到 0，而不是 1，则至少需要 11 个处理周期进行再次切换。

运行后的检测

控制算法在实际运行之后必须经过长时间运行的检测。因此，信号方案切换的阈值和响应时间必须经过校验。

信号方案切换表

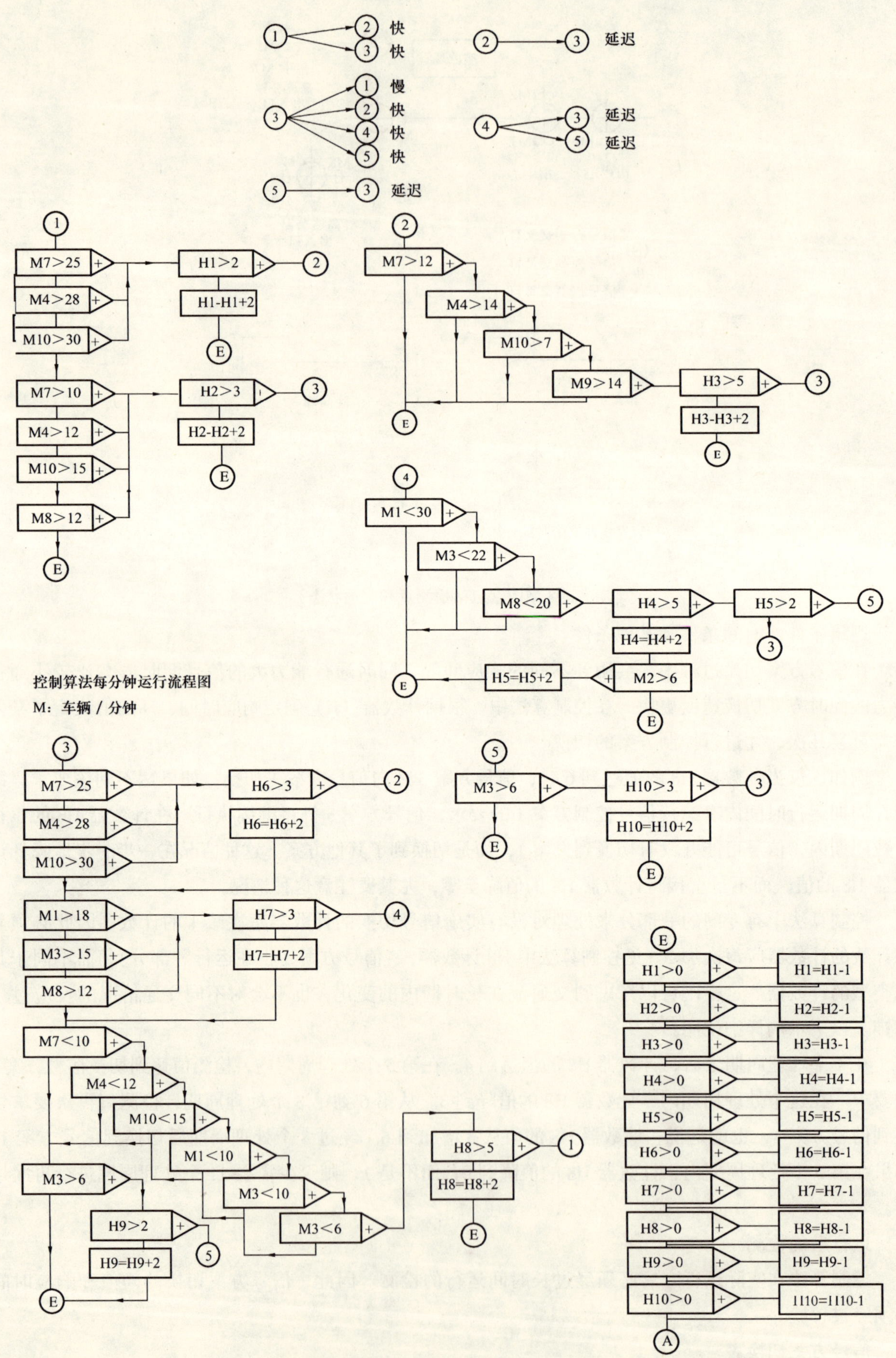

控制算法每分钟运行流程图

M：车辆 / 分钟

SP1：低流量时段；周期时长 60 秒；

SP2：早高峰时段；周期时长 90 秒；

SP3：正常流量时段；周期时长 72 秒；

SP4：晚高峰时段；周期时长 90 秒；

SP5：突发事件，特殊流量时段；周期时长 120 秒。

附录 E　绿波时距图设计的注意事项

绿波配时的设计可以采用图解法和数解法。图解法可以最大限度地考虑到当地的特殊情况和管理者的设计目标，而数解法则更适合于处理复杂路网的配时计算。两种方法的应用都需要进行详实的数据准备。

E.1 图　解　法

绿波配时的设计需要以交叉口的平面设计为基础。

根据正文 5.2 节的介绍，设计绿波配时的首要前提条件是估计绿波行进车速，确定系统的关键交叉口及其周期时长，作为系统的共同周期时长。其后的工作就是通过不断地调整各项配时参数得到绿波方案。

建议采用的比例尺：

时间 1 毫米代表 1 秒，或 1 毫米代表 0.5 秒

距离 1 毫米代表 5 米，或 1 毫米代表 2 米

时间-距离图的绘制遵循以下步骤：(举例说明)

1. 根据绿波带中心线交点的位置和计算的周期时间，绘制绿波带的轴线和带宽范围；

2. 在计算绿波带宽之前，须先计算协调方向的红灯时间，它由相交叉道路方向的机动车或相应的行人绿灯时间加上绿间隔时间得出；

3. 假如设计一个等宽的绿波带，则带宽为系统周期时长减去某交叉口的红灯时间和绿灯间隔时间(该交叉口的红灯时间在各协调交叉口中最大)。如果出现局部绿波变窄时，整体绿波宽度应保持不变；

4. 需在确定最终的绿灯时长前，进行通行能力检验。

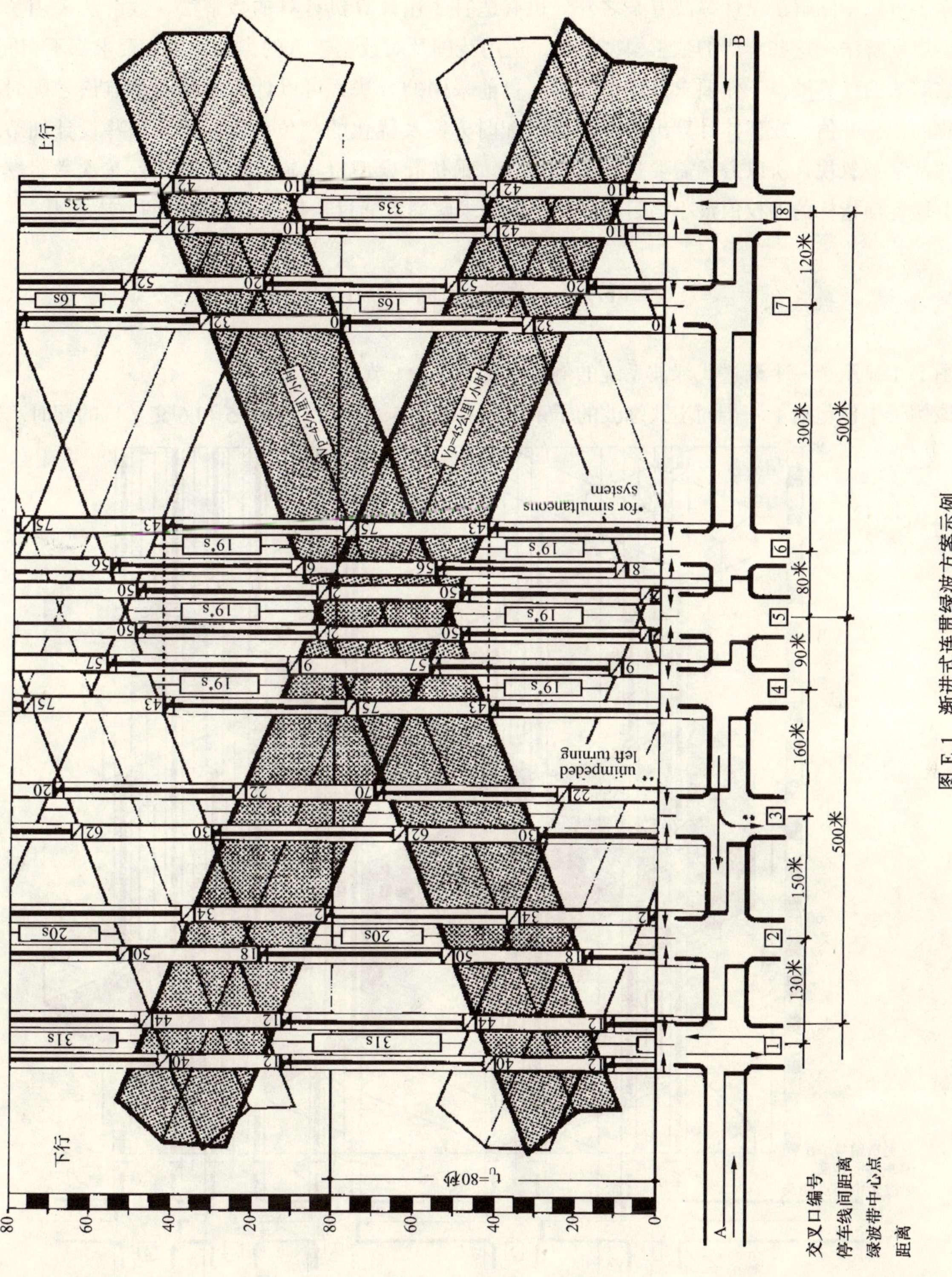

图 E.1　渐进式连贯绿波方案示例

E.2 数 解 法

除了可以用图解法设计绿波方案之外，也有适宜于用计算机计算的数解法，数解法采用了不同的数学规划解法，这些解法的数学模型结构，适用范围及对数据输入的类型和精度要求都不相同。

数解法的计算准备工作要求是不相同的。目前采用的方法，可以计算出给定单点信号配时条件下优化的相位差值，或整体计算出各单点信号配时方案及优化的相位差值。因为一些设计细节和约束条件常常被忽视，所以方案需要进行多次修正。最优化模型以车辆等待时间或停车次数、燃油消耗或上述各项指标的加权值最小为目标。最优值的求解通常通过迭代或全局搜索的方法求得。

E.3 绿波配时示例

图 E.1 显示了一个渐进式绿波系统的例子（见 5.2.5.1 节）。

该例子中也包括了一个同步式绿波的子系统（见 5.2.5.2 节），即 4、5 和 6 交叉口的配时。次要

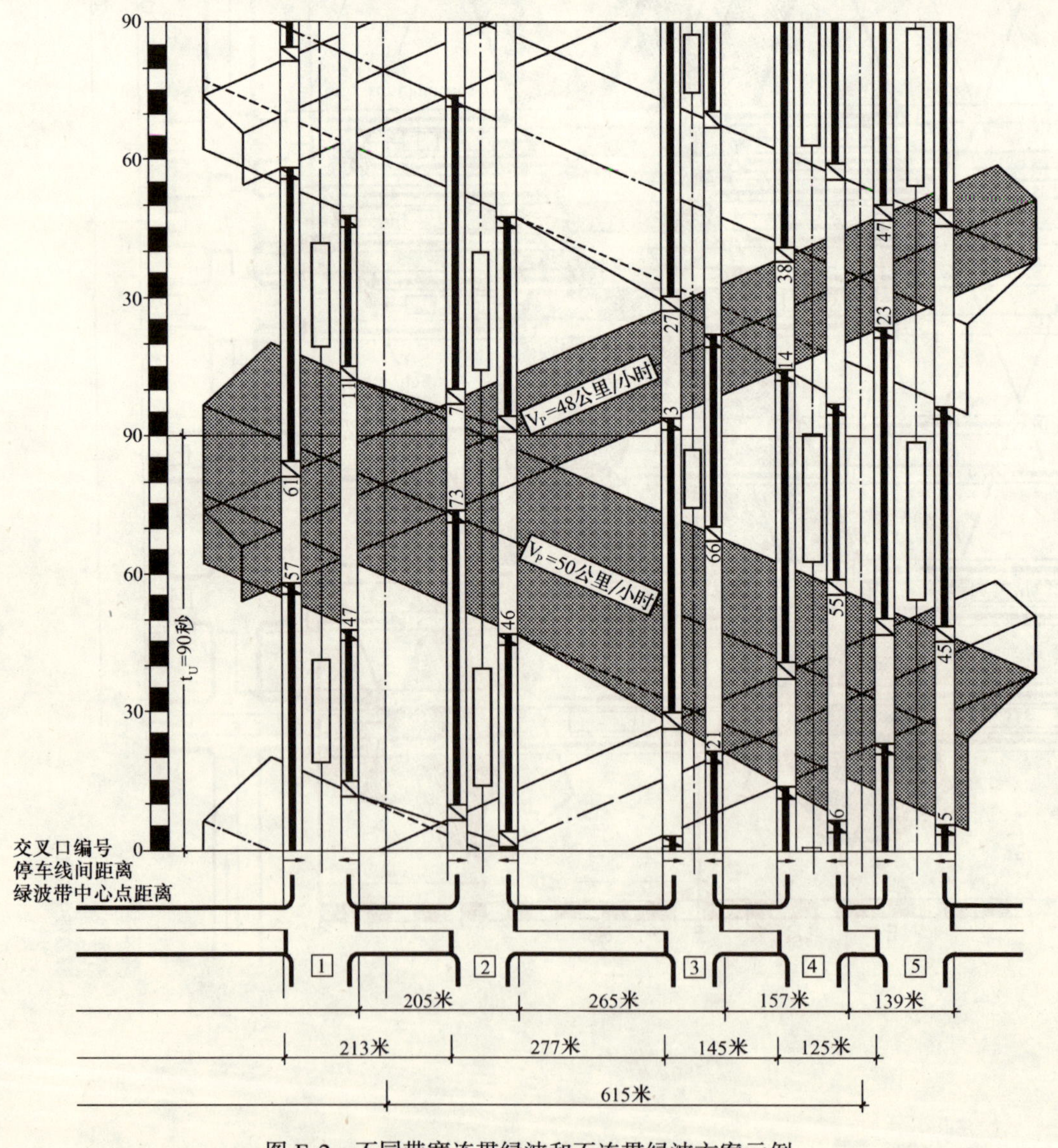

图 E.2 不同带宽连贯绿波和不连贯绿波方案示例

方向绿灯最短时长设计为 19 秒，这样主干道方向的双向绿灯时间可以同时起亮和结束。也可以设计成主干道方向绿灯同时起亮，但是渐进式结束。

在渐进式绿波系统的开始位置，1 号交叉口下行方向迟断的 4 秒绿灯时间对车队的运行会造成危险的结果。此时，渐进式系统的设计原则不再适用；2 号交叉口上行方向绿灯相对渐进式系统计算的绿灯起亮时间提早了 4 秒，同时下行方向绿灯时间提早 16 秒。

位于 1 号和 5 号交叉口之间的 3 号交叉口，大约处于相邻的两绿波带中心线交点的中间位置，上下行方向绿灯时间错位严重，这样左转车流的通行不会受到对向直行车的干扰。侧向所有流向的交通流都在双向绿波的间隔时间内通行，穿越主干道的行人将无法一次过街。

另外由于 2 号、4 号、6 号和 7 号交叉口分别靠近其各自的绿波带中心线交点，左转车流将设置专用的信号相位。

图 E.2 显示了上下行相同绿波带宽和不相同绿波带宽的设计示例。

E.4　辅助信号示例

当采用绿波控制时，为了提高交通管理的效益，可以设置速度信号标志（见 5.3 节）。“漏斗式”信号是速度信号标志的一种特殊应用形式，它要求提示速度信号的变化从而使得随机跟车行驶的车辆逐渐汇集成车队，在长路段上驶到第一个信号交叉口时碰到绿灯。

速度“漏斗”信号的长度由车队中按显示最快速度行驶的最后一辆车的行驶轨迹和后一车队中按显示最慢速度行驶的第一辆车的行驶轨迹间的交点决定。在交点的位置上必须设置第一组速度提示信号（见图 E.3）。显示的最低车速值越高，则“漏斗”信号的长度越长；速度“漏斗”信号经过的第一个交叉口的红灯时间越长，则速度“漏斗”信号越长。

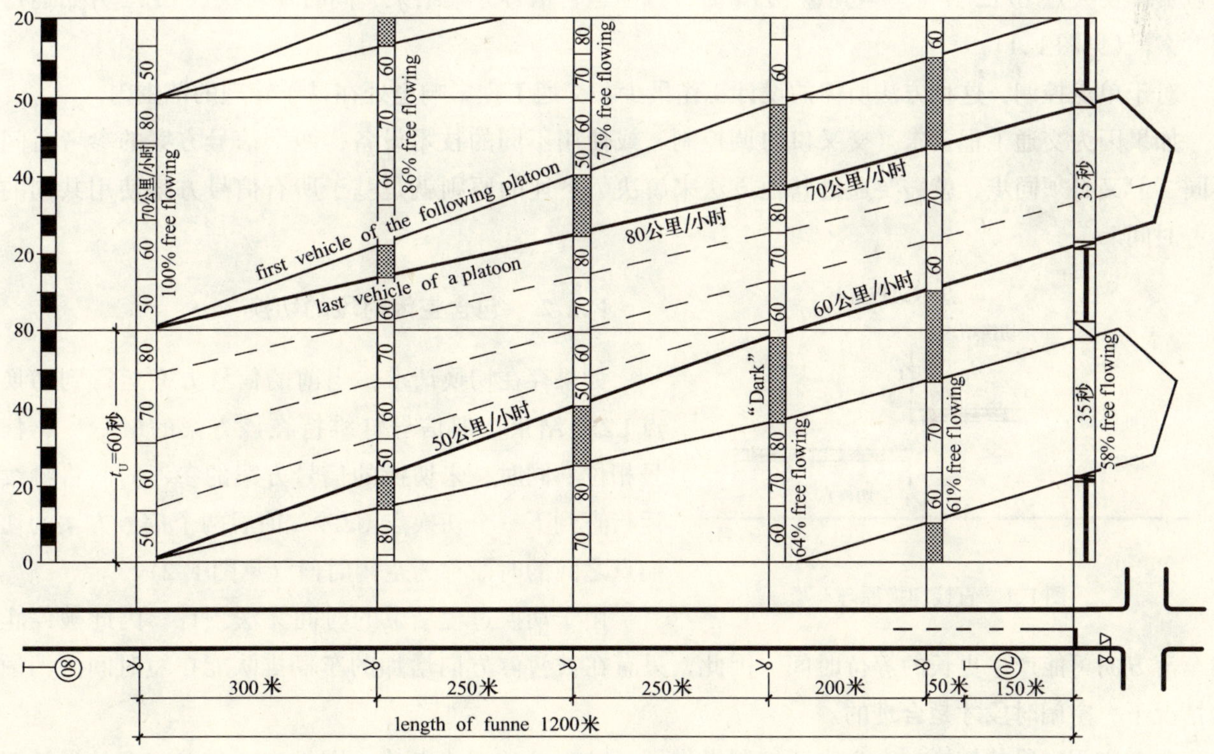

图 E.3　漏头信号方案示例

附录 F　信号方案切换过程

F.1　概　　述

不同的交通状况需要不同的绿灯时间分配、周期时长及相位差为代表的信号控制方案。从某一信号方案向另一信号方案切换的过程称为方案切换过程。从交通工程角度来看，这种切换必须有意义，即：方案切换应尽量减少产生干扰，并且方案切换可以通过合理的控制技术来实现。

从一个运行的信号方案切换到另一个信号方案取决于特定的切换时间（离线操作），或实时的检测数据（联机操作）。

F.2　方案切换原理

以下叙述的基本原理有助于理解方案切换过程，并可作为设计切换方案的根据。在协调控制中的具体运用将在附录 F.4 中通过详细的例子描述。

F.2.1　直接切换

如果存在切换信号方案的请求，当前的信号方案将一直运行到切换点 UZP1，同时请求方案在空当位置即切换点 UPZ2 等待。当到达 UZP1 时，当前运行信号方案结束，同时在切换点 UZP2 开始运行新方案。(见图 F.1)。

对于单点控制，这种方法所需的设计工作最少。交通工程影响也处在易于管理的范围内。

如果因为交通工程要求（交叉口协调控制）或使用不同的技术设备，两个信号方案的参考时间不同，但又必须同步，就需要通过其他方法来解决。下述的原则就是基于所有信号方案使用共同的参考时间。

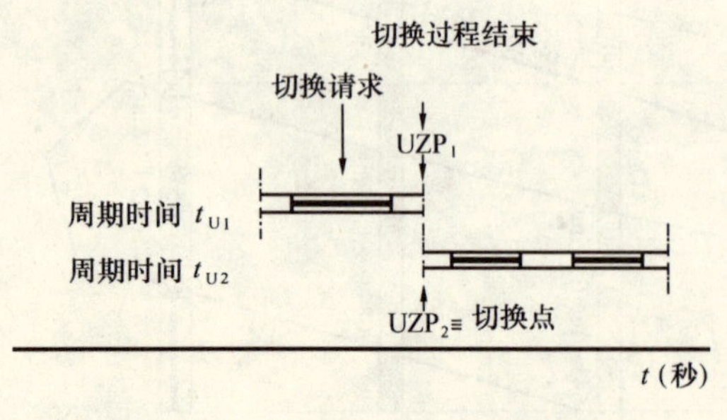

图 F.1　直接切换原理

F.2.2　包含空闲时段的切换

如果存在切换请求，当前的信号方案运行到切换点 UZP1 结束，但信号灯维持在该方案的最后一个信号相位。同时，未切换的信号方案的参考时间将继续运行直到下一个切换点 UZP2。前后两个信号方案的切换点之间的时段称为空闲时段（见图 F.2）。

由于切换过程结束的时间无法预计，因此被停止的车流方向可能产生更长的等待时间。因此，只有在被暂停方向增加的车辆排队能在短时间内消散的情况下，空闲时段才是合理的。

包含空闲时段的切换方案为协调控制提供了一种简单的解决办法，因为它不需要太多的设计工作。然而，由于这种方法会给交通流带来扰动，所以切换过程的持续时间应受到限制。

当切换一个基于交通自适应决策的信号方案时，必须考虑到：空闲时段产生的扰动会引起更多的基于交通自适应决策方案的切换，由此可能导致控制不稳定。

很多方法可以减少空闲时段的持续时间或完全避免其发生：

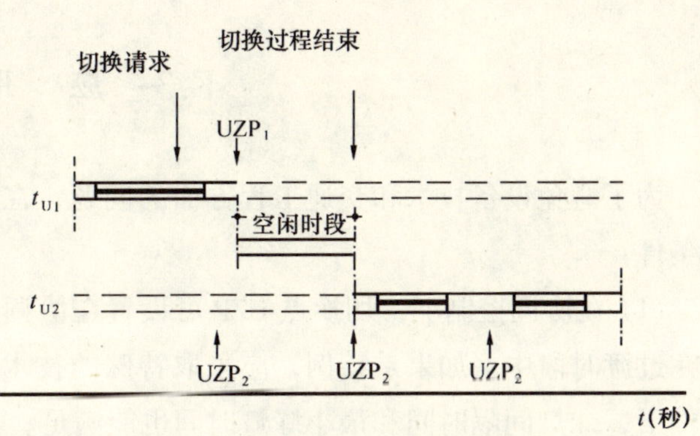

图 F.2　包含空闲时段的切换原理

- 定义空闲时段的最大持续时间。被切换的信号方案通过多个阶段，经多个周期实现同步；
- 在给定的多个周期中选择空闲时段最短的那个周期。这样，有利于使用公倍数最小的周期；
- 在每个信号方案中定义多个切换点，同时确定对应的期望空闲时段。切换过程发生在最短的空闲时段；
- 定义切换时段而不是切换点，使得切换点在切换过程中可根据交通状况自动确定；
- 在切换过程中修改周期时长。

在这里，切换过程通常比不减少空闲时段的过程要长。

F.2.3　无需切换点的切换

如果需要切换，等到现行信号方案结束后，将其信号状态与目标信号方案相比较。如果它们不匹配，相关的信号灯组将切换为目标信号方案的信号状态，并考虑最小绿灯时间 $\min t_{Gr}$，绿灯间隔时间 t_z 及可能的最大绿灯时间和红灯时间。如果所有信号灯组到达目标状态，则目标信号方案开始运行（见图 F.3）。

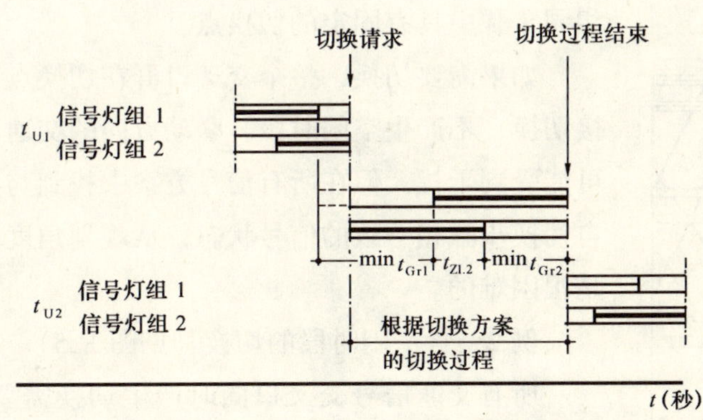

图 F.3　无需切换点切换原理

前一个信号方案不必运行到定义的下一个切换点。在给定的边界条件下，从当前信号状态向目标信号方案切换，以最短的时间完成切换。

F.2.4　通过信号切换程序切换

如果信号方案需要切换，当前信号方案运行到切换点 UZP_1。然后一个独立的信号切换程序在切换点 UZP_2 开始运行直到切换点 UZP_3。这一切换点与请求的信号方案的初始信号状态相一致。

在 UZP_3 点目标信号方案被激活，并在切换点 UZP_4 开始工作。这一过程两次运用了附录 F.2.1 中描述的原理及附录 F.2.3 中的特殊情况。

F.3 应 用 条 件

为了避免设备技术和交通工程方面的问题，在具体应用信号方案切换原则时，必须考虑一些边界条件：

(1) 在协调控制下，切换点 UZP 可设置在协调方向的绿灯时间中或绿灯时间之外。它们不可设置在过渡时段中。如果是特例，应采取特殊的技术或措施，保证即使在临界的技术条件和交通工程条件下，绿灯间隔时间和最小绿灯时间也能满足。

(2) 从交通工程角度来看，在单个交叉口只有附录 F.2.1 所述的独立直接切换可以实行。只要从规划的观点和从交通工程角度看都是合理和可能的情况，就可以根据附录 F.4 的范例 1 处理。

(3) 如附录 F.2.3 中所述，不限定切换点进行切换时，切换程序自动产生。如 (1) 中所述，任何情况下，都必须保证绿灯间隔时间和最小绿灯时间。最小绿灯时间长度可以不等，这取决于各个方向在交通工程方面的考虑。对于需要较长时间的切换方案，绿灯时间的分配也要满足这一点。

(4) 在复杂交叉口，不同信号方案在相同相位间的切换原则不应改变，而应采取恰当的技术和措施，以保证切换开始或结束在这样一个相位过渡中。

(5) 当规划复杂的路网信号切换方案时，必须注意，由于现有的技术设备的问题，会造成一些不利的副作用。

(6) 在大型的路网中，为了减少规划工作和切换所需的计算机调节时间，应只对特殊情况提供这种信号切换程序。

F.4 在绿波中的应用

例 1： 所有交叉口同时直接切换（见图 F.4）

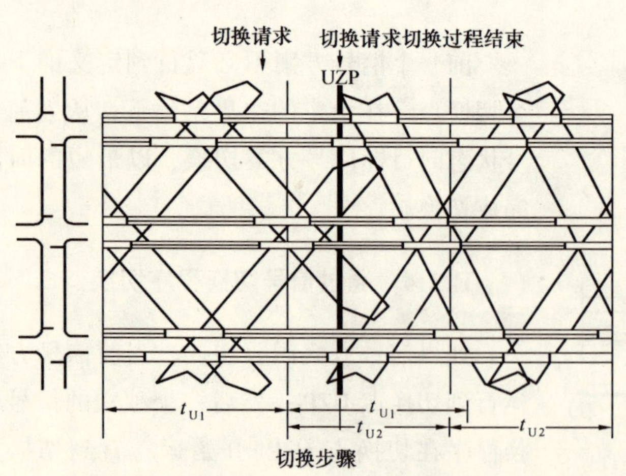

图 F.4 直接切换的示例

所有交叉口的信号方案必须在切换过程的相同步骤中具有固定的切换点。

如果需要切换，整个交叉口群在切换点直接切换，不产生空闲时段。联动方向的交通流可能受到干扰。但在所有信号方案中找到与各自切换步骤相一致的信号状态，从规划角度看是很困难的。

例 2： 含空闲时段的切换（见图 F.5）

所有交通信号交叉口同时产生切换需要。直到最后一个切换结束，整个协调控制交叉口群才全部完成切换，所需时间与切换时间最长的单个交叉口所用时间相等，但至多持续两个周期减去 2 个步长。如果没有采取进一步的措施减少空闲时段（见附录 F.2.2），交通流可能会由于一段时间内协调被打断而受到严重的干扰。

如果主要方向负荷很大，且另一方向占次要地位，通过在主要方向设置切换点，较长的空闲时

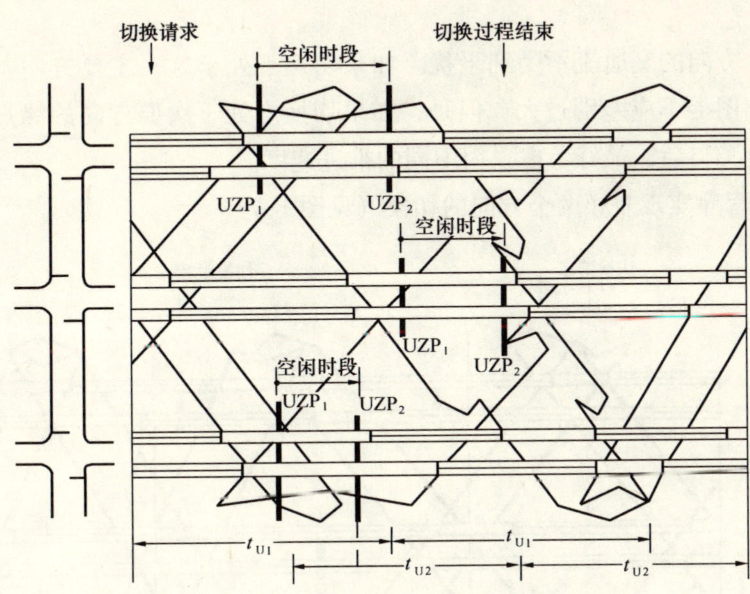

图 F.5 包含空闲时段的切换的实例

段是可以接受的。

空闲时段使绿灯时间延长，很大程度上能够清空进口道的排队车辆。这种切换方式只推荐用于在进口道不是很长，且在切换过程中，道路进口处的交通量不是很大时。否则，将产生相反的结果。

例 3：一个方向优先的逐步直接切换（见图 F.6）

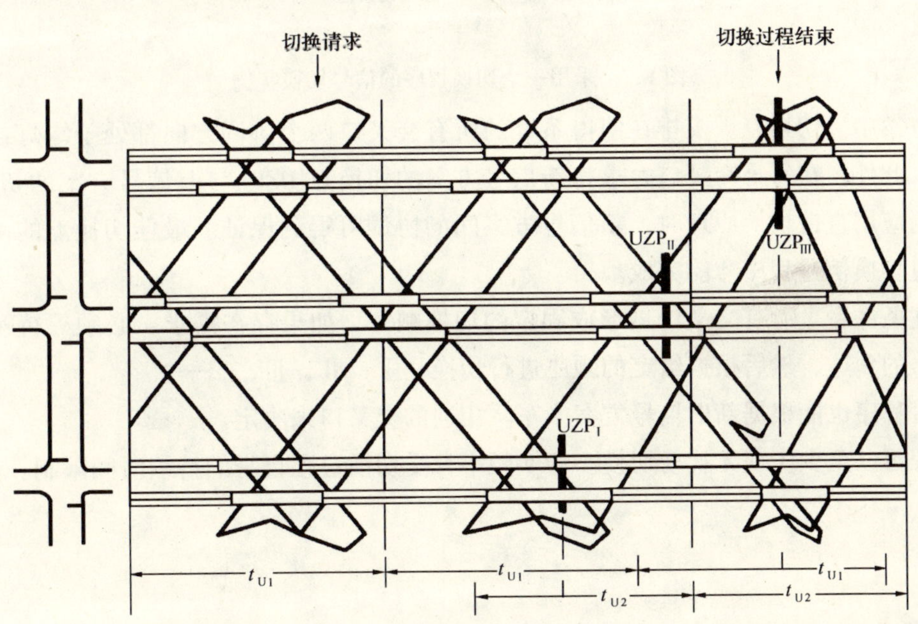

图 F.6 渐进式直接切换的实例

在所有信号方案中，切换点必须安排在使系统的所有交叉口在优先方向同时处于绿灯状态或同时处于红灯状态的时候。最重要的是，在每个交叉口，切换点 UZP$_2$ 必须相关于切换点 UZP$_1$ 这样来设置，如果直接切换，可以保证新的信号方案间的协调。

如果存在切换的需要，在优先方向最先切换的交叉口需到达切换点（UZP$_1$）。切换序列（Ⅰ，Ⅱ，Ⅲ，……）从第一个交叉口开始，与相应的车队同时或在其通过之后，从上游交叉口到达下游交叉口，逐个切换。

这样，至少一个方向的交通流不受到干扰。如果切换点处于这一主要方向，新旧信号方案的推进速度在时间－距离图上不应差别过大。但是，如果切换点处于次要方向的绿灯时间内，且切换发生在车队通过各个交叉口后，最好考虑采用不同的推进速度。

例 4: 通过切换程序实现兼顾两个方向的切换（见图 F.7）

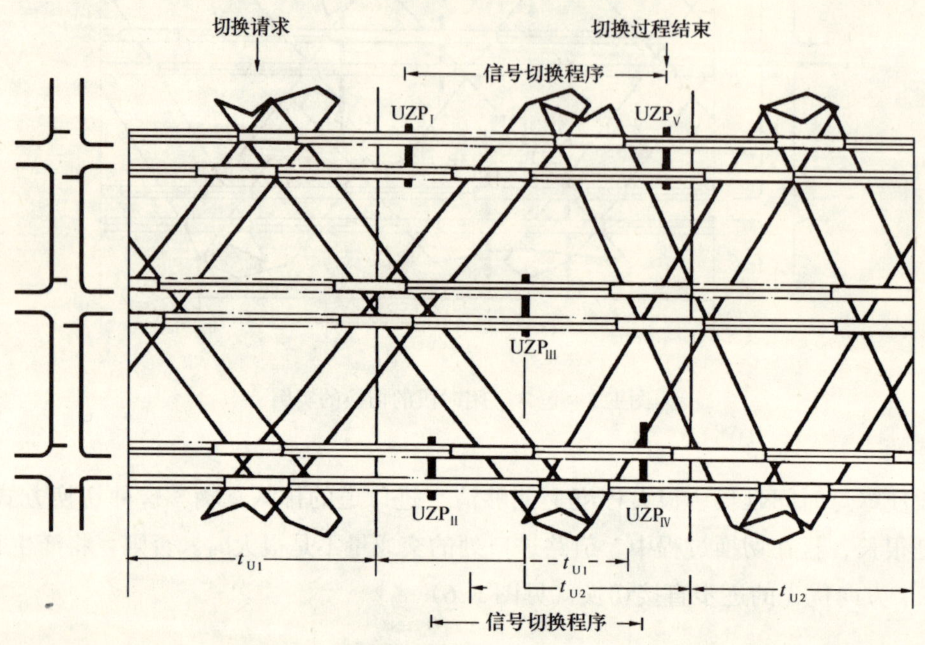

图 F.7 采用一个切换程序的信号切换实例

在信号方案中，切换点被安排在使得系统的所有交叉口两个协调方向都处于绿灯或都处于红灯状态的时候。此外，在每个交叉口力求将新信号方案的切换点 UZP_2 与旧信号方案的切换点 UZP_1 相关联，这样当应用直接切换原理时，新信号方案间的协调可得到保证。最佳切换点的确定大多数情况下只有通过切换信号程序才能完成。

满足上述条件后，所有交叉口将形成固定的切换顺序。如果存在需求，必须等待第一个固定切换点（UZP_1）的到达，然后根据给定的顺序进行切换（Ⅰ，Ⅱ，Ⅲ，……）。

切换信号程序也能根据新旧信号方案中车队相遇的交叉口来决定。

这一进程可以至少实现无扰动切换。切换频率只受切换过程自身的持续时间限制。

附录 G　瓶颈路段的信号控制

G.1　概　　述

本章将介绍信号控制系统在处理某一方向存在车道瓶颈情况时使车流交替通行的控制方法。

以下介绍的内容主要应用于车载或临时使用的信号灯，称为“道路施工交通信号灯”。它可被用来处理长期的道路施工或短期施工，对于永久性的瓶颈信号系统，将给出一些特殊的说明。

G.2　应　用　标　准

有对向车辆的道路瓶颈引起的交通阻碍将更加严重，如果：

- 存在瓶颈的道路越长；
- 瓶颈处的车速越慢；
- 交通流量越大。

一般来说，如果存在瓶颈的道路超过大约 50 米或如果 2 个方向的交通流量超过大约 500 辆/小时，就需要进行交通控制。

如果存在瓶颈的道路很短以及流量很小几乎不会发生拥挤状况，则可以不必采用交通控制。这种情况下瓶颈道路的路段长度可以忽略。如果某一个方向的交通可以转向其他可选择的道路，则瓶颈部分应被作为单行道来处理。（见 StVO 220 页）

G.3　信号时间的确定

G.3.1　信号过渡时间

黄灯时间（t_G）为 4 秒。

红灯与黄灯同时亮时间（t_{RG}）应设为 1 秒，不得大于 2 秒。

G.3.2　绿灯间隔时间

这里的绿灯间隔时间不考虑冲突车辆在进口道上的行驶时间：

$$t_Z = t_{\ddot{u}} + \frac{l_E}{V_r} \times 3.6 \qquad (1)$$

式中　t_Z——绿灯间隔时间（秒）；

$t_{\ddot{u}}$——黄灯期间继续通行时间（秒）；

l_E——清空距离（米）；

V_r——平均清空速度（公里/小时）。

黄灯期间继续通行时间 $t_{ü}$ 通常设定为 4 秒。

清空距离可以简单地等于两个信号灯位置之间的距离。如果道路上有停车线标记则清空距离等于停车线之间的距离。信号灯布局设定必须保证变换车道比较快速。

以下是设定的平均清空速度：

在允许车速为 60 公里/小时时，$V_r = 50$ 公里/小时；

在允许车速为 50 公里/小时时，$V_r = 40$ 公里/小时；

在允许车速为 40 公里/小时时，$V_r = 30$ 公里/小时。

如果在路面有损坏或是有农用车交通时，清空车速与允许的 $V_r = 30$ 公里/小时的车速无关。

如果瓶颈路段有足够的宽度使自行车和车辆能顺利通行，则无须考虑自行车的最低清空速度。如果瓶颈路段没有足够的宽度，则清空过程中需要考虑自行车的清空车速，$V_r = 18$ 公里/小时。

对于永久性安装的固定信号配时系统（例如：在宽度很窄的桥上）清空过程需要特别考虑安全问题。

绿灯间隔时间能够通过式（1）计算或者表 G.1 来查找。

绿灯间隔时间 t_Z **表 G.1**

	清空速度 V_r（公里/小时）			
清空距离（米）	18	30	40	50
50	14	10	9	8
100	24	16	13	12
150	34	22	18	15
200	44	28	22	19
250	54	34	27	22
300	64	40	31	26
350		46	36	30
400		52	40	33
450		58	45	37
500		64	49	40
550			54	44
600			58	48

在一个信号系统进入运行之前，绿灯间隔时间必须尽可能地进行校验和修改。

如果能够实际观察道路上的清空过程或者通过特殊的技术手段（监控冲突区域的占有率），绿灯间隔时间可以根据实际情况确定。

G.3.3 周期时间和绿灯时间

周期时间 t_U 包括 2 个绿灯时间 t_{Gr1} 和 t_{Gr2} 以及 2 个绿灯间隔时间 t_{Z1} 和 t_{Z2}（见图 G.1）。

$$t_U = t_{Gr1} + t_{Z1} + t_{Gr2} + t_{Z2} \tag{2}$$

周期时间可以简单地通过以下图表来估算出（见图 G.2）。

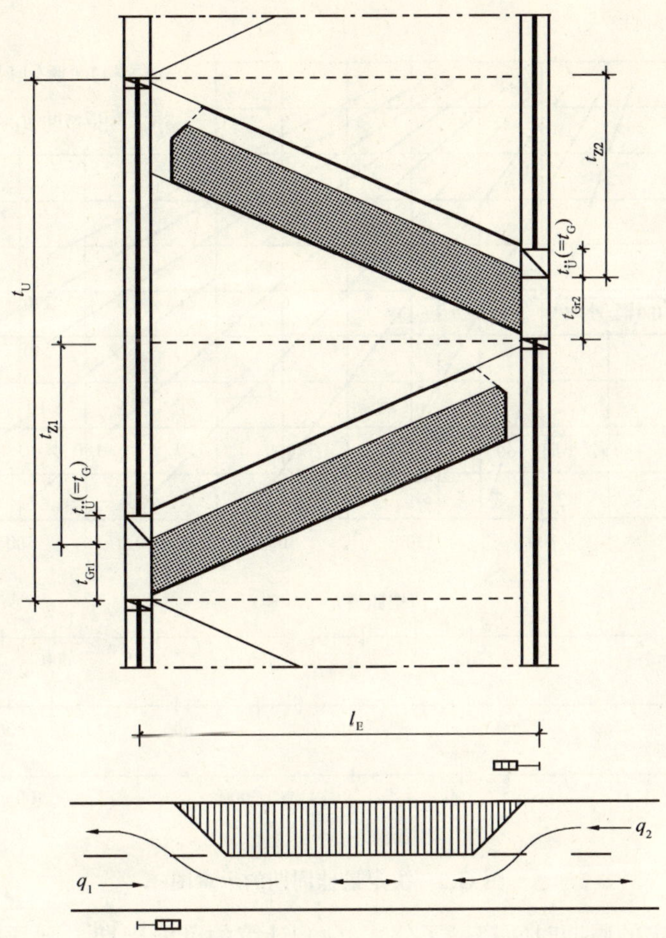

图 G.1　瓶颈路段信号控制的时间距离图

基于瓶颈路段的长度 l_E 和 2 个瓶颈路段进口的总流量 $q_1 + q_2$，并考虑车辆的损失时间，最佳周期就能确定下来。

如果 2 个进口的流量差别很大，如图 G.2 所示，在固定绿灯控制时需要使用一个更大的周期。

周期长度减去 2 个绿灯间隔时间 t_{Z1} 和 t_{Z2} 等于总的绿灯时间。

总的绿灯时间与流量成正比分配到瓶颈路段的 2 个进口。

如果绿灯时间根据实际交通流量情况用交通感应来确定，只须设置最小和最大绿灯时间。

如果排队空间是有限的，则须检查排队区域 l_A：

$$l_A = \frac{ma\beta gq}{600} \cdot t_U \tag{3}$$

式中　l_A——排队区域（m）；

$ma\beta gq$——设计交通流量（辆/小时）；

t_U——周期时间。

车辆长度定为 6 米。

对于排队空间有限的情况，周期须满足以下公式：

$$t_U \leqslant \frac{600 \cdot l_A}{ma\beta gq} \tag{4}$$

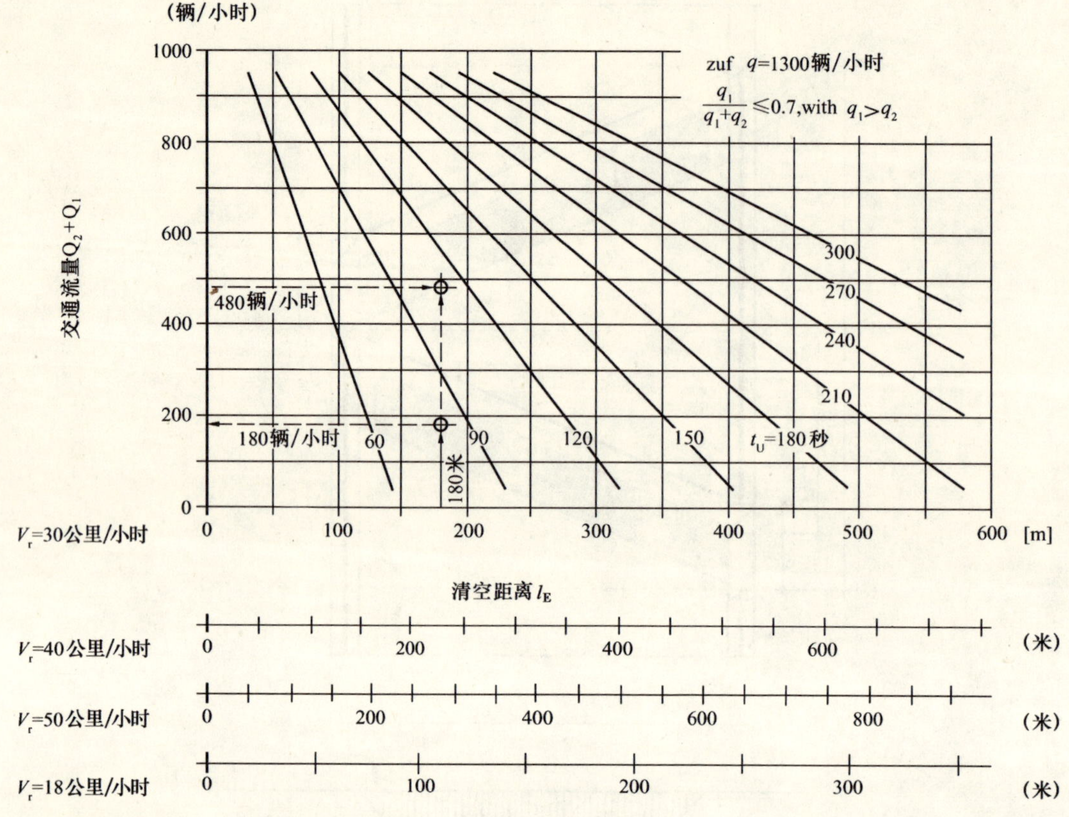

图 G.2　决定最佳周期的示意图

如果通过图 G.2 确定的周期时间超过了公式（4）计算的可能周期，则须彻底地修改瓶颈路段的方案和平面空间布局、缩短瓶颈路段的长度或者改成单行交通，这些措施都能解决这个问题。

G.4　控　制　策　略

G.4.1　固定绿灯时间控制

固定绿灯时间方案是最简单的控制策略。这种方案适合于 2 个方向的流量变化不大并且瓶颈路段不是很长的情形。

通常来说须为不同的交通负荷状况提供不同的信号控制方案。在流量很小的时候（例如：深夜）应选择周期最小的方案，或者关闭信号灯。

方案的切换可以通过手动或者设置一个切换时钟来实现。

G.4.2　可变绿灯时间控制

对于永久性安装的交通信号控制系统，根据实际不同的交通流量来调整绿灯时间是十分有效的。但这时必须设置车辆检测器。

对于移动式的瓶颈信号控制系统，也要求使用检测器调节绿灯时间。由操作人员定期监控车辆检测器以在短时间内消除干扰。如果没有使用检测器，可手动调节绿灯时间。如果固定绿灯时间可以适应一天中的其他时段的交通需求，手动控制只限于高峰小时。

使用检测器的交通感应控制还有一种特殊的情况就是全红/即绿（见 4.4.7.1 节）。但在瓶颈路段使用动态绿灯时间控制的前提是检测器不发生故障并且能可靠检测所有的车辆。这种控制策略对于流量较小的时段具有优势，因此可考虑在较短的瓶颈路段永久性安装这种交通信号控制系统。

G.5 开机方案

安装在瓶颈路段的移动式信号控制系统须通过红灯开机。也允许通过黄灯开机，此时应提供一个开机程序。

在一些很简单的情况下（例如在流量很小的时候），瓶颈路段信号控制系统可以不需要开机程序，信号灯在开机前应避免让驾驶员看见。经过功能检验后，须在适当时刻将信号灯转向车辆运行的方向。

对于永久性安装的交通信号控制系统，须设置保证最长绿灯间隔时间的开机方案。

G.6 瓶颈路段交通组织设计特性

如果在瓶颈路段存在生活区并且有进出口，生活区居民和驾驶员应该能够通过观察到的交通状况适应交通控制，即使他们可能没看到信号。

对于繁忙的进出口通常也设置信号控制。因此，使用移动式的信号控制机（见 10.5 节），能发挥很大作用。

在瓶颈路段内的出入口和交叉口也需要信号控制，除非有以下选择：

- 入口道路完全封闭，这适用于存在可替代的其他道路的情况；
- 连接道路根据瓶颈路段设置为单向通行。

G.7 信号机技术的注意要点

G.7.1 概述

“施工现场信号灯”应能适应设置地点不断变化的要求，同时能够适应恶劣的工作环境。

信号机必须是可以移动的，不需要其他辅助设备并且可以简单地对信号机进行方案编制。绿灯时间和绿灯间隔须能按秒为单位进行控制。

外接设备能够提供扩展功能，信号灯杆可以移动并且灯杆底座须具有一定重量来保持稳定性。

G.7.2 控制命令的发送

“有线信号灯”

如果对一瓶颈路段进行长时间的信号控制，则信号机和信号灯之间的控制命令应该通过架空电缆进行传输。这种信号传输模式保证了高质量的信号传递。

在瓶颈路段永久性安装的信号控制系统一般都应铺设路面线缆。

“无线信号灯”

“无线信号灯”可以通过无线电信号把控制命令从信号机发送到信号灯。这种类型的传输方式一般适用于对道路施工路段进行信号控制及短期控制和移动工作位置。“无线信号灯”需得到德国联邦邮政的运行许可。

“石英钟信号灯”

这种信号灯只能对道路施工路段进行信号控制并且只能用于比较短和比较开放的瓶颈路段。信号时间和精确的石英钟保持一致。但系统时间至少每天应同步一次，因为温度大幅度的变化会使信号时间发生不同步。同步工作通过线缆和指令来完成。还有一种被称为“原子钟”的信号控制系统，这种系统的时钟通过时间信号发射器连续不断地进行同步调整。

这些系统不能使用手动切换或者交通感应的控制。

G.7.3 运行电压

移动式信号控制系统的运行电压不允许超过 42 伏。如果使用电池来供电，当电压过低时应能够给出可见的警告信号或者声音警告信号。

如果铺设线缆的距离很长，应考虑使用粗线缆来对应电压降低的问题。

G.7.4 信号控制安全保障

如果瓶颈路段一目了然并且限制车速为 30 公里/小时，在此处的移动式信号控制系统不需要信号控制安全保障措施。

如果“无线信号灯”通信短时间中断，信号控制系统须切换为“黄闪”。经过一定时间，系统应能够自己重新启动。

对于永久性安装的信号控制系统和在瓶颈路段运行的移动式信号控制系统，在以下情况发生时需要能自动切换为“黄闪”或自动关机：

- 两个进口同时显示绿灯；
- 某一进口无法显示红灯。

G.8 标 志 与 标 线

短期或移动的信号控制瓶颈路段没有必要设置停车线（StVO 中的标志 294）。对于长期和永久性的信号控制系统应该设置停车线。

短期或移动的信号控制瓶颈路段没有必要设置优先标志（StVO 中的标志 208 和 308）。长期信号控制的瓶颈路段，如果按照 StVO 第 6 节的规定在信号控制系统失效的时候优先级能显而易见，则该瓶颈路段可以在一条车道时也不需要设置优先标志。如果道路两侧的变窄程度几乎对称，则须要设置标志 208 和 308。

永久性安装的瓶颈路段的信号控制系统须设置标志 208 和 308。

以节省能源或者减轻汽车尾气和噪音污染为目的而设置的非标准标记很有帮助，例如“如遇红灯，请关闭引擎”或其他提示关闭引擎的标记。

G.9 例　　子

问题

在一条位于乡村社区的直路上，有一个排水系统的施工地点，长 150 米，形成一段单车道的区域，宽 3.50 米。车辆不可能转向。

高峰小时交通流量为每个方向 240 辆/小时，也就是 2 个方向 480 辆/小时，其中有许多农用车辆。

问题分析

施工地点的长度 = 150 米

施工地点头部和尾部距信号灯之间的距离 = 每个 15 米

考虑清空距离的信号灯安装距离 $l_E = 150 + 15 + 15 = 180$ 米

农用车辆决定清空车速。由于自行车很少并且 3.50 米的车道宽度足以保证他们的安全。

$$V_r = 30 \text{ 公里/小时}$$

解决方案

根据图 G.2 最佳周期时间：

$$t_U = 110 \text{ 秒}$$

根据式（1）或表 G.1 绿灯间隔时间根据 $V_r = 30$ 公里/小时和 $l_E = 180$ 米来确定：

$$t_Z = 26 \text{ 秒}$$

如果绿灯时间保持固定，可以根据以下计算得：

$$2 \times t_{Gr} = t_U - 2 \times t_Z$$

$$2 \times t_{Gr} = 110 - 2 \times 26 = 58 \text{ 秒}$$

$$t_{Gr} = 29 \text{ 秒}$$

在夜间，绿灯时间只持续 15 秒使得车辆等待时间尽量短。

周期时间为

$$t_U = 2 \times t_{Gr} + 2 \times t_Z$$

$$t_U = 2 \times 15 + 2 \times 26$$

$$t_U = 82 \text{ 秒}$$

图 G.2 表示这个周期仍然允许大约每小时 180 辆（两个方向之和）的流量通过施工地点。

附录H 车道信号控制

H.1 应 用

H.1.1 概述

与交叉口信号控制相反，车道信号控制是一种控制路段上各车道交通流运行的措施。它有两种运行模式：

- 通过更好地利用车道断面来提高道路通行能力（可变车道控制）；
- 对于事故、事件、维护和施工路段暂时关闭车道（车道安全保障措施）。

两种运行模式可以互相组合使用（例如隧道的交通控制）。

应检查车道信号控制与已有的其他控制措施的兼容性。

H.1.2 可变车道控制

不同方向的交通流量会发生周期性或非周期性间隔的变化。一个方向流量的周期性变化主要是由城市中放射状路网及其他重要的支路上下班交通造成的。无规律的一个方向出现高峰流量是因为发生了影响较大的事件或者是在城市郊区的休闲郊游交通流所引起的。

可以将道路的车道断面交替地优先分配给交通负荷较大的方向以充分利用道路空间。这时须采用车道信号控制。根据一天中多个时间段范围内的交通流量变化，来确定可变车道的开放或者关闭。把附加车道分配给某一方向，能够降低每车道的平均交通流负荷度并提高这个方向的服务水平。在信号交叉口进口道，附加分配的车道在相同绿灯时间中能提高进口道通行能力并减少拥堵。

可变车道控制对于路段上有较高比例的直行流量的情况比较有效，但因为可能对转弯和路段汇入车辆有限制，影响在较大路网上的交通管理。因此，对于道路网上相关的交通控制措施也必须从一开始就给予考虑。

附加的控制措施是指在局部路网中受影响的区域或交叉口内需要设置的交通工程设施和设备。例如他们包括：交通指示板、可变信息标志、车道标记或者一些指路和标示结束的设备。具有车道控制系统的信号控制交叉口需要在设计上和控制上与路段车道信号控制系统相配合。

H.1.3 行车道安全保障（车道关闭）

为保障车道安全，车道信号可以完全或者部分地关闭一条或多条车道。与可变车道控制不同的是这并没有减少与之相连接的对向车道。

因为隧道和桥梁内部交通流易于发生阻塞，所以在隧道中有必要为隧道内部的养护措施或者运行故障设置行车道安全保障措施以保证隧道内部交通畅通。而一般除了隧道和桥梁外，很少为行车道的安全保障而专门设置车道信号控制。

H.1.4 其他应用

其他应用的例子：

- 高速公路入口匝道通过车道控制来调节汇入高速公路的车流量；
- 在立体交叉道路出口附近进行车道分配以转移交通流；
- 长时间或暂时性显示并道；
- 特定地点的车道分配，例如：海关、港口或收费站；
- 停车站或维修站的车道分配。

H.2 文档和准备工作

除了设计整个系统（总体平面图）的计划所需要的文档之外，还必须对通行能力做独立的研究来决定运行状态和控制策略。一般来说需要以下的调查：

- 在一周中不同天及一天中不同时间两个方向的流量负荷；
- 两个方向上整个交通流中的直行流量；
- 在较短时间间隔中的交通流波动；
- 在重要交叉口的转向及汇入交通流；
- 检查周围路网的通行能力；
- 在信号控制路段上应特殊活动所引起的交通流变化。

因为它们之间的互相影响关系，在研究准备中对相关措施的选择和评估很重要。

因为车道信号控制系统的建设、运行和维护的代价很高，因此在决策前，须对采用这样的交通控制和引导措施来处理交通问题的可行性进行全面的分析。

设计时需要考虑可变车道控制路段结束断面是否有足够的通行能力。即使在直接相连的交叉口，也需要根据不同的运行状态检验通行能力。

可变车道控制的车道划分依据是可获得的车道数及不同方向上发生的交通流量。总的来说可变车道控制对路段上的车道数没有强制性要求。有时甚至没有必要把道路分配成不对称的车道。然而对于车道数为奇数的情况来说，总有一个方向具有明显的优先权重。特别是 3 车道道路的可变车道控制证明是适合的。在交通需求很大的时候受信号控制的不同方向交通流的关系应该如下所示：

3 车道道路	至少 2:1
4 车道道路	至少 3:1
5 车道道路	至少 3:2

H.3 建设与运行原则

H.3.1 总体方面

根据设置的类型，须先满足特定的建设和运行的前提条件。尽管保障车道安全一般不需要任何特别的建设，但可变车道控制须要满足许多前提条件：

须考虑以下几个总的方面：

- 车道信号控制一般必须是永久性的设施；
- 路段必须安装优先通行（相对于相交道路）标志；
- 在车道信号控制路段上不允许停车；
- 周围生活区进出交通应越少越好；
- 应尽量避免转向和路段汇入车流所引起的阻碍。只有在独立左转车道上才允许左转。而且，必须注意只有采取了特殊的保护措施才允许左转车流，在流量很大的时段应该禁止左转。如果允许路段汇入车流，须根据不同运行状态检查各种情况；
- 穿越或汇入车流要受信号控制；
- 出于安全，行人必须在信号控制行人过街横道过街或行人立交过街。

H.3.2 路段

可变车道控制适合于没有物体分隔设施的路段。假如有物体分隔，须根据车辆行驶的动态特性，设置车道转换引导路段，例如在隧道路段前。虽然可变车道控制原则上也可以应用于2块板的道路，但需要在进入点及车道转换引导路段特别加以考虑，并采用全面的工程措施（如采用独立分割的中央车道）。这里对此不作详细阐述。

在有物体分隔的路段上能使用车道安全保障措施。

与本规范前面说的不同，上述系统中车道宽不得窄于3.0米。车道必须具有清晰的标线，标线的设计在RMS中有规定。在车道有变化的地方不允许设置车道边界线。在整个路段上必须有足够的空间以设置信号灯和附加交通设备。在隧道里及住宅区附近，尤其需要注意这个要求。

H.3.3 交叉口

H.3.3.1 概述

只要车道断面和车道方向的分配在交叉口范围内保持不变就能将交叉口包含在车道信号控制的范围之内。通常来说仅在没有转向车辆的交叉口考虑车道信号控制。在所有其他情况下必须采用特定的控制和工程措施，虽然这会使出行者很难了解交叉口的运行状况，且这些措施都需要相关的用地。

H.3.3.2 交叉口平面布置

交叉口必须设计成能够安全和有效地从一个运行状态过渡到另一个状态。根据交叉口的功能，车道分配和布置必须很仔细地设计。

固定方向和不定向车道必须分开。不定向车道不允许标记方向箭头。

交叉口根据它的位置与功能可以分为在可变车道控制范围起点、终点及中间3种。如果交叉口位于可变车道控制范围终点，则该交叉口进口道必须设置与可变车道控制起始交叉口对应进口道相同的车道数，或通过车道信号/交通指示牌将道路过渡到较窄的车道断面。这一路段必须能容纳从车道信号控制路段来的交通流并且不造成拥堵。如果交叉口位于可变车道路段的起始位置，则进入路段的最大车道数不能大于每个方向最大的连续车道数。在不同方向的起始与结束位置必须强制性地设置物体分隔带。从固定车道到可变车道的过渡必须使用车道信号灯和清晰的、符合车辆行驶动态特性的车道标线（见图H.1）。

可变车道控制系统中间交叉口的设计中的一个主要问题是考虑是否允许车辆左转。

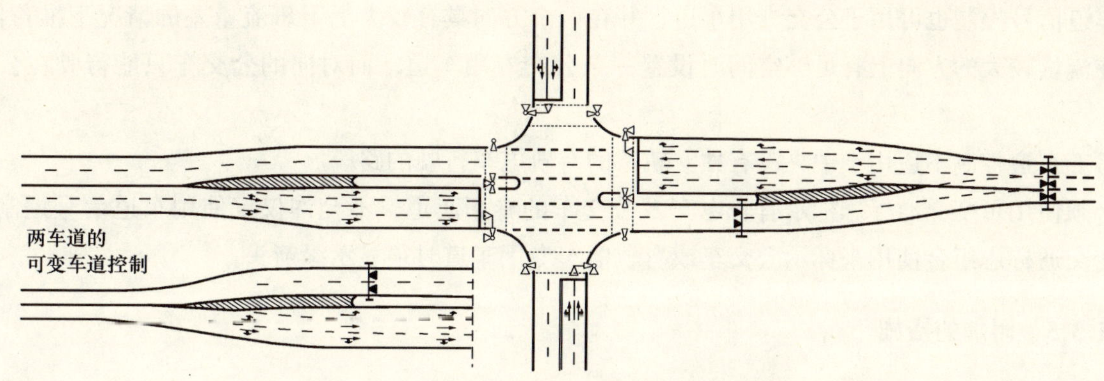

图 H.1　可变车道控制路段的起始与结束路段

H.3.3.3　转向车流

右转车流一般不会引起任何问题。尽可能在交叉口为右转车设置脱离车道信号控制的独立车道，尤其是在右转车会阻碍直行车流的情况下。

共用直行车道的左转车流通常会造成连续车道的阻塞。为了安全，可变车道控制系统中左转车流应该完全禁止或者提前放行。如果不可能，可以采取以下解决方法：

- 如果有足够数量的车道数，根据车道分配的情况，将交叉口前最内侧的车道分配为左转车道。为了保护对向的车流不受干扰，必须在车道上通过可变方向标志标示车辆的行车方向。
- 与起点路段及终点路段一样，位于路段中间的交叉口中，带有方向箭头标记的固定转向车道，为明确车辆行驶方向，必须设计得使直行车流能自然地在规定的车道上驶过交叉口。必须考虑的边界条件是在交叉口范围内的直行车道数与路段上的直行车道数一致。两个方向之间须要设置中央分隔带。(见图 H.2)

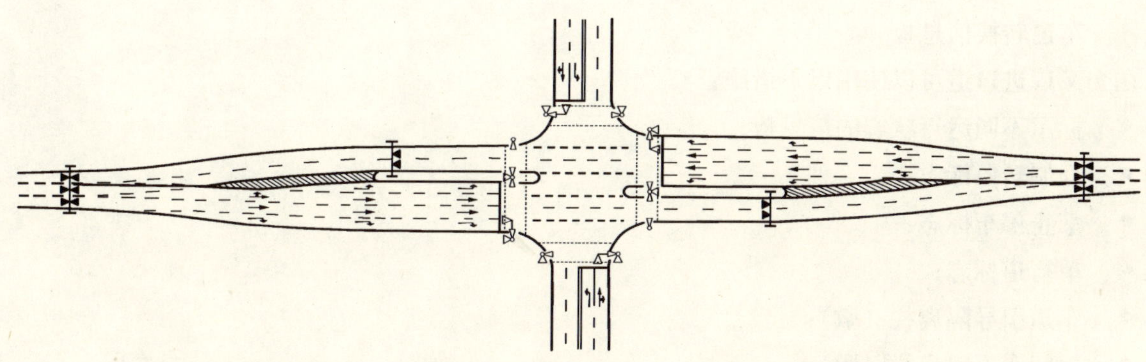

图 H.2　具有左转专用车道、位于可变车道控制路段中段的交叉口

H.3.3.4　交叉口信号控制的特殊特性

必须谨慎设计车道信号控制区段内交叉口的信号控制。一方面，控制和工程措施必须把车道信号控制对交叉口控制造成的干扰尽可能减少到最小。另一方面，交叉口信号方案计算的边界条件随着运行条件变化而变化。举例来说，在计算绿间隔时，必须考虑在当前运行状态中，左转车和左转进入的车辆所要跨越的车道数是不同的。

H.3.4　公共交通的考虑

在车道信号控制的道路上公交车站一般设置在连续车道的尾部。

车道信号控制也可用于公交专用车道，并在两个方向具有较大上下班流量差的情况下推荐使用。可以在流量较大的方向上有足够空间时设置一条公交专用车道，而对向的公交车只能行驶在公用车道上。

可变车道控制不适用于中央没有独立轨道的有轨电车行驶的路段。

必须使用可变交通标志标示有轨电车及公交车的专用车道，不允许仅仅使用车道信号控制。其与可变交通标志组合使用来标示公交车或有轨电车专用车道时须显示绿箭头。

H.3.5 附加的措施

必须首先进行交通工程整体方案设计才能从总体上得出车道信号控制所需要的附加措施。可以作为附加措施使用的标志按不同的功能分类，主要有静态交通标志和设备、划线和可变交通标志。

在主要路段上可能需要以下交通标志和设备：

- 强制转向标志；
- 禁止停车标志；
- 绕道行驶建议标志；
- 速度限制或速度建议标志；
- 可变路径诱导标志。

在车道转换引导路段（见图 H.1 和图 H.2）可以使用以下标志：

- 强制转向标志；
- 禁止停车标志；
- 指向与路段结束标志；
- 速度限制或速度建议标志；
- 车道转换信息板。

在交叉口进口道可以使用以下措施：

- 标示不同运行状态的信息板；
- 强制转向标志；
- 禁止停车标志；
- 单行道标志；
- 车道引导隔离栏（墩）；
- 封闭车道隔离栏（墩）；
- 可变路径诱导标志。

影响区域范围的措施主要有路径诱导标志。而且，车道信号控制会引起路段交通流量发生变化，这会带来对交叉口信号控制方案变化的要求。

如果在某时段设置交叉口车辆行驶方向的限制，则必须在相关的主要道路上提前设置标示，使出行者可以及时转向其他路径。但这必须保证车流不会转移到不希望进入的区域。如果主要道路采用这些措施，必须标示出替代路径。通常来说，通过设置单行道可以使交通流转向希望其通行的交叉口并远离不希望其通行的交叉口。

H.4 车道信号显示位置的确定

车道信号显示位置必须设置在驾驶员能在路段上的所有位置都能观察到的地方。信号的可视程度及车道信号显示断面的间距与道路的线型和限速有关。车道信号的显示断面不必太密，以免信息量过度并因此失去路段与显示断面的明确对应关系。

在直行路段上，每个车道信号显示断面之间的距离不应该超过300米。

在隧道，桥梁及在车道转换引导路段上，可使用更短的间隔距离。但即使路段很短，也应设置3个以上车道信号显示断面来显示路段信息。

交叉口进口道最后一个车道或者出口道第一个车道信号显示断面的设置必须满足以下要求：转向进入交叉口的车辆必须能提前并且清楚地获取信息。这就要求车道信号的显示断面要尽可能靠近交叉口。然而从另一方面来说，不允许混合使用车道信号控制和交叉口信号控制。因此，车道信号显示断面不能设置在交叉口范围内。在满足以上2个约束条件的情况下，车道信号与交叉口中心点的距离建议为大约70米。在交叉口信号灯和车道信号控制之间至少要保持50米的间距。

H.5 可变车道控制的控制策略

H.5.1 控制策略的选择

到目前为止实际使用的车道信号控制系统都是根据适用于特定的实际情况来设置的，并没有一个标准的处理方法。

控制策略的选择是根据实际的交通流分布情况来决定的。对于有时段性波动的交通流，可以采用按时段选择运行状态的方法。基于前期交通工程方面的研究成果，可以在固定车道信号控制中设置整个路段同时变化的多时段控制策略，也可以设置各路段分别变化的多时段控制策略。

对于交通流量变化不规律的路段，可以采用交通感应来选择运行状态。这种控制策略主要是把检测数据的获取与依不同交通情况选择适合运行状态的控制算法联系起来。

H.5.2 交通参数的获取

通过交通感应来选择运行状态的方法依赖于需要通过在线获取交通流参数的控制算法。可以获取以下参数：

- 每条车道上的交通流量；
- 关键交叉口进口道的饱和度；
- 交通流密度，每条车道的占有率；
- 选定断面的车速；
- 进口道的排队长度。

采用更先进的控制策略需要明确一些基本的关系，如下：

- 一个方向不同车道的流量比例；
- 流量、密度和平均车速之间的关系（基本曲线图）；

- 每个方向的车道数、流量及行程车速或行程时间的关系。

H.6 运行的原则

H.6.1 概述

从运行的角度来看每个显示断面的车道信号灯都形成一个独立的信号系统。每个信号控制状态都对应一个特定的运行状态。

这里的运行状态包括各交通信号灯的所有相协调而互不冲突的信号状态。运行状态一般在至少5分钟内不会改变，并且与每个车道对应。

从交通工程角度来看把属于一类的信号灯组成一个信号灯组可以保证这个组内所有的信号灯都会随着运行状态的变化而协调变化。如果因为操作原因（例如维护工作）或者交通原因（例如事故）无法保持这种组合，或者信号灯组必须独立或以更小的灯组状态来切换，必须注意不要出现对相邻信号灯来说不协调的甚至是危险的信号控制状态。

总的来说，每个交通信号灯都要通过信号控制机的协调控制来保证不存在冲突信号，并且能对无法显示红灯的情况进行监视。为了保证高可靠性，无法显示红灯的情形通过备用设备来处理，例如一个自动启亮的备用灯泡或者一个双灯丝灯泡，并且向控制中心发送故障警报。可变车道控制系统需通过特殊装置进行监视并记录所有红灯和绿灯的状态，并且对可变车道断面及信号控制路段的状态进行检测。可变车道控制系统在一个方向显示的绿箭头必须与反方向显示的红色叉信号相对应。在任何条件下必须保证如果一个红灯无法显示，相反方向的绿灯必须立刻关闭。如果一个掉头车道的红灯信号失效，整个信号显示位置（2个方向）都要关闭。

如果车道信号控制失效，交通应能通过备用的可变交通标志来控制。这些标志的设计必须能够保证在突然断电的情况下显示特定的标志。可以通过机械的方法来实现，如重力作用或弹簧张力。

如果车道信号控制与交叉口信号控制相结合，则车道信号控制失效所造成的影响必须能由信号控制程序来处理（反之亦然）。

H.6.2 运行阶段的切换

系统在开机时应考虑当时车道分配情况。如果具有奇数车道的过渡路段中央车道没有分配给某一方向，则信号灯启亮时不应该以红灯及红色叉车道信号作为两个方向的过渡信号，应使用黄闪箭头信号。否则，在车道上行驶速度较快的车辆可能会反应过度。这些要求需要由一个程序来保证其安全性。

附加措施（例如禁止汇入和转向车流）应该在车道信号控制开启前实施以保证不会发生危险的情况。

车道的切换需要通过清空、安全保障及最后开启等步骤。

清空过程有两种不同的运行方式。为了避免红灯信号造成道路阻碍，应该使用黄闪箭头作为过渡信号：

- 车道切换引起的清空过程——因为能够使整个路段同时进行车道切换，所以切换时间很短。但必须保证相邻车道上的流量允许切换；

● 通过出口道进行清空过程——这种情况下车道信号不是同时切换而是一个接一个地切换。各车道信号显示断面的切换时间通过车队的清空速度来确定（见图 H.3）。这种情况下切换所花费时间比上一种情况要长。这种切换过程可以在相邻车道流量较大的情况下进行。如果相邻车道有物体分隔设施，则必须采用这种切换方式。

为了保证两个方向交通流的安全，两个方向放行时应该有足够的绿间隔时间。如果系统能够采用视频监控交通流，则必须在放行之前检查相关的车道是否已经清空。

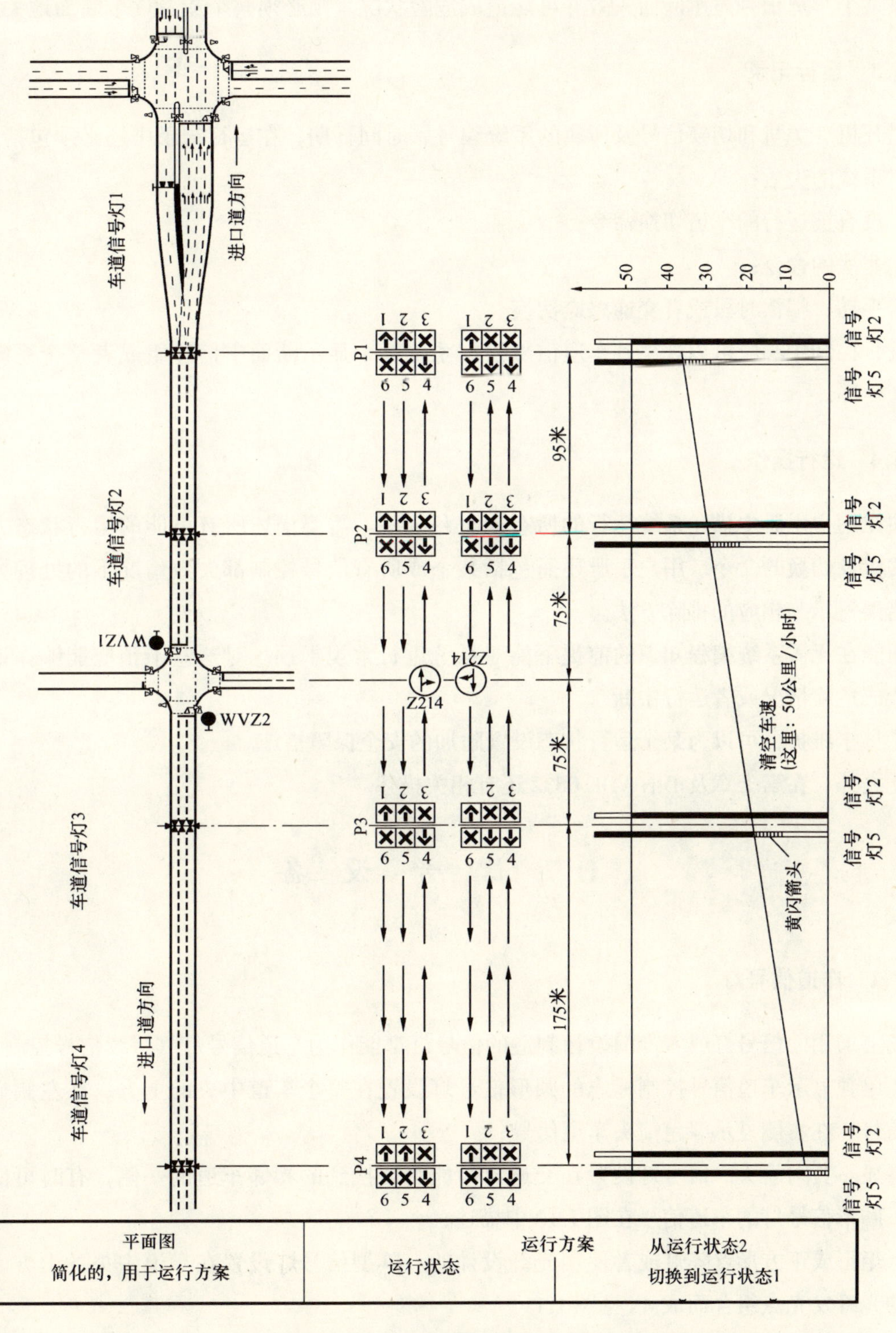

图 H.3　一条具有协调交通信号控制系统的路段上的车道信号控制示例

在清空之前，主要是为了保证车道安全，应该使用斜向黄闪箭头作为过渡信号。

车道切换应采取一些附加措施。例如，车道切换时应开启可变交通标志等相关措施。（见图H.3）

如果信号控制系统必须关闭或者因为某种原因失效，则应该设计一种附加的运行状态可以无需车道信号控制自行运行。在这种情况下，须设计一个过渡过程使交通流过渡到可以不用车道信号控制的状态。

如果某个车道信号显示断面失效并可能造成危险状况，则必须整个或者逐个断面地关闭系统。

H.6.3 运行记录

除了开机、关机和切换信号及所属的系统编号、时间日期，在运行记录中还必须包括以下内容：

- 系统的失效；
- 没有被运行的车道切换命令；
- 非法的命令；
- 手动，根据时段或者交通感应切换。

而且，控制中心应可以观察到车道信号控制系统某个显示断面中信号组或者整个系统的车道信号状态。

H.6.4 运行操作

必须在用户手册中描述系统运行的所有规定和准则。需要描述所有可能的运行状态尤其是系统开机、关机及切换的命令。用户手册还需包括某个或所有信号控制都失效情况下的处理方法及所有可能的错误显示和相应的排除方法。

必须能在无需系统编程知识的前提下能对系统进行常规干预。对这些干预应能够保证错误的操作不会造成危险情况或者运行中断。

为了易于维护，可以为某个运行状态设置附加的安全保障措施。

除此之外，在第十章及DIN VDE 0832还有相关描述。

H.7 信号设备

H.7.1 车道信号灯

市场上通用的信号灯或者专门设计制造的信号灯都能作为车道信号灯（持续信号控制）使用。

- 单独显示车道信号控制标志的圆形信号灯设置在每个车道中央的上方，在左侧显示红色交叉车道信号，在右侧显示绿色箭头车道信号；
- 显示黄闪箭头的信号灯设置在交通流可能会切换到的相邻车道的一侧，有时可能两侧都需该设置。圆形信号灯的车道信号在图I.10中描述；
- 矩形或正方形点阵灯或者使用光纤设计的点阵型信号灯设置在车道中央的上方。标志由不同颜色的光纤发光点组合而成。(见图I.11)

信号灯的尺寸和样式根据实际用途来设计。要考虑到路段的结构净空，周围的光照亮度及显示断面之间的间距。

和交叉口信号灯相同的直径为 200 和 300 毫米的圆形信号灯可以在隧道中使用。在特定的情况下还可以使用直径为 100 毫米的信号灯。在开阔的城市道路上可以使用 300 毫米直径的信号灯。一般来说矩形或者正方形的点阵型信号灯更加适合，因为它可以显示更大的标志并且在光学角度上变化更多。点阵型信号灯能更容易与交叉口信号灯区别（可变灯光信号）并因为不会有幻影现象而更容易被观察到，且应该能根据各种光照亮度调整信号灯。在高速公路或者其他快速道路上应使用大型的信号灯。根据经验应设置 600 毫米 × 600 毫米的点阵型信号灯。

在可变车道控制路段所有车道都必须设置信号灯。在固定的车道上可以只设置单头信号灯（红色交叉或绿箭头车道信号）。在单行道上，例如高速公路入口、匝道等没有可变车道控制的地方，可以只在相关的车道上设置车道信号灯。例如，多车道道路上的某条被关闭的车道，某条经常被关闭的车道或者类似的情况。然而，如果需要对整个过渡路段进行信号控制，例如隧道的进出口，就必须在每条车道上都设置车道信号灯。

车道信号灯必须能在远距离外就能被识别并且准确清楚地对应每条车道。这在回旋或者弧形的车道上尤其需要注意。信号灯一般都设置在龙门架上、悬臂或者跨越整条道路的线缆上。必须要保证所需的结构净空。

H.7.2　车道信号灯与交叉口信号灯的区别

当在同一路段上把车道信号控制和交叉口信号控制组合起来，交叉口信号灯的设置必须保证所有车道信号控制的运行状态都能被清楚地识别并与车道对应。为了避免混淆，交叉口控制直行车流的信号灯不应该使用箭头灯。为圆形信号灯设置矩形或者正方形的背景板或者采用点阵型信号灯有助于区分两者。

H.7.3　信号控制机

运行车道信号控制的信号控制机与交叉口信号控制机相似。车道信号控制需要根据整个系统类型和规模设置其中心运行方式，并控制及监视整个装置及数据传输设备。在 *Merkblatt über Schalt-und Steuergeräte für Lichtsignalanlagen* 有更详细的介绍。

H.8　方　　案

H.8.1　设计方案

车道信号控制路段的设计方案与运行方案需要描述路段、运行状态及运行状态之间的切换。

设计图需要标示出对于建设和运行所有必要的重要装置，它应至少包括以下内容：

- 标记方向的车道信号显示位置；
- 交叉口信号控制设计方案；
- 车道标线、指向及车道设施；
- 数据检测位置；
- 固定交通标志的位置和类型；

- 可变交通标志的位置和显示状态；
- 可变行车方向标记，导向板的位置和显示状态；
- 控制机的位置；
- 摄像机、紧急救援电话等其他装置的位置；
- 车道信号显示位置，信号灯和可变交通标志的编码。

H.8.2 运行方案

有必要显示每个信号灯所描述的车道信号控制中路段或者断面运行情况的图表。它们应能够清楚无误地标示每个信号灯的状态。

对各车道信号控制可能的显示状态应作系统化的展示，并且要直观地与车道图对应。另外必须对各种运行状态进行编码。

应使用时空图来描述运行状态的切换。时空图应能反映出单个信号灯、车道及车道信号显示断面的信号变化序列。

图 H.3 是一张设计和运行方案的示例。示例中描述了一条 3 车道的道路，并且中央车道可以切换到不同方向。除了已经描述的两种运行状态以外在此例中不考虑采用其它控制状态。

当从运行状态 2 切换到运行状态 1 时，选择了在附录 H.6.2 中描述的出口道前移的方法。在时空图上描述的清空车速应该与绿波带的尾部步进速度相一致。在车道信号显示断面 1，中央车道的全红时间应与交通安全要求的绿间隔时间相对应。

两个可变交通标志应该能显示两种状态（“空白”和 *StVO* 标记 214)。可变信号标志开启和关闭的时间可以在时空图中确定。

H.8.3 交通组织方案

交通组织方案包括运行路段的影响范围，绕道或备选路径的标记，可变交通标志的显示状态，可变路径诱导标志及车道信号控制的运行状态。对于每个运行状态都可能会需要一个独立的交通组织方案。

附录 I 信号灯和标志

I.1 图 案

I.1.1 标准图样

为了保证交通信号图案的统一性，生产商应根据标准的图样资料来生产。德国联邦道路交通管理局（BASt）为此设立了一个包括所有样本的图样数据库。

德国联邦道路交通管理局提供了生产图纸和电子资料来支持计算机辅助设计、结构成型和最后生产出交通标志，这些图纸和电子资料可以向德国联邦道路交通管理局购买。（见交通公告总第42期，1998年，第6期，编号56，184页）

I.1.2 车辆的箭头信号（可变灯光标志）

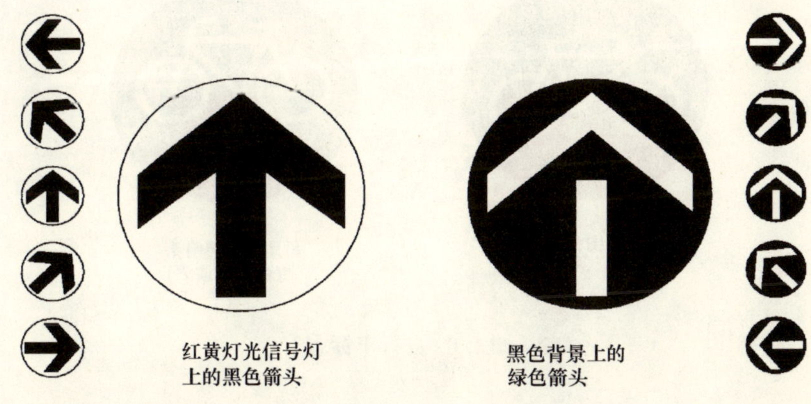

图 I.1 方向箭头

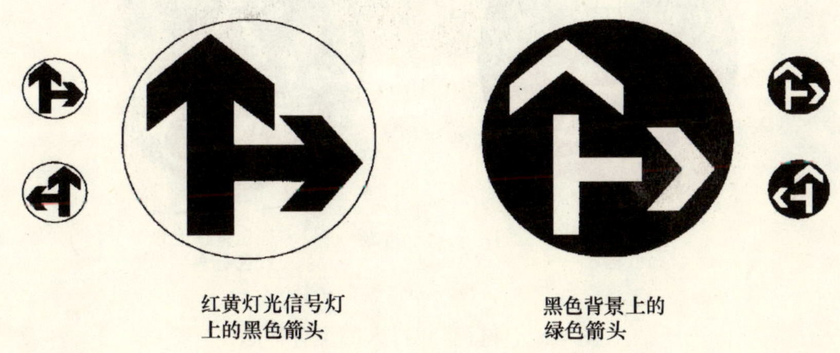

图 I.2 组合箭头

I.1.3 行人信号

图 I.3 行人标志

I.1.4 自行车信号

图 I.4 自行车标志

图 I.5 自行车和行人的组合标志

I.1.5 有轨电车和公交车信号

图 I.6 停止或行驶信号

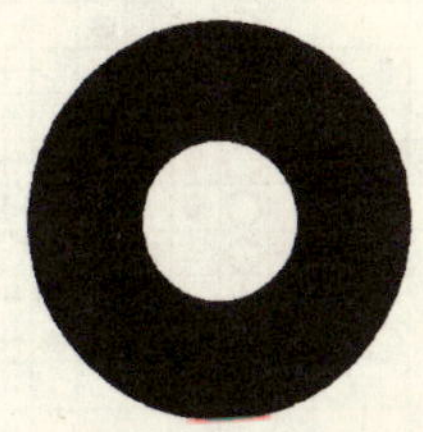
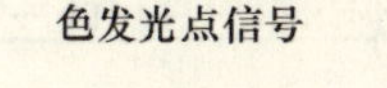

图 I.7 “注意、停止”信号

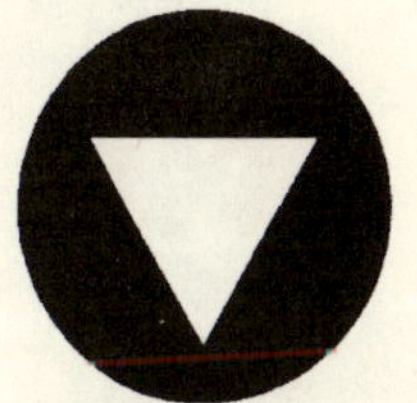

图 I.8 自由信号

I.1.6 黄闪灯标志

下面显示的标志是黄色灯上的黑色标志：

图 I.9 黄色信号灯上的黑色标志

I.1.7 车道灯信号（信号标志）

图 I.10 圆形信号灯上的车道信号

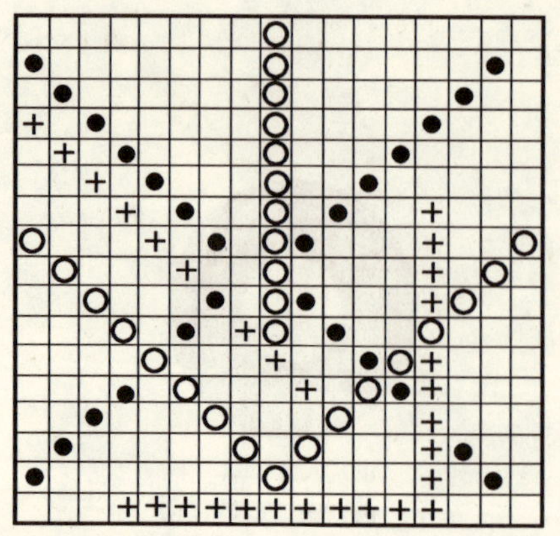

图 I.11　矩形标记的车道信号（网格状）

I.1.8　限速标志

黑色背景上的白色数字

图 I.12　速度信号（灯型设计）

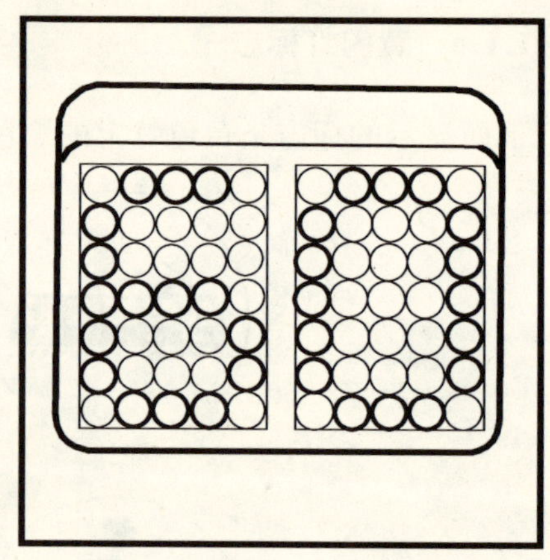

图 I.13　速度信号（网格型设计）

I.2　信号灯的附加装置

风帽状灯罩

信号灯的灯体上装有如图 I.14 所示的风帽状的灯罩来保护灯不受外部光照的影响。灯内部表面是黑色的，为了避免反射光。

如果信号灯无法避免地略微突出进入道路的净空范围，则应使用具有弹性的灯罩。

遮光板

如果驾驶员受到为其他车流显示的交通信号的误导而产生误解和错误的反应，当地的空间条件又无法改善这种情况，则建议采用合适的遮光板。

背景板

如果信号灯与周围环境相比不醒目（尤其是亮度很高的背景），应使用背景板来提高信号的对比度。因此，背景板的内部必须是黑色，并具有白色边框和黑色边缘来加强信号灯的醒目度。图 I.15 显示了背景板的设计和尺寸。

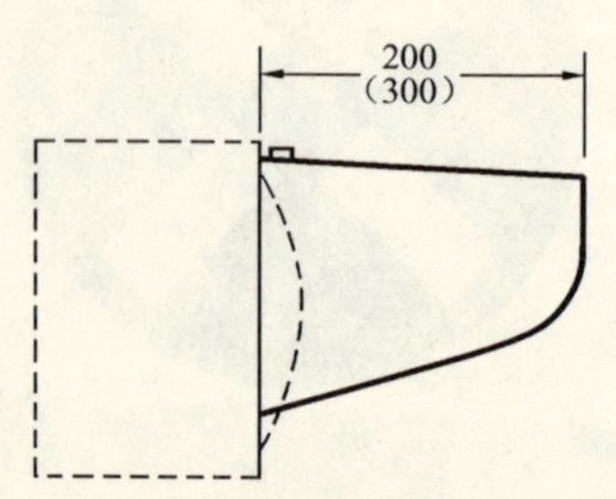

图中的数字表示为 300 毫米的信号灯设计

图 I.14　风帽状灯罩

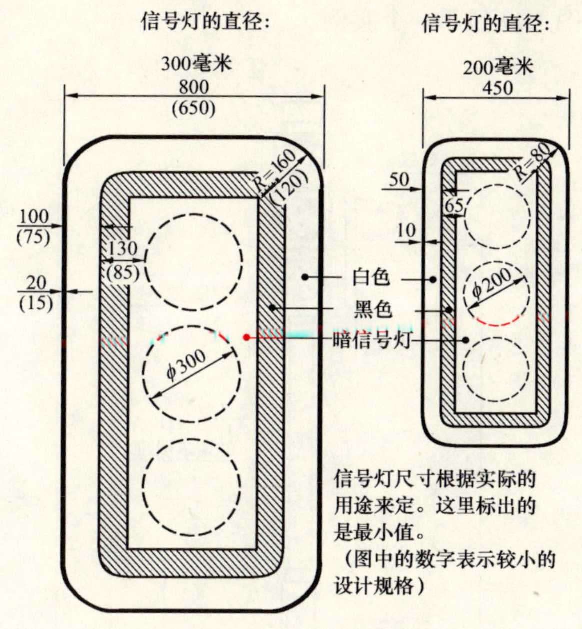

图 I.15　背景板

I.3　信号灯装置和请求按钮

信号灯必须明确无误地向所控制的交通流作出显示，并且不会与其他信号灯相混淆。

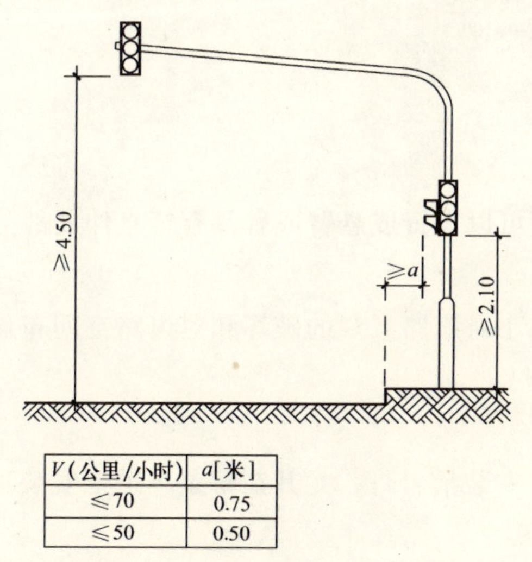

V（公里/小时）	a[米]
≤70	0.75
≤50	0.50

图 I.16　信号灯杆

信号灯一般安装在灯杆、延长的灯杆或者悬臂上，在某些情况下还安装在龙门架或横跨道路的线缆上。因为龙门架对周围景观有很大影响，所以设计的时候需要特别注意。信号灯设置方式应该在相当长的一段道路上保持一致。

安装信号灯时应注意不要对各类交通流造成影响或者危险。应该保证信号灯离地面的最小高度及离开路缘的最短距离。

信号灯的下缘距离人行道地面应不小于 2.10 米，距离自行车道地面不小于 2.20 米，距离行车道地面不小于 4.50 米。

行人和自行车请求按钮设置高度为 105 厘米（见 DIN18024）。

信号灯与行车道的横向距离根据实际的限制车速来确定（见图 I.16）。

在限制车速为 50 公里/小时并且两侧有路缘石的城市道路或者在行人过街中间岛上，信号灯与行车道的水平距离可以减少到 0.2 米。

在非居住区范围内应该设置成这些建议距离的两倍。

灯杆

灯杆用来在行车道旁安装信号灯。安装灯杆时，应该考虑到拆除的方便性。因此安装时地基尺寸不要超出需要尺寸太多。图 I.17 显示一个实例。

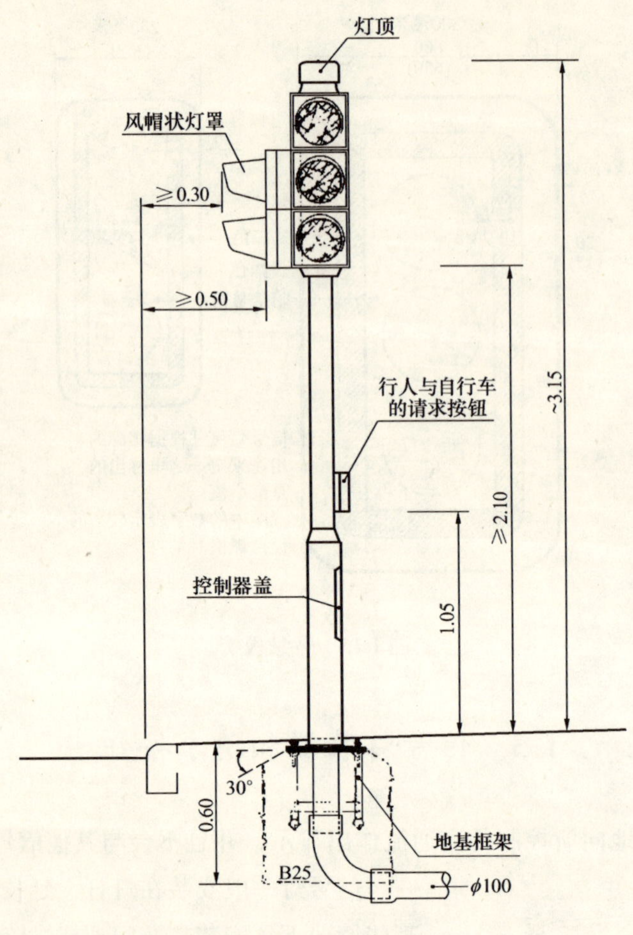

图 I.17　灯柱示例

悬臂式灯杆

采用悬臂式灯杆可以在行车道的上方安装信号灯。他们可以设置成悬臂或者具有笔直伸展部分的桅杆。他们应该满足一些静态的要求（重量和风力）。

为了节省灯杆长度及减少道路上不必要的竖状物体，减小对道路景观的破坏和对道路空间布局的负面影响，应尽量在已有的照明灯杆或接线杆上安装信号灯。

信号灯龙门架和横跨车道的线缆

信号灯龙门架和横跨车道的线缆主要用于在行车道上方安装信号灯，尤其在每条车道上安装独立的信号灯时适合采用。

附录 J　决定停车线后移距离的图表

如果只有有限的空间，不可能设计足够的路缘石半径（按 RAS-K-1 中的最小 R_2）。假如大车只能借用对向车道才能转弯，则对向车辆流入方向车道的停车线必须后移。

停车线后移的距离可以从以下获取：

- 图 J.1（5.30 米$\leqslant R_2 \leqslant erfR_2$）；
- 图 J.2（3.0 米$\leqslant R_2 \leqslant erfR_2$）。

有 2 种重要的设计车辆

- 至少必须在主干道上的十字和丁字交叉口考虑 StZVO 规定的最大型车辆；
- 能代表大型货车和消防车辆的三轴垃圾车。

R_2 = 5.30 米或 3.0 米与车辆转弯的内侧半径向对应，外侧半径为：

- R_a = 12.50 米（对于 StZVO 规定的最大型车辆）；
- R_a = 9.0 米（三轴的垃圾处理车）。

这样可以保证车辆运行轨迹与路缘石半径相匹配。

如果 R_2 小于 5.30 米或者 3.0 米，则驾驶员须“回旋”更大的距离，这使车辆运行轨迹无法在图纸上表现出来。这样的停车线的位置和最佳的路缘石半径应该根据实地实验来确定。

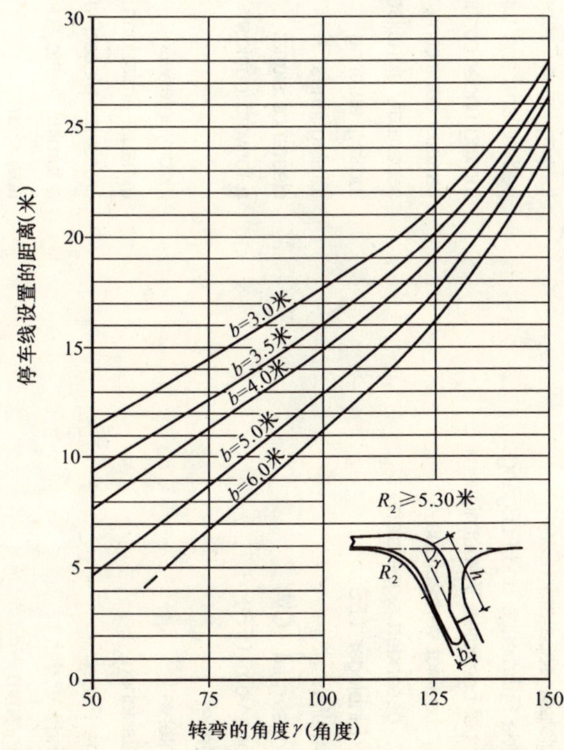

图 J.1　根据 StVZO 规定的最大车辆所需要的停车线后移的距离（$R_2 \geqslant$ 5.30 米）

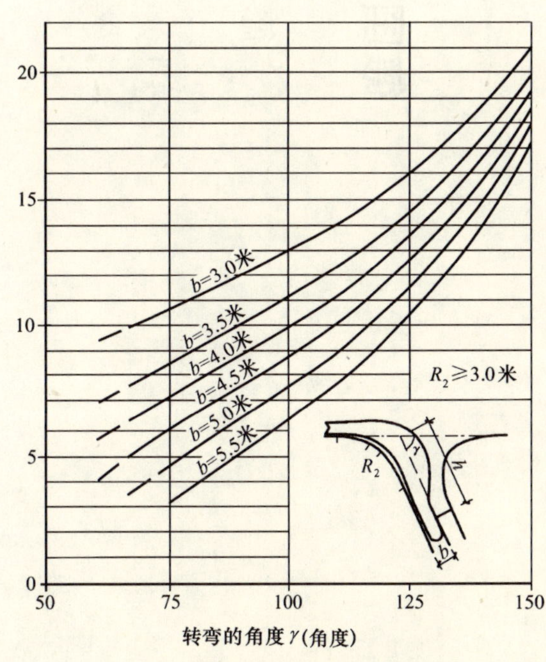

图 J.2　轴垃圾车设置的停车线距离（$R_2 \geqslant$ 3.0 米）

德国交通信号控制规范

德英中规范词语对照表

德语	英语	中文
ES		瓶颈路段信号控制
FS		车道信号控制
GW		绿波
LSA		交通信号控制
ÖV		公交
UM		信号控制方案切换
Abbiegegleise，separate（ÖV）	turning lanes，seperate	独立的转弯轨道（公交）
abbiegende Fahrzeuge und Fußgänger	pedestrians and turning vehicles	转弯车辆与行人
Abbieger bei beengten Verhältnissen	turning under confined circumstances	小半径的转弯
Abbieger，bedingt verträgliche	partially conflicting turning vehicles	有第二类冲突的转弯
Abbieger，gesondert signalisierte	separately signalised turning vehicles	左右转专用信号控制的转弯车辆
Abbieger/Einbieger（FS）	turning/entering	转弯车辆（车道信号控制）
Abbiegestreifen	turning lanes	转弯车道
Abfertigungssignal（ÖV）	clearance signal	准备信号（公交）
Abfluß nach vorn（FS）	a forward outflow	出口道前移
Abfluß，freier		出口自由流
Abfrageintervall	inquiry interval	查询间隔
Abgasemissionen	exhaust emissions	废气排放
abgesetzte Furten	crossings placed far back	人行道后退
abknickende Vorfahrt	a turning traffic flow has priority	某转向车流有优先行驶权
Ablaufdiagramm	flow chart	流程图

Abmeldungsdetektor（ÖV）	cancellation detector	注销检测器（公交）
Abnahme	acceptance	接受（或减少、下降）
Abschalten	switching off	关闭
Abschirmblende	hoods	遮光板
Abweichungen vom normalen Betrieb		偏离正常运行情况
Aktionselemente	action element	执行单元
akustisches Freigabesignal	acoustic signals	声响信号
Alles-DUNKEL（Fußgänger-LSA）	all-DARK	全暗（行人信号灯）
Alles-GELB（transportable LSA）	all-AMBER	全黄（可移动信号装置）
Alles-ROT	all-RED	全红
Alles-ROT-Zeit	all-RED-time	全红时间
Alles-Rot-/Sofort-Grün-Schaltung	all-RED/immediate-green	全红/即绿
An-und Abmeldepunkte（ÖV）	request and cancellation points	请求和注销点（公交）
Anfangsknotenpunkt（FS）	beginning intersection	起始交叉口（车道信号控制）
Anforderungspunkt（ÖV）	request point	请求点（公交）
Anforderungstaster	touch buttons for requests	请求按钮
Ankündigung von LSA	advance notice of traffic signals	信号灯预告
Ankündigungssignal（ÖV）	infermation signals	预告信号（公交）
Anmeldungsdetektor	request detector	请求检测器
Anmeldungsschleifen	request loops	请求检测线圈
Annäherungsstrecke（ÖV）	approach section	进口道路段（公交）
Anpassung an den Verkehr，Prinzip	regulative and adaptive traffic control	感应式交通控制
Antennenschleife（ÖV）	antenna loops	天线线圈（公交）
Anzeigequerschnitt（FS）	display points	显示断面（车道信号控制）
Arbeitsstellen/Straßenbaustellen	sites/road works	道路施工位置
aufgeweitete Kreuzung	expanded intersection	拓宽的交叉口
Aufstellflächen（Fußgänger/Radfahrer）	queuing space	排队空间（行人/自行车）
Aufstellänge	queuing length	排队长度
Aufstellstrecke（ES）	queuing area	排队路段（瓶颈路段信号控制）
Ausfahrhilfe（ÖV）	leaving aids	离站辅助设施（公交）
Ausfahrt（Polizei，Feuerwehr）	exits（police，fire brigade）	（警车、消防车）出口通道
Ausfall	failure	故障

Ausführung，einheitliche（Sinnbilder）	design，standardised（symbols）	设计，标准化（标志）
Ausführung，lichttechnische	design，lighting	设计，光控技术
Ausgleichsintervall	smoothing interval	平滑间隔
Auslastungsgrad	load factor	饱和度
Auslegermaste	extension masts	悬臂式交通灯柱
Ausschalten	changing	关机
Ausschaltprogramm	deactivation routine	关机程序
Autobahnausfahrt（Stauraumüberwachung）	a motorway exit（queuing space）	高速公路出口（出口排队监控）
Bahnkörper，besonderer	a separate railway	独立使用轨道
Bahkörper，straßenbündiger	railways，road-level	轨道，与路面等高的
Bahnkörper，überquerung	railways，crossing	轨道，横跨的
Bahnübergänge	rail crossings	铁路道口
Balkensignal/Lichtbalken（ÖV）	bus signal	公交专用信号
Baustellenampeln	road works traffic lights	施工现场信号灯
Bedarfsphasen/-anforderung	request of a demand phase	相位请求
Bedienung（FS）	operation	运行（车道信号控制）
Bedienungsrechner，zentraler	central operating computer	计算机操作终端，控制中心
bedingt verträgliche Abbieger/Ströme	a partially conflicting turning/traffic flow	第二类冲突的转弯车流
Belastung，maßgebende/Dimensionierungsbelastung	critical traffic volume/design loads	关键交通流/设计流量
Belastungsänderungen	changes of traffic loads	流量变化
Belastungsganglinien	profile over time	流量时变图
Belastungsquotient	load quotient	流量比
Belegungsgrad/-messung	degree of occupancy	占有率
Belegungszeit	period of occupancy	占有时间
Bemessungsfahrzeuge	assessment vehicles	观测车
Bemessungsintervall	assessment interval	观测间隔
Beschilderung	signing	标志
Beschilderung und Markierung（ES）	signing and marking	标志和标线（瓶颈路段信号控制）
Betrieb	operating	运行
Betriebsformen	operating modes	运行方式
Betriebshof-Zufahrten	operating place-entrance	公交场站进口
Betriebsleitsystem，rechnergesteuertes	operating and monitoring system，computer-aided	公交运营、调度计算机辅助指挥系统

Betriebsplan（FS）	operating plan	运行方案（车道信号控制）
Betriebssicherheit	operating safety	运行安全
Betriebsspannung	operating voltage	运行电压
Betriebsunterbrechung	operation，interrupted	运行故障
Betriebsüberwachung	operation monitoring	运行监控
Betriebszustände	operating stages	运行状态
Betriebszustände（FS）	operating stages	运行状态（车道信号控制）
Bevorrechtigung（ÖV）	priority	优先（公交）
Bezugszeit（UM）	referece time	基准时间（信号控制方案切换）
Blenden an Signalgebern	additional equipment for signal heads	信号灯遮光板
Blinklicht，gelbes	flashing light yellow	黄闪
Busausfahrtsteuerung	bus exit control	公交车离站控制
Busfahrstreifen	central bus lanes	中央公交车道
Bushaltestellenbuchten	bus stop bay	港湾式公交车站
Busschleuse	bus sluice（queue jumper line）	公交专用闸道/锯齿型公交专用道
Datenfunk	radio data	无线电数据通讯
Dauergrün	permanent green	常绿
Dauerlichtzeichen	permanent light signs	常亮灯光标志
Detektorabstände	detector distances	检测器间距
Detektoren	detectors	检测器
Diagonalgrün	diagonal green	专用绿箭头辅灯
Dimensionierungsbelastung/maßgebende Belastung	design loads/critical traffic volume	设计流量/关键交通流量
Doppelanwurf	double green	（一周期内）二次绿灯
Dosieranlage/Pförtneranlage	gating/dispensing systems	门户控制设施
Dreiecksinseln	triangular islands	三角形渠化岛
dreifeldige Signalgeber	three-unit signal head	三头信号灯
Dreiphasensteuerung	three-phase control	三相位控制
durchgehende Fahrstreifen	continuous lanes	连续车道
Eckausrundungen	kerb radii	路缘石圆弧半径
Eibieger/Abbieger（FS）	turning-/entering vehicles	转弯车辆（车道信号控制）
Einfahrgeschwindigkeiten	entering speed	驶入速度
Einfahrwege	entering distances	驶入距离

Einfahrzeiten	entering time	驶入时间
einfeldige Signalgeber	one-unit signal head	单头信号灯
einheitliche Ausführung（Sinnbilder）	Standardised Design	标准图样（标志）
Einrichtung und Betrieb von LSA	implementation and operation of LSA	信号灯的设置和运行
Einsatzbedingungen（UM）	application conditions	设置条件（信号控制方案切换）
Einsatzgrenzen（Furten，Inseln）	restriction of layout（instructions，islands）	布置原则（导向交通岛）
Einsatzkriterien für LSA	application criteria of LSA	信号灯的设置准则
Einsatzkriterien（ES）	application criteria	设置准则（瓶颈路段信号控制）
Einsatzkriterien（Zusatzeinrichtungen für Sehbehinderte）	application criteria（for blind and partially sighted persons	设置准则（盲人辅助设施）
Einsatzpunktsteuerung	advance step control	多步控制
Einschalten	activation	开机
Einschaltprogramm	activation programm	开机程序
Einschaltzeitpunkt	activation times	开机时刻
Einzelfahrzeuge，Erkennug（ÖV）	individual transport vehicles，detection	公交车辆识别（公交）
Einzelsteuerung	isolated independent control	单点控制
elektrotechnische Einrichtungen	electrical installations	电气装置
Endknotenpunkt（FS）	ending intersection	末点交叉口（车道信号控制）
Engstellensignalisierung	bottleneck section signalisation	交通瓶颈信号
Entscheidungselemente	decision element	逻辑判断单元
Erkennbarkeit der Signale	visibility of the signals	信号的可识别性
Ersatzmaßnahmen	alternative measures	备选措施
ersatzweise Signalsteuerung	alternative signal control	备选信号控制
Ersatz-Signalprogramm	alternative signal programm	备选配时方案
Fahrbahnteiler	separating strips	隔离带
Fahrdrahtschalter	contact wires	连接线
Fahrgastaufkommen（ÖV）	passenger volumes	乘客数量（公交）
Fahrgastwechsel/-zeit	time allocated to passengers boarding	乘客上下车时间
Fahrgeschwindigkeit	travel speed	行程车速
Fahrstreifen，durchgehende	lanes，continuous	连续车道
Fahrstreifen，richtungsfeste/-veränderliche（FS）	lanes，fixed-/to reversible	定向/可变方向行车道（车道信号控制）
Fahrstreifenabsicherung（FS）	safeguarding of lanes	车道安全保障（车道信号控制）

Fahrstreifenanzahl，Verringerung	the number of lanes，reduction	车道数渐变，减少
Fahrstreifenbelastung	lane load	车道饱和度
Fahrstreifensignale	lane signals	车道信号
Fahrstreifensignalgeber	lane signal heads	车道信号灯头
Fahrstreifensignalisierung	lane signalisation	车道信号控制
Fahrstreifenwechsel（FS）	change lane direction	车道方向转换（车道信号控制）
Fahrstreifenzuteilung（FS）	lane allocation	车道分配（车道信号控制）
Fahrtrichtungsgebote	mandatory direction signs	行车道指示
Fahrtverlauf（ÖV）	trips	行驶过程（公交）
Fahrtverlaufslinien（ÖV）	trajectories	行驶轨迹（公交）
Fahrzeugbesetzung（ÖV）	vehicle occupancy	车辆载客率（公交）
Fahrzeugerfassung（ÖV）	vehicle detection	车辆检测（公交）
Fahrzeuglänge，fiktive	vehicle length，fictitious	计算车长
Fahrzeugpulk	traffic platoons	车队
Fahrzeugströme，nicht verträgliche	conflicting traffic streams	具有第一类冲突的车流
Festzeitsignalprogramm	fixed-time signal programs	定时信号方案
fiktive Fahrzeuglänge	fictitious vehicle length	计算车长
Freigabesignal，akustisches	signals，acoustic	声响信号
Freigabezeit，zusätzliche，für Rechtsabbieger	additional green times for right-turning vehicles	右转车辆附加绿灯时间
Freigabezeitabbruch	green time abortion	绿灯时间截断
Freigabezeitanpassung	green time adjustment	绿灯时间可调
Freigabezeitbeginn	green time beginning	绿灯时间开始
Freigabezeitbeginn，verzägerter	green time beginning，delayed	绿灯时间开始，迟启
Freigabezeiten（ES）	green time	绿灯时间（瓶颈路段信号控制）
Freigabezeiten，Ermittlung	determination of green time	确定绿灯时间
Freigabezeiten，maßgebende	green times，relevant	关键绿灯时间
Freigabezeiten，minimale	green time，minimal	最短绿灯时间
Freigabezeiten，nicht ausgelastete	low-loaded green time	未充分利用的绿灯时间
Freigabezeiten，Randbedingungen	green time，boundary conditions	绿灯时间，约束条件
Freigabezeitverlängerung（ÖV）	green time extension	绿灯时间延长（公交）
Freigabezeitversätze	green time offsets	绿灯相位差
Freiluftverkabelung	provisional aerial cabling	架空线

Freiräumen des Gleisbereichs	clearing of railway	轨道区域空场
Führung des Verkehrs，Prinzip	regulative traffic control	交通组织，原则
Funk-Ampel	radio traffic lights	无线信号灯
Funkübertragung	radio transmission	无线传输
Funkuhr	radio clock	无线电钟
Furten，abgesetzte	crossings placed far back	行人过街道，后置的
Furten，hintereinanderliegende	successive crossings	行人二次过街
Furtlänge/Überquerungslänge	the distance to be covered	行人过街长度
Fußgänger-LSA	pedestrian-LSA	行人信号灯
Fußgängeranforderung	pedestrian requests	行人过街请求
Fußgängerfurten	pedestrian crossings	人行横道
Fußgängerphase	pedestrian phase	行人相位
Fußgängersignale	pedestrian signal	行人信号
Fußgängersignalgeber	pedestrian signal heads	行人过街信号器（灯）
Fußgängerüberwege	pedestrian crossings	人行横道
Gebietsrechner	area control computer	城市区域交通控制计算机
Gebietssteuerung	area control	区域控制
Gelbblinken	amber flashing	黄闪
gelbblinkender Pfeil（FS）	yellow flashing arrow	黄闪箭头（车道信号控制）
gelbes Blinklicht（Hilfssignale）	yellow flashing light	黄闪（辅助信号灯）
Gelbzeiten	amber time	黄灯时间
Gerätearten	types of technical devices	信号机类型
Gerätetechnik（ES）	technical devices	信号机技术（瓶颈路段信号控制）
Geschwindigkeiten，hohe	high speeds	快速
Geschwindigkeitsanzeige	speed signal	速度显示
Geschwindigkeitsbeschränkungen	speed limits	限速
Geschwindigkeitsdämpfung	speed-reducing	减速
Geschwindigkeitsempfehlungen	speed recommendations	指导速度 *
Geschwindigkeitssignale	speed signals	速度信号
Geschwindigkeitssignale（ÖV）	speed signals	速度信号（公交）
Geschwindigkeitssignalgeber	speed signal heads	可变车速显示器
getrennte Signalisierung（Furten）	separate signalisation	独立信号控制（人行横道）

Gleisbereich	railway	轨道
Gleisdreieck（ÖV）	rail triangles	轨道岔道（公交）
Grünbandachse（GW）	green band axis	绿波带轴线（绿波）
Grünbandbreite（GW）	green band widths	绿波带宽度（绿波）
Grünbänder（GW）	green bands	绿波带（绿波）
Grundräumweg	basic clearing distance	基本清空/清扫距离
Grundstellung（Fußgänger-LSA）	basic stage（pedestrian）	基本设置（行人信号灯）
Grundstückszufahrten（ES）	busy access to premises	生活区道路出入口（瓶颈路段信号控制）
Grüne Welle	green wave	绿波
Grüne Welle（Radfahrer）	green wave（cyclist）	绿波（自行车）
Grüne Welle（UM）	green wave	绿波（信号控制方案切换）
Grünpfeil/grüner Pfeil	green arrow	绿箭头
Grünzeitführung，nichtstetige	non-continuous green time guidance	不连续绿灯时间设计（绿波控制）
Grünzeitführung，stetige	continuous green time guidance	连续绿灯时间设计（绿波控制）
Gruppensteuergeräte	master controllers	主控机
Halte，Anzahl der	number of stops	停车次数
Haltestellen，Erreichbarkeit	locating stops，easily accessible	公交车站，进出站便捷性
Haltestellen，Lage	stop，location	公交车站位置
Haltestellen/-inseln	stop/islands	岛式公交停车站
Haltestellenaufenthalt/-zeiten	the varying duration of the stops/time	公交停车/时间
Haltlinien	stop-lines	停车线
Haltlinienabrückung	placed back stop-lines	停车线后置
Haltlinienabstände	the distance between the stop-lines	停车线间距
Haltlinienmarkierung	marked stop-lines	停车线划线
Hauptrichtung-Dauergrün-Schaltung	main-direction-permanent-green	干道方向常绿控制
Hauptverkehrszeiten	peak hours	高峰时段
Hilfssignale（gelbes Blinklicht）	auxiliary signal（yellow flashing light）	辅助信号（黄闪）
Hilfssignalgeber	auxiliary signal heads	辅助信号器（灯）
Hinzuschalten	additional release	迟启
Inbetriebnahme	launch	开通
Induktivschleifen/-detektoren	inductive loops	感应线圈
Informationsfluß	information flow	信息流

Infrarot-Baken（ÖV）	infrared beacons	红外线信标（公交）
Infrarot-Detektoren	infrared detectors	红外线检测器
Instandhaltung/-nachweis	maintenance	维修/-检验
Kabel-Ampel（ES）	cable traffic lights	有线信号灯（瓶颈路段信号控制）
Kenngrößen，Erfassung und Bewertung	traffic flow parameters	交通流参数，检测和评估
Knotenpunktausfahrt	intersection approach	交叉口出口道
Knotenpunkte（FS）	intersections	交叉口（车道信号控制）
Knotenpunktentwurf	intersection layout	交叉口设计
Knotenpunktgeräte	intersection controllers	交叉口信号机
Kombinationspfeile	arrow combinations	组合箭头
Konfliktfläche	conflict area	冲突区域
Konfliktpunkt	conflict point	冲突点
Konfliktstrecke	conflict section	冲突路段
Kontrastblenden	contrasting visors	信号灯遮光罩
Koordinierung der Signalprogramme	coordinated，signal programs	信号控制协调
Koppelspule（ÖV）	infrared beacons	红外线信标（公交）
Kraftfahrzeugsignale	vehicle signal	机动车信号
Kraftfahrzeugsignalgeber	vehicle signal heads	机动车信号灯
Kraftstoffverbrauch	fuel consumption	燃料消耗
Kreuzen von Straßenverkehrsflächen（ÖV）	crossing road space	道路交叉（公交）
Kreuzung，aufgeweitete	expanded intersection	交叉口，拓宽
Kurzumläufe	short cycle	短周期
Lageplan	layout plan	平面图
Lageplan（FS）	layout plan	平面图（车道信号控制）
Langschleifen	long loop	长形线圈
Lärmemissionen	noise emission	噪声
Leistungsfähigkeit	capacity	通行能力
Leitsignalgruppensteuerung	key signal master control	关键信号主控方式
Leuchtfelder	optical	发光器
Lichtbalken/Balkensignal（ÖV）	luminous bar	发光横条信号（公交）
Lichtdreieck（ÖV）	luminous triangle	发光三角形信号（公交）
Lichtpunkt（ÖV）	luminous spot	发光圆点信号（公交）

Lichtsignale für Fußgänger	traffic signals for pedestrians	行人灯光信号
Lichtsignale für Kraftfahrzeuge	traffic signals for motorised traffic	机动车灯光信号
Lichtsignale für öffentliche Verkehrsmittel	traffic signals for public transport	公交灯光信号
Lichtsignale für Radfahrer	traffic signals for cyclists	自行车灯光信号
Lichtsignale/Lichtzeichen	traffic signals/light signals	交通灯光信号
Lichtstärke	luminous intensity	光强度
lichttechnische Ausführung	light technic implement	灯光技术应用
Lichtzeichen/Lichtsignale	light signals/traffic signals	交通灯光信号
Linienkennung	line recognition	公交线路识别
linksabbiegende Radfahrer	left-turning cycle traffic	左转自行车
Linksabbieger	left-turning movements	左转车辆
Linksabbieger im Gleisbereich	tramway tracks leftturning lanes	在轨道上的左转弯车辆
Linksabbieger（FS）	left-turning movements	左转车辆（车道信号控制）
Linksabbieger，Vorgabezeit	leading green for left-turning	左转早起时间
Linksabbieger，Zugabezeit	lagging green for left-turning	左转迟断时间
Linksabbiegestreifen	leftt-turning lanes	左转车道
Logiknullpunkt	logic zero point	逻辑原点
logische Bedingungen（Ablaufdiagramm）	logical condition	逻辑条件
Markierung und Beschilderung（ES）	marking and signing	标志标线（瓶颈路段信号控制）
Markierungen	markings	标线
Maste	masts	灯柱
maßgebende Freigabezeiten	relevant green time	关键绿灯时间
maßgebende Verkehrsströme	relevant traffic streams	关键交通流
Maßnahmen，verkehrslenkende	relevant traffic control	交通管理措施
maximale Sperrzeiten	maximum red times	最长红灯时间
Meßintervall	measurement interval	测量间隔
Mindestfreigabezeiten	minimum green times	最短绿灯时间
Mindestsperrzeiten	minimum red time	最短红灯时间
minimale Freigabezeiten	minimum green times	最短绿灯时间
Nachlauf/Nachlaufzeit（GW）	lagging green periods	绿灯时间延长（绿波）
Nachtprogramme	night-time programs	夜间信号控制方案
Nettozeitlücke	net time headways	净车头时距

Netzbereich（Steuerung）	sub-network	路网系统（控制）
Netze mit geringen Knotenpunktabständen	networks of close intersection spacing	短间距路网
Neubau von Knotenpunkten	constructing signalised intersection	新建信号控制交叉口
nichtverträgliche Fahrzeug-/Verkehrsströme	conflicting traffic streams	具有第一类冲突的交通流
Normalbetrieb	standard operation	正常运行
Normalverkehrszeiten	periods of normal	平峰时间
öffentliche Verkehrsmittel（FS）	public transport	公共交通工具（车道信号控制）
öffentliche Verkehrsmittel（GW）	public transport	公共交通工具（绿波）
optische Signalgeber	optical signal heads	灯光信号器（信号灯）
Orientierungssignale（Zusatzeinrichtungen für Sehbehinderte）	orientation signal	导向信号（盲人辅助设施）
Permissivsignal	permissive signal	自由信号
Personenwartezeiten	person waiting times	行人等待时间
Pfeil，gelbblinkender（FS）	arrow，yellow flashing	黄闪箭头灯（车道信号控制）
Pfeil，grüner/Grünpfeil	arrow，green/green arrow	绿箭头
Pfeile in Kraftfahrzeugsignalen	arrows in vehicle signals	机动车箭头信号
Pförtneranlage/Dosieranlage	gating/dispensing	门户控制
Phantomlicht/-erscheinungen	phantom light	幻影灯
Phase	phase	相位
Phasenanzahl	number of phases	相位数
Phasenaufrufsteuerung	phase call-up control	相位控制
Phaseneinteilung	signal phasing	相位设计
Phasenfolge	phase sequence	相序
Phasefolgeplan	phase sequence plan	相序方案
Phasentausch	phase swapping	相位交换
Phasenübergänge	phase transition	相位过渡过程
Phasenwechsel	changing the phases	相位切换
Pkw-Einheiten	passenger car units	小车当量
Priorisierung（ÖV）	preemption	公交优先
Prioritätenreihenfolge	priority sequence	优先顺序
Progressionsgeschwindigkeit	progression speed	行进速度（绿波）＊
Progressionsgeschwindigkeit（Radverkehr）	progression speed	行进速度（自行车绿波）＊

Progressive Schaltung（ÖV）	progressive switching	绿波协调控制（公交）
Progressive Signalisierung（Furten）	progressive signalisation	绿波协调控制（行人）
Progressivsystem（GW）	progressive system	绿波系统（绿波）
Protokollierung（FS）	protocols	协议（车道信号控制）
Prüfvorschriften（Steuerungslogik）	test specifications	检验准则（控制逻辑）
Pulkauflösung	platoon break-up	车队散布
Pünktlichkeit（ÖV）	running on schedule	准时性（公交）
Quarz-Ampel	crystal traffic lights	石英灯
Radfahrer in Gegenrichtung	cycle traffic in opposite direction	逆向行驶的自行车
Radfahrer，linksabbiegende	cycle traffic，left-turning	左转自行车
Radfahrerfurten	cycle crossing	自行车过街横道
Radfahrerschleuse	cycle sluice	自行车闸道
Radfahrersignale	cyclist signal	自行车信号
Radfahrersignalgeber	cyclist signal heads	自行车信号灯
Radfahrersignalisierung	cyclist signalisation	自行车信号控制
Radfahrstreifen	cycle lanes	自行车道
Radverkehr（progressionsgeschwindigkeit）	cycle traffic（progression speed）	自行车交通（行进速度）
Radweg	cycle path	自行车路径
Randbedingungen/Voraussetzungen（GW）	preconditions/boundary conditions	约束条件（绿波）
Randbedingungen für Freigabe-und Sperrzeiten	boundary conditions for green time and red time	红绿灯时间的约束条件（绿波）
Rastersignalgeber	grid signal head	点阵型信号灯
Räumen（FS）	clearing	清空（车道信号控制）
Räumgeschwindigkeiten	clearance speeds	清空速度
Räumwege	clearing distances	清空距离
Räumzeiten	clearance times	清空时间
Rechtsabbiegefahrbahnen	right-turning carriageways	右转弯有轨电车道
Rechtsabbieger	right-turning	右转弯
Rechtsbbieger，Vorgabezeiten	leading green for right-tuning	右转早起时间
Rechtsabbieger，Zugabezeiten	lagging green for right-tuning	右转迟断时间
Rechtsabbiegestreifen	right-turning lanes	右转车道
redundante Signalisierung	redundance signalisation	重复信号灯
Regelkreis	control circuit	反馈控制

Reisegechwindigkeit（ÖV）	travel speed	行程车速（公交）
Reisezeit	travel time	行程时间
richtungsfeste-/veränderliche Fahrstreifen（FS）	fixed-/to reversible lanes	定向/不定向车道（车道信号控制）
Richtungskonformität	conformity of direction	方向一致性
Richtungspfeile	direction arrows	方向箭头
Richtungssignal für Linksabbieger	direction signal for left-turning	左转信号
Richtungssignal für Rechtsabbieger	direction signal for right-turning	右转信号
Richtungswechselbetrieb（FS）	tidal flow systems	可变车道控制（车道信号控制）
Rotlichtüberfahrungen/-verstöße	red light violations	红灯期间越过停车线
Rückbau/Umbau von Knotenpunkten	reconstruction signalised intersections	改建信号控制交叉口
Rücksprung in die gleiche Phase	return to the same phase	返回同一相位
Ruhestellung（UM）	neutral position	切换点状态（信号控制方案切换）
Rundum-GRÜN（Fußgänger）	all green for pedestrians	行人全绿
Schallgeber/Signalgeber，akustische	noise emission/signal head，acoustic	声音信号器
Schalt-und Steuergeräte	switching and control unit	信号控制器
Schaltschritt	switching step	切换步骤
Schienenschalter	rail detectors	道岔
Schuten	hood	风帽状灯罩
Schutzmaßnahmen，elektronische	electrical protected measure	电子保护措施
Schwachverkehrszeiten	off-peak periods	非高峰时段
schwarze，Sinnbilder	black symbols	黑色（底色/在底色上），交通信号
Schwellenwert	a threshold value	阀值
Sehbehinderte，Zusatzeinrichtungen	additional installations for blind and partially sighted persons	为有视力障碍的人设置的附加装置
Sekundärwelle（ÖV）	secondary wave	公交绿波
Selbstblockierung（ÖV）	self-obstruction	自锁（公交）
Sicherheitsanforderungen，besondere，bei verkehrsabhängiger Steuerung	safety requirements，special，on traffic-actuated control	安全要求，特别针对感应式交通信号控制
Sicherungsmaßnahmen	safety measures	安全措施
Sicherungstabelle	the electronics maintenance and replacement schedule	绿冲突自锁表
Sichtblenden	vision shields	防眩光设施

Signalakte	document of signal control system	信号控制设计文档
Signalbrücken	signal gantries	龙门架（信号控制）
Signale，Erkennbarkeit	signals，visibility	信号的可识别性
Signalfolgen	signal sequences	信号顺序
Signalgeber für Straßenbahnen und Linienbusse	signal heads for trams and buses	公共汽车和有轨电车专用信号灯
Signalgeber，akustische/Schallgeber	signal head，acoustic/noise emission	声音信号器
Signalgeber，Anbringung	signal heads mounting	信号灯的安置
Signalgeber，Anzahl und Aufstellung	number and position of the signal heads	信号灯的数目和位置
Signalgeber，dreifeldige	signal head，three-unit	三头灯
Signalgeber，einfeldige	signal head，one-unit	单头灯
Signalgeber，optische	signal head，optical	灯光信号器（信号灯）
Signalgeber，taktile	signal head，touch sensors for requests	触摸式信号器
Signalgeber，zweifeldige	signal head，two-unit	双头灯
Signalgruppe	signal groups	信号灯组
Signalgruppensteuerung	signal groups control	信号灯组控制
Signalisierung，getrennte（Furten）	signalisation，separate	独立信号控制（行人过街）
Signalisierung，progressive（Furten）	signalisation，progressive	协调信号控制（行人过街）
Signalisierung，redundante	redundance signalisation	重复信号灯控制
Signalisierung，simultane（Furten）	signalisation，simultaneous	同步信号控制
Signallageplan	signal layout plan	交叉口信号控制平面图
Signallampen	signal lamps	信号灯
Signalprogramm，Berechnung，Entwicklung，Entwurf	signal program，calculate，development，design	信号配时方案的计算、规划、设计
Signalprogramm，Zusammenstellung	signal program development	信号配时方案总体设计
Signalprogrammanpassung	signal programm adaptation	信号控制方案动态调节
Signalprogrammauswahl	signal programs selection	信号控制方案选择
Signalprogrammauswahl，verkehrsabhängige	signal programs selection，traffic-actuated	信号控制方案选择，交通感应控制
Signalprogrammauswahl，zeitplanabhängige	signal programs selection，time-dependent	多时段信号控制方案选择
Signalprogrammbeeinflussung（ÖV）	signal programs influence	信号控制方案干预（公交）
Signalprogrammbildung	signal program formation	信号控制方案生成
Signalprogramm mit festen Signalzeiten	fixed-time signal programs	定时信号控制方案
Signalprogrammelemente	signal program elements	信号方案元素
Signalprogrammstruktur	signal program structure	信号方案框架

Signalsicherung	signal safeguarding	信号控制安全保障措施
Signalsteuerung，verkehrsabhängige	traffic-responsive signal control	感应式交通信号控制
Signaltrichter	signal funnel	辅助信号
Signalzeitenplan	signal timing plan	信号配时方案切换时间表
Simultane Signalisierung（Furten）	simultaneous signalisation	同步信号控制（行人）
Simultansystem（GW）	simultaneous system	同步系统（绿波）
Sinnbilder	symbols	灯光标志
Sinnbilder im gelben Blinklicht	symbols in yellow flashing light	黄闪的灯光标志
Sinnbilder，einheitliche Ausführung	symbols，Standardised Design	灯光标志，标准化
Sinnbilder，schwarze	symbols，black	灯光标志，黑色
Software-Prüfstand（Steuerungslogik）	software test stand	软件测试台（信号控制逻辑）
Sonderfahrstreifen（ÖV）	separate bus lanes	专用车道（公交）
Sonderphase（ÖV）	separate phase	专用相位（公交）
sonstige Bedingungen（Ablaufdiagramm）	other conditions（flow chart）	其他条件（流程图）
Sperrfläche（ÖV）	divisual island	禁行岛（公交）
Sperrzeit	red time	红灯时间
Sperrzeiten（Mindestsperrzeiten）	red time（minimum red time）	红灯时间（最短红灯时间）
Sperrzeiten，maximale	red time，maximum	最长红灯时间
Sperrzeiten，Randbedingungen	red time，preconditions	红灯时间，控制条件
Sperrzeitverkürzung（ÖV）	red time reduction	缩短红灯时间（公交）
Spitzenverkehrszeiten	peak-hour overload	高峰交通时间
Standzeit（UM）	idle periods	相位保持时间（信号控制方案切换）
Stau/Staulänge	queue length	排队长度
Stau/Staulänge（FS）	queue length	排队长度（车道信号控制）
Stauerfassung	congestion detection	排队检测
Stauraum/Stauraumlänge	queue space	排队空间
Stauraumüberwachung	queuing space monitoring	排队空间监测
Stauschleife	congestion loops	排队检测线圈
Stautestzeit	congestion test time	排队检测时间
Stauverlagerung	divert traffic to sites	排队转移
Steuergeräte	control devices	控制机
Steuerung mit festen/veränderbaren Freigabezeiten（ES）	fixed green time control/variable green time control	固定/可改变绿灯时间

Steuerung，verkehrsabhängige，Hinweise zur Anwendung	application instruction on traffic-actuated control	感应式信号控制应用指导
Steuerungsarten	types of control	控制类型
Steuerungsebenen	control levels	控制层面
Steuerungslogik	control algorithm	控制逻辑
Steurungstechniken	control technologies	控制技术
Steuerungsverfahren	control strategies	控制方法
Steuerungsverfahren（ES）	control strategies	控制方法（瓶颈路段信号控制）
Steuerungsverfahren（FS）	control strategies	控制方法（车道信号控制）
Steuerungsverfahren（ÖV）	control strategies	控制方法（公交）
Steuerungsverfahren，Übersicht	control strategies，overview	控制方法概述
Steuerzentralen	control centres	控制中心
Straßenbahn（GW）	trams	有轨电车（绿波）
Straßenbahn，linksabbiegende	left-turning tram	左转有轨电车
Straßenbahn-und Linienbussignale	signals for trams and buses	有轨电车及公交车信号
Straßenbahn-und Linienbussignalgeber	signal head for trams and buses	有轨电车及公交车信号灯
Straßenbaustellen/Arbeitsstellen	road works/sites	道路施工工地
Strecke（FS）	section	路段（车道信号控制）
Streckenhöchstgeschwindigkeit（ÖV）	oparately speed	路段最高允许车速（公交）
Strombelastungen	traffic loads	流量负荷
Ströme，bedingt verträgliche	partially conflicting traffic flows	具有第二类冲突的交通流 *
System-Umlaufzeit	system-cycle time	系统周期时间
taktile Signalgeber	touch sensors for requests，signal head	触摸式信号器
Teilpunkt	green band point	绿波带中心线交点
Teipunktabstand	green band point of intersection spacing	交叉口与绿波带中心点距离
transportable LSA	transportable LSA	可移动式信号机
Türschließkontakt	door-closing contact	公交车关门信号触发器
Türenschließsignal	door-closing signal	公交车关门信号
Überfahrzeiten	crossing time	黄灯期间继续通行时间
Übergangsprogramm（UM）	transition program	信号控制方案切换程序
Übergangssignale	transition signal	过渡信号
Übergangssignal（FS）	transition signal	过渡信号（车道信号控制）
Übergangszeiten	transition times	过渡时间

Überlastungen	overload	过饱和
Überleitungsstrecken（FS）	cross-over sections	车道转换引导路段（车道信号控制）
Überqueren，diagonales	crossings，diagonal	斜向过街
Überqueren，in einer Phase	crossings，in one phase	在一个相位中过街
Überqueren，ohne Zwischenhalt	crossings，without stop	无中间停顿过街
Überqueren，zeitlich getrenntes	crossings，temporal separate	须停顿的二次过街
Überqueren，zügiges	successive crossings	顺利的二次过街
Überquerung besonderer Bahnkörper	crossing of separate railways	横穿独立轨道
Überquerung，gesicherte	safe crossing	安全的过街
Überquerung，in einem Zuge	non-stop crossing	行人一次通过过街横道
Überquerung，mit Aufenthalt	one-stop crossing	有中间停顿的过街
Überquerungshilfe außerhalb von Knotenpunkten	crossing aids outside intersection	交叉口以外的辅助过街设施
Überquerungshilfe in der Nähe von Knotenpunkten ohne LSA	crossing aids near non-signalised intersections	无信号控制交叉口附近的辅助过街设施
Überquerungshilfen	crossing aids	过街辅助设施
Überquerungslänge/Furtlänge	crossing distance	过街距离
Übersichtsplan	general map	概略图，总图
Übertragung	transmission	传输
Umbau/Rückbau von Knotenpunkten	reconstruction intersections	改建交叉口
Umlaufsekunde	cycle seconds	周期秒
Umlaufzeit	cycle time	周期时间
Umlaufzeit（ES）	cycle time	周期时间（瓶颈路段信号控制）
Umlaufzeit（GW）	cycle time	周期时间（绿波）
Umrechnungsfaktoren（pkw-Einheiten）	coversion factors	换算系数
Umschalt-Uhrzeiten	change times	切换时间
Umschalten（FS）	switching	切换（车道信号控制）
Umschalten/Umschaltung	switching	切换
Umschaltfolge	switching sequence	切换顺序
Umschalthäufigkeit	switching frequency	切换频率
Umschaltsignalprogramm	switching program	信号控制方案切换程序
Umschaltung mit Standzeit	switching including idle period	有相位保持时间的切换程序
Umschaltung mit Umschaltsignalprogramm	switching by switching signal program	用信号切换程序进行控制方案的切换
Umschaltung ohne definierten Umschaltzeitpunkt	switching without any defined switching point	无确定时间点的控制方案切换

Umschaltung，direkte	direct switching	直接切换
Umschaltvorgang	switching process	切换过程
Umschaltwunsch	switching request	切换请求
Umschaltzeitbereiche	switching period	切换时间范围
Umschaltzeitpunkte	switching point	切换时刻
Umschaltzeitpunkt（Geschwindigkeitssignal）	switching（speed signal）	切换时刻（速度信号）
Umweltbeeinträchtigung	enviroment pollution	环境污染
Unfallanalyse/-untersuchungen/-wahrscheinlichkeit	accident analyse/-study/-probablity	事故分析/调查/频率
Unterdrückung von Phasen	phase skip	跳相
Unterlagen（Entwurfsbearbeitung）	documents	设计文档（设计过程）
Unterlagen（FS）	documents	文档（车道信号控制）
Verfrühung/Verspätung（ÖV）	early running/late running	早到/晚点（公交）
Verkehrs-System-Management	traffic system management	交通系统管理
verkehrsabhängige Signalprogrammauswahl	traffic-actuated selection of signal programs	信号控制方案选择，交通感应控制
verkehrsabhängige Signalsteuerung	traffic-actuated signal control	感应式交通信号控制
Verkehrsablauf	traffic flow	交通流运行过程
Verkehrsbelastung/-aufkommen	traffic load	交通流量
verkehrsberuhigte Bereiche	areas of traffic calming	静化交通区域
Verkehrsdichte	traffic density	交通密度
Verkehrserhebungen	traffic surveys	交通调查
Verkehrsführung（ES）	traffic layout	交通组织设计（瓶颈路段信号控制）
Verkehrsführung，Prinzip	traffic layout，principle	交通组织设计原则
Verkehrsinseln	traffic island	交通岛
Verkehrskozept，übergeordnetes	traffic concept，higherlevel	交通方案，宏观层面
verkehrslenkende Maßnahmen	traffic control measures	交通控制协调措施
Verkehrslenkungsplan（FS）	traffic management plan	交通管理方案（车道信号控制）
Verkehrslenkungstafel	traffic control panel	交通指示牌
Verkehrsrechner	traffic control computer	交通控制计算机
Verkehrsregelung，durch die Polizei	traffic control by the police	警察指挥交通
Verkehrsregelung，durch Verkehrszeichen und Verkehrseinrichtungen	traffic control by traffic signs and Installations	通过交通标记和交通指示规范交通
Verkehrssicherheit	traffic safety	交通安全

Verkehrsstärke	traffic volume	交通强度
Verkehrsstärke，maßgebende	relvent traffic volume	关键交通强度
Verkehrsströme，bedingt verträgliche	partially conflicting traffic flows	具有第二类冲突的交通流
Verkehrsströme，maßgebende	relevant traffic streams	关键交通流
Verkehrsströme，nichtverträgliche	conflicting traffic flow	具有第一类冲突的交通流
Verkehrsströme，verträgliche	non-conflicting traffic flow	无冲突交通流
Verkehrszeichen	traffic signs	交通标志
Verlustzeiten（ÖV）	lost times	损失时间（公交）
Verringerung der Fahrstreifenanzahl	reduction of the number of lanes	减少车道数
Versatzzeitoptimierung	optimisation of the offset	相位差优化
Verspätung/Verfrühung（ÖV）	late running/early running	晚点/早到（公交）
verträgliche Verkehrsströme	non-conflicting traffic flow	无冲突交通流
verzögerter Freigabezeitbeginn	delayed green time beginning	绿灯时间迟起
Vibrationstaster	vibrotactile signal	（盲人过街用）振动信号
Vierphasensteuerung	four-phase control	四相位控制
Vorankündigungssignal（ÖV）	advance signal	预告信号（公交）
Voranmeldung（ÖV）	advance detection	提前请求（公交）
Voraussetzungen/Randbedingungen（GW）	preconditions/boundary conditions	约束条件（绿波）
Vorbehaltzeit	reserve time	预留时间
Vorfahrt（Knotenpunktzufahrt）	priority intersection approach	优先（交叉口进口道）
Vorfahrt，abknickende	priority，turning traffic flow	优先，转弯
Vorfahrtzeichen	priority signs	优先标志
Vorgabezeit	leading green	早起时间
Vorgabezeit（ÖV）	leading green	早起时间（公交）
Vorgabezeit，angezeigte	leading green，displayed	绿灯早起时间，显示
Vorgabezeit，gefährliche（GW）	leading green，hazardous	早起时间，危险（绿波）
Vorgabezeiten für Linksabbieger	leading green for left-turning	左转早起时间
Vorgabezeiten für Rechtsabbieger	leading green for right-turning	右转早起时间
Vorlauf（ÖV）	leading	绿灯早起（公交）
Vorlauf/Vorlaufzeit（GW）	leading/leading time	早起/早起时间（绿波）
Voruntersuchungen（Entwurfsbearbeitung）	pre-studies	准备研究（计划准备）
Voruntersuchungen（FS）	pre-studies	准备研究（车道信号控制）

wandernde Arbeitsstellen	moving sites	移动的工作位置
Warteflächen（Fußgänger/Radfahrer）	waiting areas（pedestrian/cyclist）	等待区域（行人/自行车）
Warten/Wartezeit	wait/wait time	等待/等待时间
Wartepflicht（Knotenpunktzufahrt）	non-priority（intersection approach）	让路方向（交叉口进口道）
Wechsellichtzeichen	variable light signs	可变灯光信号
Wechselverkehrszeichen	variable message sign	可变交通标志
Wechselverkehrszeichen（FS）	variable message sign	可变交通标志（车道信号控制）
Wendefahrbahnen/-schleifen	U-turn lanes	掉头车道
Zeit-Weg-Bänder（GW）	time-distance-bands	时距带（绿波）
Zeit-Weg-Diagramm	time-distance diagramm	时距图
Zeit-Weg-Diagramm（ES）	time-distance diagramm	时距图（瓶颈路段信号控制）
Zeit-Weg-Planung	time-distance-planning	时距图绘制
Zeit-Weg-planung，grafische Verfahren	time-distance-planning，graphical method	时距图绘制，图解法
Zeit-Weg-Planung，numerische Verfahren	time-distance planning，numberical method	时距图绘制，解析法
Zeitbedarfswert	mean time required	车头时距（要求的）
Zeitinsel（ÖV）	time islands	时间岛（公交）
zeitliche Bedingungen（Ablaufdiagramm）	time condition	时间条件（流程图）
Zeitlücke	time headways	时间空档
Zeitlückenmessung	time headways measurement	时间空档测量
Zeitlückensteuerung	time headway control	时间空档控制
Zeitlückenwert	time heasway value	时间空档值
zeitplanabhängige Signalprogrammauswahl	time-dependent selection of signal programs	多时段信号方案选择
Zeitschleife（Ablaufdiagramm）	time loop	时间环
Zeittakt（UM）	cycle interval	计时器（信号控制方案切换）
ZeitVorsprung	time lead	时间前越
zeitweises Abschalten	temporary switching off	按时间表关闭（信号灯）
Zeitzeichensender	time siganl sender	时钟发生器
zentraler Bedienungsrechner	central operating computer	中央控制计算机
Zielgrößen zur Steuerung	target values for traffic control	交通控制的评价目标
Zielkonflikte	conflicting objectives	目标冲突
Zielrichtung（ÖV）	direction	目标方向（公交）
Zufahrtskontrolle	access control	入口控制（城市道路）

Zuflußbelastung	access	入口流量
Zugabezeit	extra time	附加时间
Zugabezeiten für Linksabbieger	extra time for left turning	左转附加时间
Zugabezeiten für Rechtsabbieger	extra time for right turning	右转附加时间
Zusatzeinrichtungen für Sehbehinderte	auxiliary equipment for blind	为视力障碍行人提供的辅助装置
zweifeldige Signalgeber	two-lens signal heads	双头灯
Zweiphasensteuerung	two-phase control	两相位控制
Zwischenknotenpunkt（FS）	intermediate intersection	中间交叉口（车道信号控制）
Zwischenzeitberechnung	intergreen time calculation	绿灯间隔时间计算
Zwischenzeiten	intergreen time	绿灯间隔时间
Zwischenzeiten（ES）	intergreen time（ES）	绿灯间隔时间（瓶颈路段信号控制）
Zwischenzeiten（FS）	intergreen time（FS）	绿灯间隔时间（车道信号控制）
Zwischenzeiten，erforderliche	required intergreen time	必需的绿灯间隔时间
Zwischenzeiten，Uberprüfung	intergreen time check	绿灯间隔时间的校核
Zwischenzeiten-Diagramm	intergreen time diagramm	绿灯间隔时间图示
Zwischenzeiten-Matrix	intergreen time matrix	绿灯间隔时间矩阵